本书系2014年辽宁省教育厅科学研究一般项目（项目编号：w2014155）阶段性成果，沈阳师范大学博士、引进人才科研项目启动基金项目。

义务教育阶段学校公民教育课程建构研究

杨婕◎著

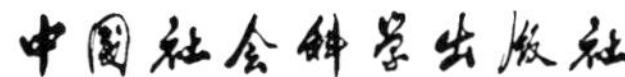

中国社会科学出版社

图书在版编目(CIP)数据

义务教育阶段学校公民教育课程建构研究／杨婕著．—北京：中国社会科学出版社，2017.7

ISBN 978－7－5203－0575－4

Ⅰ.①义…　Ⅱ.①杨…　Ⅲ.①义务教育—公民教育—研究—中国
Ⅳ.①D648.3

中国版本图书馆 CIP 数据核字(2017)第 142983 号

出 版 人　赵剑英
责任编辑　赵　丽
责任校对　冯英爽
责任印制　王　超

出　　版　中国社会科学出版社
社　　址　北京鼓楼西大街甲 158 号
邮　　编　100720
网　　址　http://www.csspw.cn
发 行 部　010－84083685
门 市 部　010－84029450
经　　销　新华书店及其他书店

印　　刷　北京明恒达印务有限公司
装　　订　廊坊市广阳区广增装订厂
版　　次　2017 年 7 月第 1 版
印　　次　2017 年 7 月第 1 次印刷

开　　本　710×1000　1/16
印　　张　15.75
插　　页　2
字　　数　258 千字
定　　价　68.00 元

目　录

绪　论

第一节　研究缘起及研究价值

一　研究缘起

学校公民教育是提高中国公民素质、推动现代化民主社会建设的重要途径。学校作为实施义务教育阶段公民教育的主要场所，承担着为社会培养未来合格公民的重任，为将来高层次的学习奠定坚实的基础，也为学生日后参与社会公共生活提供必要的知识及技能储备。21 世纪以来，全球化的影响、经济的发展、新技术的兴起以及互联网时代的到来，对中国社会提出了一系列的挑战，也对中国的学校公民教育提出了更高的要求。2010 年颁布的《国家中长期教育改革和发展规划纲要(2010—2020 年)》中明确提出："要加强公民意识教育，培养社会主义合格公民"，将公民教育作为未来国家教育发展的战略目标和战略主题，成为中国改革要解决的重大问题。但中国目前学校公民教育最重要的载体缺失，义务教育阶段学校中没有一门承担公民教育任务的课程。如何在中小学校中落实公民教育，尽快实现公民教育课程化，建构一个适合中国国情的义务教育阶段学校公民教育课程体系，成为研究探讨的当务之急。

（一）公民教育在学校教育中占据十分重要的位置

改革开放以来，中国社会一直处于高速发展阶段，经济飞速增长，物质生活富足。但在市场经济繁荣的景象下，我们看到的却是国民素质低下显现的各种问题：人们急功近利，法制意识薄弱，为谋取经济利益不择手段；公德意识淡薄，假公济私，见危不救，缺乏社会责任感；自私自利，合作意识匮乏等。要改变公民素养不高和公民意识薄弱的不良局面，解决中国当前社会对公民素养水平的要求与当前公民意识薄弱之间的矛盾，必须要将培养具有参与意识和现代公民人格的公民作为教育的首要任务，为中国建设和谐社会提供人才支持。当前社会需要公民教育承担起社会职责和历史使命，化解现代化建设中物质文明与精神文明和人的观念现代化之间的矛盾。公民教育是化解社会问题最迫切最关键的环节。培养适应中国社会现代化建设的合格公民既是当前中国社会发展的需要，也是提高公民素质和公民意识的内在要求，学校公民教育是推动中国现代化建设、社会主义和谐社会形成和公民素养提高的关键因素。

在这样的背景下，对中国而言，公民教育的理念和实践相对来说还很陌生。中国一直缺乏公民教育，公民教育还未进入中国主流的教育形态，一直以来，公民教育都被德育所替代。国家课程中更是不见公民教育课程的踪影。

（二）培养公民需要专门的、规范的学校公民教育课程

学校的公民教育在养成公民意识、培养合格公民方面起着至关重要的作用，是开展公民教育的主要渠道。公民教育课程是开展公民教育教学活动的重要途径之一，学校公民教育的落实最终要聚焦在公民教育课程上，公民教育的培养目标需要公民教育课程来实现，因此，公民教育课程居于公民教育的核心地位。没有一整套优质的公民教育课程，公民教育就无法落实，培养公民就只能纸上谈兵。当今的社会需要具备较高素养的公民，需要具有公民意识、积极参与社会公共生活的主动公民，要尽快提升人们对权利和义务的认知水平，增强人们的权利意识，全面提升公民素养，造就“美丽的中国人”。要实现这一切，必须有一套反映时代特征、满足社会需求、符合学生身心成长规律的公民教育课程。毫无疑问，建构学校公民教育课程是当前中国公民教育最应该解决的问题。

落实公民教育必须重视公民教育的学科建设，将公民教育纳入课程体系，在各级各类学校开设公民教育课程。从国际经验上来看，其他国家地区的公民教育取得成效的一个重要原因是拥有一套完善的公民教育课程体系。当前，中国中小学校并没有开设专门的公民教育课程，也没有系统的教材，更谈不上学科建设和课程开发。只有将公民教育课程纳入整个学校的课程体系，独立开设公民教育课程，重视学科建设和发展，加强课程的配套建设，如教材的编写、专职教师的培训、课程政策

的出台等，才能将公民教育落到实处并取得成效。因此，公民教育的推进，首要是完成公民教育课程建设，形成完整的课程体系，建立从小学开始的一体化公民教育课程。

（三）义务教育阶段学校公民教育课程及实施的国际经验

在西方社会，“公民”和“公民教育”由来已久，公民教育课程体系也非常完善。“公民”的概念可以追溯到几千年前的古罗马古希腊社会，近代以来，“公民”概念更是随着时代的发展而不断完善。“公民教育”受到了各国政府的广泛关注，更是西方国家培养人才的重要手段，并随着经济、政治、文化、科技的发展而发展，不断改革本国的公民教育课程成为各国一项历久弥新的课题。

20 世纪以来，世界各国都将公民教育课程建设作为研究的重点，尤其自 20 世纪 90 年代末起，随着世界经济、政治格局的变化以及各国国内社会问题凸显，公民教育课程的研究成为各个国家教育研究的主旋律。比如，英国 1998 年《克里克报告》中提出要将公民教育纳入国家课程，并于 2002 年将公民教育作为国家课程纳入中小学课程体系。① 新加坡 1990 年通过了《维护宗教和谐法案》，以《公民与道德教育》课程替代原有的道德宗教教育课程，并拟定了全国统一的课程标准。② 美国 1994 年通过了《美国 2000 年教育改革法案》，将培养责任公民列入国家教育目标，并明确规定了全国性的中小学公民教育课程标准。③ 1997 年澳大利亚颁布的《发现民主：公民学与公民教育》计划是澳大利亚历史上规模最大的一次课程计划，在全国所有学校推行公民教育课程。④ 通过上述国家的公民教育课程改革经验可以发现：加强公民教育，重视公民教育课程的实施是当前世界各国、各地区基础教育课程改革与发展的重要趋势。各国、各地区之所以重视公民教育课程，有以下两方面原因：一方面因为各国政府和教育部门都意识到公民教育对于维持和促进国家和社会的稳定和发展具有重要的作用；另一方面，全球一

① ［英］奥德丽·奥斯勒、休·斯塔基：《民主公民的教育：1995—2005 年公民教育的研究、政策与实践评述》，《中国德育》2006 年第 12 期。

② 孙凤华：《新课程公民教育的理论与实践》，吉林大学出版社 2013 年版，第 3—6 页。

③ 谢宁：《美国克氏〈2000 年教育目标法〉评介》，《比较教育研究》1996 年第 4 期。

④ 韩芳：《“发现民主”计划：澳大利亚公民教育的课程改革》，《外国中小学教育》2010 年第 4 期。

体化格局的形成对各国的公民教育课程提出了新的挑战，如何从各国特殊的公民教育历史和现实出发迎接全球化的挑战，成为各国公民教育课程建设的一个重要的研究课题。

而在中国，直到2010年《国家中长期教育改革和发展规划纲要》（简称《纲要》）出台，才掀起了一股研究“公民教育”“公民教育课程”的热潮。在百度上搜索“公民教育课程”的相关中文信息，可以搜索到112万条，但相比谷歌上1410万条的英文信息，少了不止10倍。同时，在“公民教育课程”的相关研究中，中国目前还处于起步阶段，无论在研究数量还是研究深度上都有很大的拓展空间，因此，亟待在公民教育课程这一领域进行深入细致的研究。

（四）建构义务教育阶段学校公民教育课程是中国落实并深化公民教育的前提和基础

义务教育是国民教育，是整个教育阶段中最基础最关键的阶段，是国家教育的根本。义务教育是基础教育阶段，具有基础性、普遍性、全民性和全面性的特点，是为把青少年培养成合格公民奠定基础的教育阶段。义务教育阶段学校公民教育为青少年一生的发展奠定了基础，决定着他们成年后进入社会参与公共生活的质量。这一阶段的学生，其世界观、人生观、价值观还未定型，理性认识能力以及辨别是非的能力还有待提高，在道德认知、价值观念、法律意识和人生目标等各方面都面临着多向的选择，对如何行使和履行公民的权利和义务并没有形成清晰的认识。因而，他们迫切需要由学校提供的、科学系统的公民教育课程来提高自我判断能力、优化自我选择并实现自我成长，使其自身的主观能动性不断得到发展和完善。也正因如此，义务教育阶段学校公民教育课程是落实公民教育的重要途径，课程质量对学生公民意识的培养起着关键作用，只有从基础教育抓起，提升学生公民素养，才能为之后的中等教育、高等教育打好坚实的基础，从而持续有效地提高中国公民的公民素养和公民意识。因此，义务教育阶段学校公民教育课程建构是中国实施并深化公民教育的前提和基础。

本书的目的：①阐述义务教育阶段学校公民教育课程的重要作用，明晰义务教育阶段学校公民教育课程建构的重要性和紧迫性；②寻找并梳理义务教育阶段学校公民教育课程建构的理论依据；③清晰地建构出义务教育阶段学校公民教育课程，包括课程的属性、课程的目标、课程的内容以及课程的组织形式。

二 研究价值

义务教育阶段作为基础教育，是培养学生尤为关键的时期，建构义务教育阶段学校公民教育课程体系具有多方面的重要意义。这不仅体现在理论探索上，也在社会发展、学校实践中具有应用意义，使学校公民教育得以落实。

（一）理论价值

1. 有助于丰富公民教育理论的研究成果

对义务教育阶段学校公民教育课程建构的研究，有助于丰富中国义务教育阶段学校公民教育的理论成果，扩展公民教育的研究视野。中国近年来在公民教育理论研究方面取得了很大的进展，公民教育相关的理论研究数量逐年上升，引进了大量的国外公民教育理论，在公民教育理论本土化研究上也有一定的建树，形成了一些本土化的理论观点。但在公民教育课程理论研究上，尤其是义务教育阶段学校公民教育课程理论的研究数量仍然微乎其微。对义务教育阶段学校公民教育课程理论的研究，可以扩大中国公民教育的研究视野，丰富中国公民教育课程的理论宝库。

2. 有助于完善和发展中国学校公民教育课程理论

本书对义务教育阶段学校公民教育课程建构的研究，有助于尽快发展与完善中国学校公民教育课程理论。本书以义务教育阶段学校公民教育课程为立足点，厘清学校公民教育课程的内涵，寻找并研究建构义务教育阶段学校公民教育课程的理论依据，为中国学校公民教育课程理论研究提供新的研究资料和理论支撑，提升中国公民教育课程的理论研究水平。要建构学校公民教育课程，必须有一套学校公民教育课程理论做支撑。西方国家在学校公民教育课程建设方面具有先进的经验，对公民教育课程理论均有深入的研究。对西方公民教育课程理论的研究，可以引入全球化发展维度和多元文化维度，能够有效地扩展原有的公民教育理论及公民教育课程理论。本书对义务教育阶段学校公民教育课程的建构研究，有助于形成符合中国国情、具有特色的义务教育阶段学校公民教育课程理论，明确义务教育阶段学校公民教育课程目标，丰富和完善学校公民教育课程内容，探索学校公民教育课程组织类型，为义务教育阶段学校公民教育课程建设提供理论依据。

（二）实践价值

1. 有助于推动义务教育阶段学校公民教育实践

中国对公民教育理论的研究日渐深入，但始终没有完成从理论研究向实践研究的过渡，对中国学校公民教育课程的研究少之又少，研究义务教育阶段学校公民教育课程的更是寥寥无几。对义务教育阶段学校公民教育课程的研究，有助于强化公民教育在教育领域的基础地位，有利于改善学校教育中公民教育力度薄弱、效果欠佳的现状，提升中国公民教育的水平和质量。学校公民教育课程的建构，可以落实公民教育，推动公民教育实践，促进公民教育顺利实施。因此，本书中对中国义务教育阶段学校公民教育课程的现状调查及存在问题的分析，对中国义务教育阶段学校公民教育课程的建构，可以丰富义务教育阶段学校公民教育实践的研究成果，填补义务教育阶段学校公民教育课程研究的空白，推动义务教育阶段学校公民教育的落实和深入发展。

2. 对学校公民教育课程的建构有推动作用

课程在教育系统中处于核心的位置。从微观上讲，一切教育活动都以课程为中心。在整个教育系统中，课程是所有要素汇聚的焦点，是教育各要素最终落实的途径。研究义务教育阶段学校公民教育课程建构，有助于今后全面进行公民教育课程的设计、开发和实施。分析公民教育课程的相关理论作为课程建构的依据，明确公民教育课程的目标体系，系统地完善课程内容，规范和丰富课程组织形式，为今后全面建设公民教育课程奠定基础。

3. 能够为义务教育阶段学校公民教育提供科学、可操作的课程

目前，中国义务教育阶段学校公民教育课程缺失，现有的课程体系是在品德课程框架下进行的，有关公民教育的内容比例小、分布分散，缺乏针对性和整体性，非常不利于学生公民意识的培养。对义务教育阶段学校公民教育课程建构的研究，对学校公民教育课程目标的规划、课程内容的设置、课程组织形式的设计，从而制定一套结构合理、富有弹性和充满活力的公民教育课程体系，有助于落实和深化公民教育的开展，推进课程改革，为实现学校公民教育课程化献计献策。

4. 有助于提升中小学生的公民认知、公民素养、公民责任以及公民行为

对义务教育阶段学校公民教育课程建构的研究有助于促进中国公民的培养，确保中国未来公民整体素质的提高。义务教育是基础教育阶段，意在培养中国未来社会的合格公民，对于学生的成长，对于从小培养公民意识、公民道德和公民参与能力有着至关重要的作用。学校公民教育课程有助于学生对公民认知、道德、价值观和行为能力的全面提升，通过系统的公民教育课程能够促进学生对公民知识的掌握，提高公民主动参与社会公共事务的热情和能力，培养公民的公德意识和社会责任感。

5. 为公民教育课程提供研究支撑

本书旨在丰富义务教育阶段学校公民教育课程的研究，推动公民教育课程研究向纵深发展。本书对中国义务教育阶段学校公民教育课程建构的研究，不仅着眼于中国义务教育阶段学校公民教育课程的现实状况，同时也参考并借鉴了发达国家在学校公民教育课程研究的成果以及成功的实践操作模式，从国内与国外、理论与实践、经验与教训多个层面为公民教育课程提供理论与实践的支撑。通过探索并分析当前中国义务教育阶段学校公民教育课程的问题，以及归纳、分析西方的先进公民教育思想和理念，总结和借鉴先进的思想和实践经验，寻找国外先进公民教育课程理论本土化的有效途径来建构中国特色的课程理论，进而应用于中国学校公民教育课程体系建构中。

第二节 文献综述

一 国外关于义务教育阶段学校公民教育课程建构的研究

公民及公民教育最初起源于西方国家。现代公民教育课程于 1882 年诞生于法国，也是法国最先开设了名为“公民训导”的公民教育课程[①]。时至今日，绝大多数西方国家已经形成了完整的学校公民教育课

① Eugen Joseph Weber, *Peasants Into Frenchmen: The Modernization of Rural France* (1870 - 1914), Palo Alto: Stanford University Press, 1976, pp. 303 - 338.

程体系，对公民教育课程的研究较为深入和完善，也积累了丰富的实践经验。梳理西方学校公民教育课程的研究成果，可以了解当前国际学校公民教育课程研究的最新成果，洞悉其发展趋势，有助于发现中国公民教育课程研究的不足，对提升中国学校公民教育课程的研究水平，促进中国学校公民教育课程的发展有重要意义。公民教育课程的研究一直是很多国家公民教育的研究重点。笔者就当代国外对公民教育课程有重要影响的研究成果归纳综述如下。

（一）公民教育课程建构研究

西方国家一直都十分重视公民教育课程的研究。截至 2003 年，美国、加拿大、欧盟国家、澳大利亚等一些发达资本主义国家都以立法或出台教育政策的形式要求在学校里开设公民教育课程。公民教育课程在世界范围内并无统一的名称，但基本都含有“公民”或“公民身份”的字样。[①] 各国的公民教育课程在具体内容、方法、途径上不尽相同，但各国公民教育课程的目标和内容都围绕着公民与国家或其所属的共同体（从社区、族群、国家、欧盟，乃至全世界）的关系开展，重点培养成员的公民意识，向公民传递特定的价值观，保持并维护公民与其所属共同体之间的和谐关系，实现政治社会化[②]。

1. 公民教育课程性质的研究

公民教育课程性质的研究一直是西方公民教育课程研究中的一个焦点。不同的课程性质体现了建构课程时所依循的课程观念，决定了不同性质的公民教育课程在培养目标、内容、途径以及评价方法上的不同。孙凤华在对多个相关外国文献分析的基础上，总结出了六种公民教育课程性质的界定：个人发展的课程、社会科学知识学习的课程、公民资质传递的课程、反省探究的课程、社会行动的课程以及批判思考的课程（见表 1）。

---

① John Ainley, Wolfram Schulz and Tim Friedman, ICCS2009 Encyclopedia: Approaches to Civic and Citizenship Education around the World, 2009, pp. 21 – 22（http://www.doc88.com/p – 3923713517596.html）.

② 这里的政治社会化（Political Socialization）是指社会成员在政治实践活动中逐步获取政治知识和能力，形成政治意识和立场的过程。燕继荣：《政治社会化：政治文化的学习和传播》（http://www.china.com.cn/xxsb/txt/2005 – 06/21/content_ 5895650.htm）。

表1　　不同性质公民教育课程的特点

公民教育课程性质	培养目标	重点内容	教授途径
个人发展	生产型公民 (productive citizenship)	处理日常生活的问题，探讨各种生涯途径及就业能力，发展读、写、算以及沟通的能力	角色扮演
社会科学知识学习	知情公民 (informed citizenship)	综合的社会科学知识，社会科学研究的科学方法和价值观	讲授
公民资质传递	良好公民 (good citizenship)	传递社会的特定价值，教导正确的价值观	讲授
反省探究	反思型公民 (reflective citizenship)	做合理决定所需的知识，解决问题的能力，培养理性思考的技能，发展尊重不同观点的态度	问题解决
社会行动	参与型公民 (participatory citizenship)	参与的知识、技能和习惯，负责任的态度，贯彻决定的行动	社区服务
批判思考	批判型公民 (critical citizenship)	批判思考的能力与态度	批判思考

资料来源：孙凤华：《新课程公民教育的理论与实践》，吉林大学出版社2013年版，第30页。

这六种不同公民教育课程的性质体现了不同的课程观念，使得不同课程在培养目标、学习内容和教授途径上有很大的差异。①个人发展课程、社会科学知识学习课程和公民资质传递课程体现了要素主义课程观，强调对既定的公民教育知识的学习，属于被动地接受知识，从教授途径上也主要以讲授法为主。比如，个人发展课程认为公民教育应该学习能使学生发挥自身能力、培养解决问题能力的知识；社会科学知识学习课程主要学习各门学科中的有关社会学科的知识；公民资质传递课程侧重培养国家公民，教授与国家价值观有关的公民知识。②反省探究课程和社会行动课程重视主动参与知识学习的过程，甚至可以决定学习什么知识，体现了经验主义课程观，强调主动参与国家政治、社会生活，并在参与中学习。③批判思考课程体现了建构主义课程观，强调培养学生对社会政治的批判反思能力，在教授方法上反对直接告诉学生答案，强调在反思的过程中自主探究。

2. 公民教育课程目标的研究

西方公民教育课程目标的规定随着国际环境、社会需求、学生现状的变化经历了一系列的调整。在课程目标上经历了由“良好公民”向“主动公民”、由“国家公民”向“世界公民”的转变。

越来越多的国家开始强调从“良好”公民到“主动”公民的转变，培养负责任的、有参与性的公民。[①] 这些国家认为传统公民教育课程培养出的公民可以忠诚和服从各类法律制度和社会准则，成为一个好公民，却未必会主动参与社会生活影响公共政策。[②] 这种“良好”公民只是熟记一大堆政治、法律信息或知识的“知情公民”（informed citizen）。[③] 显然，这种培养被动公民的课程目标已无力应对当前众多的国内、国际问题，新的全球形势需要主动参与社会、政治、经济事务的公民。因此，各个国家在新一轮的公民教育课程改革过程中，将原来重视公民知识学习的课程目标改为重视培养学生的参与意识和参与能力，培养学生主动参与社会并改造社会，积极地履行公民的角色和责任。[④]

与此同时，随着全球化的影响，西方各国移民大潮的出现，公民的个人权利不再局限于传统的民族国家范围内，各国学者呼吁培养“世界公民”的呼声越来越响，涌现出一大批支持培养“世界公民”的学者，如英国的德里克·希特（Derek Heater），美国的内尔·诺丁斯（Nel Noddings），玛莎·纳斯鲍姆（Martha Nussbaum）和内格尔·杜维

---

① 参见 Julie Nelson and David Kerr, Active Citizenship in INCA Countries: Definitions, Policies, Practices and Outcomes（Final Report），2006（https://www.nfer.ac.uk/publications/QAC02/QAC02_home.cfm）。饶从满：《主动公民教育：国际公民教育发展的新走向》，《比较教育研究》2006 年第 7 期。刘丹：《国际公民教育的视界：主动公民身份再造》，《比较教育研究》2010 年第 1 期。宋雪敏、王建梁：《加拿大主动公民教育改革探析》，《文学教育》2010 年第 6 期。

② Bernard Crick, A Note on What is and What is Not Active Citizenship, 2005（http://www.citizenshippost-16.isda.org.uk/files/033_BernardCrick_WHAT_IS_CITIZENSHIP.pdf）.

③ 饶从满：《主动公民教育：国际公民教育发展的新走向》，《比较教育研究》2006 年第 7 期。

④ Julie Nelson and David Kerr, Active Citizenship in INCA Countries: Definitions, Policies, Practices and Outcomes（Final Report），2006（https://www.nfer.ac.uk/publications/QAC02/QAC02_home.cfm）.

(Nigel Dower) 等人。[①] 美国哲学家玛莎·纳斯鲍姆1994年在《波士顿评论》上发表了名为《爱国主义与世界主义》的文章，她在这篇文章中指出教学的关键不是教授将和平、正义分离的知识，而是需要认识到培养"世界公民"的重要性。[②] 因为在全球化社会中，"人们的文化认同可能超越国家的界限而趋同于某一特定的族群或社区"，文化的多样性和公民身份的复杂性要求人们必须重新审视公民身份的内涵和范围。[③]。

3. 公民教育课程内容的研究

西方各国的公民教育课程经过了多年不断的改革，课程内容日益丰富、范围不断扩大，公民教育课程的内容由最初的政治教育，发展到现在涉及法律教育、道德教育、价值观教育、伦理教育、环境教育、国际理解教育等诸多方面。受全球化的影响，2000年前后，各国相继改革公民教育课程，课程的内容也做了相应的更新，比如，约翰·图思(John Tooth) 对加拿大曼尼托巴省1911—2007年的教科书进行分析后发现，进入到多元化时代以后，公民教育课程的内容开始转向文化多样性、认同感以及人人平等方面，注重培养学生的批判性思维以及对学生参与性公民的培养。[④] 英国学者研究发现英国的公民教育课程中缺少"群体"的内容，马莎尔（Marshall）认为"群体"要素是指公民主动有责任地参与社会。英国2000年以后的公民教育课程中增加了参与社区以及全球化的相关内容。[⑤] 雷尼·沐恩（Rennie Moon）研究了韩国

---

① 参见［英］德里克·希特《公民身份——世界史、政治学与教育学中的公民理想》，郭台辉、余慧元译，吉林出版社2010年版。Nel Noddings, *Educating Citizens for Global Awareness*, New York: Teachers College Press, 2005；［美］玛莎·纳斯鲍姆：《培养人性：从古典学角度为通识教育改革辩护》，李艳译，上海三联书店2014年版；Nigel Dower, *An Introduction to Global Citizenship*, Edinburgh: Edinburgh University Press, 2003, pp. 81 – 82.

② Martha C. Nussbaum, Patriotism and Cosmopolitanism (http://bostonreview.net/martha-nussbaum-patriotism-and-cosmopolitanism).

③ Darren J. O'Byrne, *The Dimensions of Global Citizenship: Political Identity Beyond the Nation-state*, *London*: *Frank* Cass, 2003, pp. 211 – 235.

④ John Tooth, *Reflections of Citizenship and Citizenship Education in Manitoba Civics Textbooks* 1911 – 2007: *An Exploratory Study*, Manitoba: University of Manitoba, pp. 380 – 402.

⑤ David Kerr, Citizenship Education in England: The Making of a New Subject, *Journal of Social Science Education*, Vol. 2, Issue 2, December 2003 (http://www.sowi-onlinejournal.de/2003-2/index.html).

1980—2011年的60册中学公民教育教科书后发现，自20世纪90年代起，教科书中开始逐渐增加关于不同群体的权利以及如何解决少数群体遭遇的社会不公现象。①

国际教育成就评估协会（IEA）2009年对38个国家进行了公民教育评估。在对这些国家公民教育课程内容的分析后发现，所有的国家除了重视公民知识、核心公民理念、核心公民价值观和态度的培养外，都无一例外地重视学生主动参与社会生活能力的培养。除此之外，受现代化和全球化的影响，很多国家都在课程中添加了多元文化沟通、全球化、国际化组织等与时代紧密结合的内容。研究总结出了5个最受关注的课程内容：人权（25个国家）、理解不同文化和民族（23个国家）、环境（23个国家）、政府系统（22个国家）以及选举制（20个国家）。②

4. 公民教育课程组织形式的研究

在公民教育课程组织形式方面的研究，西方国家主要集中在研究什么类型的课程最有效果。为了培养合格的公民，大多数国家的公民教育课程主要采取显性课程的形式，设置独立的公民教育课程或整合几门科目教授公民教育课程（比如社会科），并在所有的课程中渗透公民教育的内容。

艾伦·吉波尔斯（Ellen Geboers）等人从2003—2009年8个数据库里的90篇研究13—16岁阶段的公民教育课程文献中随机选取了28篇进行文献分析，总结出四种公民教育方式：学校公民教育课程、校外公民教育课程、在其他课程中通过教学氛围渗透、课外活动。研究发现，学校公民教育课程是最有效的公民教育形式。仅以其他课程中通过教学氛围渗透的方式教授公民教育课程，对学生的公民知识、态度及行为没有影响，但如果把教学氛围渗透作为一种教学方法应用在学校公民教育课程中则效果显著。③

---

① Rennie Moon, "Globalization and Citizenship Education: Diversity in South Korean Civics Textbooks", *Comparative Education*, Vol. 49, Issue 4, 2013, pp. 424 – 439.

② Wolfram Schulz, John Ainley, Julian Fraillon, David Kerr and Bruno Losito, Initial Findings from the IEA International Civic and Citizenship Education Study, International Association for the Evaluation of Evaluation Achievement Website (http://files.eric.ed.gov/fulltext/ED512412.pdf).

③ Ellen Geboers, Femke Geijsel, Wilfried Admiraal and Geert Dam, "Review of the Effects of Citizenship Education", *Educational Research Review*. Vol. 9, June 2013, pp. 158 – 173.

国际教育成绩评估协会（IEA）在1995—2009年进行了两次国际性公民教育研究：1995年评估了28个国家，2009年评估了38个国家。研究发现，这些国家均以课程的形式落实公民教育。以2009年的调查为例，在38个国家中有50%的国家设置单独的公民教育课程，还有近82%的国家将公民教育内容整合在其他课程中教授。而有34%的国家既开设了独立的公民教育课程，也同时将公民教育贯穿于其他课程中。[①] 在2009年的评估中发现，参与评估的国家都非常重视公民教育课程，其中，53%的国家把公民教育课程规定为必修课程，并且从小学一直贯穿至高中阶段。比如，英国把公民教育课程作为法定必修的国家课程，要求所有KS3、KS4阶段（11—16岁）的学生必修公民教育课程。[②] 可以看出，所有的国家都把公民教育作为教育的基础，作为国家培养未来优秀公民的战略手段。

（二）公民教育课程建构相关理论的研究

半个多世纪以来，西方公民教育课程理论的研究取得了长足的发展。尤其在全球化浪潮的影响下，各国学者更侧重在新时代背景下重新理解公民教育，寻找新的建构公民教育课程的理论依据。

英国学者德里克·希特认为公民教育课程应该培养的是青年的多元公民身份，这首先需要明确课程的学习目标。希特将课程目标具体为三项：知识、立场和技能，他认为知识包括一个青年公民应当了解的一些基本事实，包括公民的角色、地位，自己国家的历史、法律制度等；其次公民要具备自己的立场，理解自我、懂得尊重他人、尊重价值；并掌握具备一定的技能，包括理解与判断、交流以及行动的能力。而教师要做的就是帮助学生建立认同感和忠诚感，引导学生理性、灵活地思考，传递对公共事务感兴趣的偏好，并培养他们参与公共事务的能力。[③]

美国学者约翰·科根和瑞·戴瑞克特认为公民身份不应拘泥于历史

---

① Wing On Lee, "Education for Future-oriented Citizenship: Implications for the Education of Twenty-first Century Competencies", *Asia Pacific Journal of Education*, Vol. 32, No. 4, December 2012, pp. 498 – 517.

② John Ainley, Wolfram Schulz and Tim Friedman, ICCS2009 Encyclopedia: Approaches to Civic and Citizenship Education around the World. International Association for the Evaluation of Educational Achievement Website (http://www.doc88.com/p-3923713517596.html).

③ ［英］德里克·希特：《公民身份：世界史、政治学与教育学中的公民理想》，郭台辉、余慧元译，吉林出版集团2010年版，第482—484页。

界限，不应再限制在国家、国籍的范围内，而是把公民身份放在一个更大的环境中重新界定。与之对应的公民教育的内容应该包含多向度的内容——个人向度的、社会向度的、空间向度的以及时间向度的。①

詹姆斯·班克斯认为公民教育课程的内容应该呈现出对少数民族和弱势群体的一视同仁，尊重他们独特的文化和生活方式，承认种族之间的差异，使学生了解到少数民族群体受到的不公正待遇，以此减少甚至消灭歧视，帮助社会中的多元文化延续。他认为学校课程不能体现出任何社会和阶级的不平等，要培养学生民主和平等的意识，帮助少数民族学生以及弱势群体树立信心，培养他们参与社会公共生活的能力。班克斯特别强调：要实现不同种族、民族背景的学生对多元文化国家的热爱与忠诚，必须建立在国家对这些多元文化群体肯定的基础上。② 同时，他还认为公民教育的目的并不仅仅是落实国家认同感，而是为了实现人的全球意识和世界观这一更宏伟的目标。他认为世界公民教育非常重要，不仅要在所有学生的基础必修课中传授世界公民教育的内容，还要把世界公民这一理念渗透到不同学科、不同级别的课程里。③

内格尔·杜维认为世界公民教育不是呈现给学生一个抽象的世界，而是要给学生一个实实在在的世界。世界公民教育要教授学生理解世界，知道世界的现状，清楚目前这个世界上真实发生的事情，比如，了解他人的文化、现实的社会问题、世界各个国家之间的相互依存、跨国公司的作用、矛盾冲突的起因、联合国等国际组织的运作等。另外，世界公民教育还要教授世界价值观，比如，让学生认清一个人对和平的渴望，是出于对世界上任何人的和平安全的考虑，而不是仅仅出于自己的利益或是自己国家的利益。只有世界上所有的公民都认同并坚守核心的世界价值观，才能保证我们所有人和平、稳定、长久地发展下去。④ 内尔·诺丁斯将其关心理论扩展到了世界范畴，认为关心应该是在世界层

---

① John J. Cogan and Ray Derricott Kogan, *Citizenship for the 21st Century: An International Perspective on Education*, London: Kogan Page, 1998, pp. 21 – 35.

② James A. Banks, *Educating Citizens in a Multicultural Society*, New York: Teachers College Press, 2007, pp. 1 – 18.

③ James A. Banks, *Cultural Diversity and Education: Foundations, Curriculum and Teaching*, Boston: Allyn and Bacon, 2001, pp. 20 – 23.

④ Nigel Dower, *An Introduction to Global Citizenship*, Edinburgh: Edinburgh University Press, 2003, pp. 81 – 82.

面的关心。她认为要培养现代公民就要在教育中给学生提供与世界公民相关的知识和技能，而经济及社会公平公正、环境教育、社会及文化多样化、和平教育这几方面最能体现出当前各种世界性的社会现状及问题。①

（三）公民教育课程建构研究的研究特征及趋势

1. 近十年来公民教育课程建构研究的研究特征

2004 年 1 月 1 日至 2014 年 12 月 31 日的十年间，在国外公民教育课程的研究中，各级各类英文学术期刊及国际学术会议上共发表英文论文 11220 篇，用英文撰写的硕士及博士学位论文 3684 篇（见图 1）。

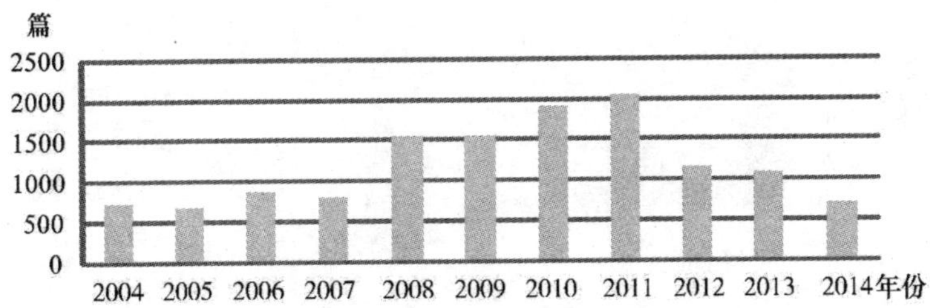

图 1　2004—2014 年公民教育课程研究的期刊论文和学位论文数量（英文）

数据来源：Proquest 数据库（www. proquest. com）。

从图 1 可以看出，总体上，自 2004 年以来国际上对公民教育课程的研究基本呈逐年上升趋势，其中，2008—2011 年所做的相关研究最多，呈现峰值状态，自 2012 年开始虽有下降，但相比之前的研究数量也基本持平。Proquest 数据库中收录的博士论文中，2010—2014 年共有 558 篇研究公民教育的英文博士论文，其中，公民教育课程的相关研究有 119 篇，在公民教育研究领域中居首位。

笔者使用全文检索的方法对 2010—2014 年在 Proquest 数据库上收录的有关公民教育课程的研究成果进行了统计，找到期刊论文 163 篇，博士论文 40 篇。同时，对这 203 篇研究成果的研究特征进行了梳理（见图 2）。

---

① Nel Noddings, Global Citizenship: Promises and Problems, In Nel Noddings (ed.), *Educating Citizens for Global Awareness*, New York: Teachers College Press, 2005, pp. 1 –20.

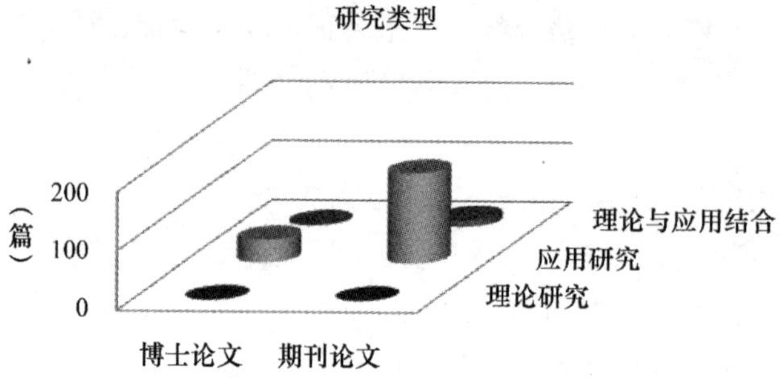

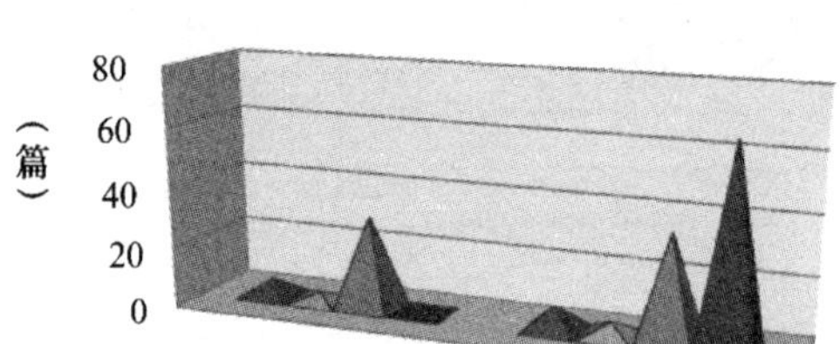

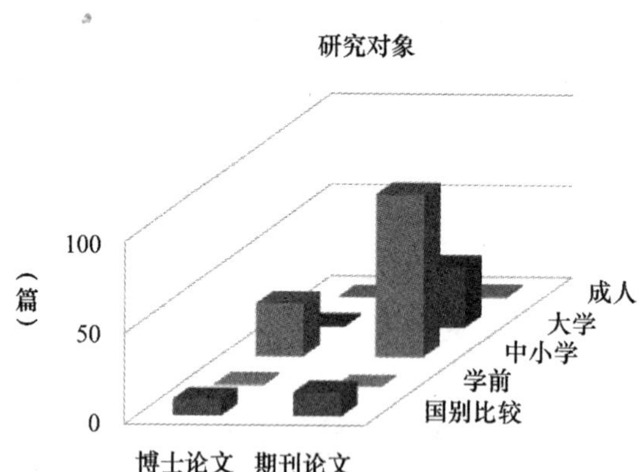

图2　2010—2014 年公民教育课程研究的期刊论文及博士论文的研究特征分析（英文）

注：混合研究方法指研究中同时运用多种研究方法；国别比较指整体比较两个国家间的公民课程，没有特别针对某一教育阶段的文章。

数据来源：Proquest 数据库（www. proquest. com）。

如图 2 所示，国外对公民教育课程的研究丰富、深入，主要有如下三个特征：

（1）在研究类型方面，非常注重应用研究。在 203 篇研究成果中，没有单纯的理论研究，应用研究占绝大多数，共 190 篇，其中，博士论文 38 篇，期刊论文 152 篇，理论与应用相结合的研究共 13 篇。由此可以看出，国外的公民教育课程研究更加注重课程的应用研究，重视研究课程内容的更新、课程的组织形式以及教师的教学方法等。

（2）在研究方法方面，绝大多数研究都混合使用了多种研究方法。在期刊论文中，使用文献研究法的文章居多，混合研究方法次之，而 78% 的博士论文采用了混合研究方法。可以看出，国外公民教育课程研究的博士论文主要采用定量、定性、文献分析等多种研究方法结合的方式。这对我们如何选择恰当的研究方法来进行课程类的实践研究，实现精准、深入的研究具有非常重要的借鉴意义。

（3）在研究对象方面，可以看出无论是博士论文还是期刊论文的重点研究对象都是中小学，分别占 73% 和 55%。可见中小学的公民教育课程研究是国外公民教育课程研究的重点，也反映出国外对中小学公民教育课程的重视程度。

2. 国际公民教育课程研究的发展趋势

国际上对公民教育课程的研究趋势呈现大型的、跨国的国际比较研究。在国际上产生重要影响的公民教育课程的国际比较研究有三项：

（1）十八国研究①。英国“国家教育研究基金会”主持，对 1996 年至 2013 年 18 个国家 3—19 岁的学生所接受的学校公民教育课程的效果进行了跨国比较研究。该研究发现，各国的公民教育课程在目标以及教学方法上存在很多共性，为各国间的合作、制定有效教育政策及实践策略提供了借鉴意义。

（2）公民教育研究②。1995 年由国际教育成绩评估协会（IEA）主持，对世界 28 个国家及地区的学校公民教育课程的成效进行研究。从

① INCA（International Review of Curriculum and Assessment Frameworks）Internet Archive. National Foundation for Educational Research（NFER）Website（http://www.nfer.ac.uk/research/centre-for-information-and-reviews/inca.cfm）.

② 《公民教育研究》，维基百科（http://zh.wikipedia.org/wiki/%E5%9C%8B%E9%9A%9B%E5%85%AC%E6%B0%91%E5%8F%8A%E7%B4%A0%E9%A4%8A%E8%AA%BF%E6%9F%A5%E7%A0%94%E7%A9%B6）。

本次研究报告去了解有不同想法的人、和其他学生组成团体进行合作、通过解决社区的问题做出贡献、爱国并忠于国家、保护环境行动及方法、关心其他国家发生的事、在全国和地方选举投票的重要性这七个指标对公民教育的成效进行评估，评估结果为公民知识、公民态度以及公民参与三个方面。调查结果表明：影响公民知识水平的最大因素是学生的学习志向和家庭藏书数量，而公民知识水平又影响了学生参与政治生活的意愿。[①] 亚洲只有中国香港参与了本次调查。

（3）国际公民及素养调查研究[②]。该研究是2009年国际教育成绩评估协会（IEA）主持的另一个有关公民教育课程的国际比较研究，简称ICCS 2009。该研究对38个国家的公民教育课程进行了调研，考察了这些国家公民教育课程的概况、课程目标以及设置情况等，公民教育教师教育，教师教授方法，存在问题等一系列问题，并对这些国家8年级的中学生的公民素养进行了评估，其评估框架包括三个方向：知识内容方向（content domain）、情感行为方向（affective-behavior domain）和认知方向（cognitive domain），以此比较各国公民教育课程的成效以及公民教育的开展情况。

上述三项公民教育课程的国际比较研究对公民教育课程研究产生了重要的影响。这三项研究存在一定的共性：在研究对象上，均是大规模的跨国研究，研究国家范围广，跨越多个大洲；在研究内容上，研究更为细致、深入，并非仅仅是宏观比较，而是更关注某一细节问题的国与国之间比较；在研究方法上，均采用以实证为基础的国际比较研究方法，跟踪调查的追踪时间长，数据库庞大，分析结论更准确；在研究操作过程中，项目组织者为国家或国际组织，有充足的研究经费保证，参与的专家学者也趋于多国多领域的共同合作完成。由此可见，在公民教育课程的国际比较研究中国际间的合作、多国共同完成研究已经成为一种趋势，可以最高效、最直观地了解世界多个国家公民教育实施的情况，便于发现自身问题、学习并借鉴他国经验。

---

① 文静：《国际教育成就评价协会第二次公民教育研究》，硕士学位论文，华中师范大学，2011年，第1—3页。

② 《国际公民及素养调查研究》，维基百科（http：//zh. wikipedia. org/wiki/% E5% 9C% 8B% E9% 9A% 9B% E5% 85% AC% E6% B0% 91% E5% 8F% 8A% E7% B4% A0% E9% A4% 8A% E8% AA% BF% E6% 9F% A5% E7% A0% 94% E7% A9% B6）。

二 国内关于义务教育阶段学校公民教育课程建构的研究

中国的公民教育课程的研究起步较晚。新中国成立以后，最早关于公民教育课程的文章是1980年唐去病发表在《外国教育资料》上的一篇名为《法国中学的道德课与公民课》的文章。2000年9月9日召开了第一届粤港公民教育研讨会，会议首次讨论了关于“怎样将公民教育落实到课程中”的重大理论和现实问题。[①] 这是中国第一次以“公民教育课程研究”为主题的会议。直到2003年才出现了第一篇关于中国本土公民教育课程的研究文章，由龚瑾发表在《常州师范专科学校学报》上，题为《陶行知“生活教育理论”与公民教育课程实施策略》的文章。2004年以后关于公民教育课程的研究才逐渐增多并呈逐年上升的趋势（见图3）。2015年1月冯建军在《东北师大学报（哲学社会科学版)》上发表了文章《公民教育课程及其设计》，系统地对公民教育课程的内涵、性质、目标和内容进行了分析和界定，并提出了公民教育课程设计的三种组织形式。冯建军教授的这篇文章是中国学校公民教育课程研究的一个新起点，中国学校公民教育课程的研究开始从比较借鉴到某个课程元素的设计，深入系统地构建公民教育课程体系的阶段。

自2001年中国颁布《公民道德建设实施纲要》以来，公民教育研究的数量激增，但相比而言，公民教育课程的研究却始终没有出现大幅度的增长，在整个公民教育研究中所占的比例很低，总数量仅150篇（见图3）。

在研究的主题上，中国公民教育课程的研究主要有两个方面：一是对国外公民教育课程的比较研究；二是对中国本土公民教育课程的研究。从图4可以看出，目前中国公民教育课程研究还主要处在对国外公民教育课程的比较、借鉴阶段，占总研究数量的48%，而在本土公民教育课程的研究中，高等教育阶段公民教育课程的研究占19%，只有29%的研究是关于小学到高中阶段的公民教育课程研究。

研究方法上，在知网检索出的150篇论文均采用了文献分析法，超

① 姚冬琳、黄甫全:《公民教育课程化——粤港第一届公民教育研讨会评述》,《学术研究》2001年第3期。

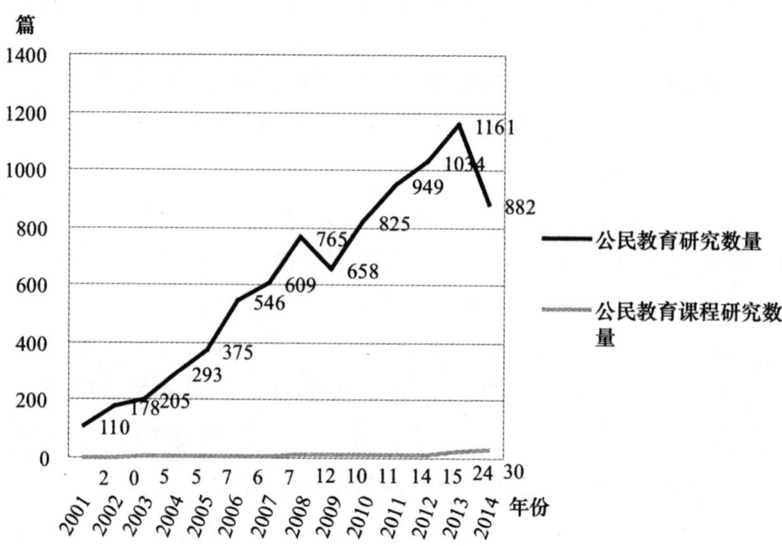

图3　2001年至今中国公民教育研究及公民教育课程研究数量对照

数据来源：中国知网（http：//vpn. synu. edu. cn/rewriter/CNKI3/http/dota9bmjh9mds/KNS/brief/result. aspx？dbprefix = scdb&action = scdbsearch&db_ opt = SCDB）。

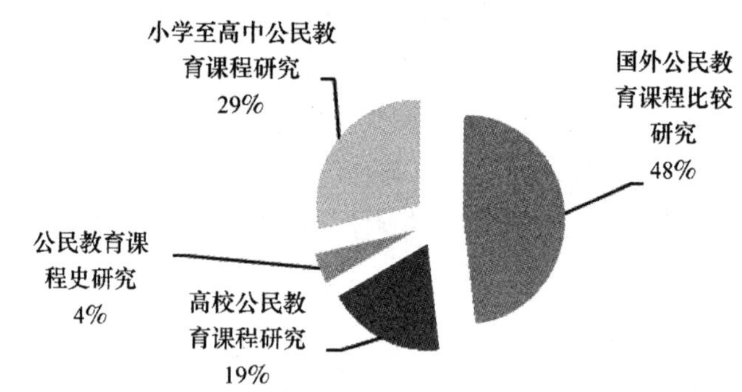

图4　中国公民教育课程研究主题分布

数据来源：中国知网（http：//epub. cnki. net/kns/brief/result. aspx？dbprefix = CDMD）。

过50%的论文使用了历史分析法，超过30%的论文使用了比较法。可以看出，目前在公民教育课程的研究中，文献法、历史法、比较法仍然是最主要的研究方法。研究公民教育课程的博士论文仅有9篇，其中有

4 篇是关于公民教育课程比较的，对本土公民教育课程的研究有 5 篇，具体包括 2 篇中国公民教育史的研究、2 篇大学公民教育课程研究、1 篇研究社会科课程中的公民教育。可以看出，关于中国义务教育阶段公民教育课程的博士论文目前仍然是空白。

（一）关于公民教育课程的比较研究

中国在公民教育课程的比较研究上研究得比较全面，对国际公民教育课程均有研究，包括北美和欧洲的发达国家，亚洲的韩国、日本及中国港澳台地区，涉及面比较广，不仅包含先进的公民教育课程理论研究，也涉及值得借鉴的公民教育课程和一些成功的实践项目。其中，被频繁作为比较对象的国家和地区分别是美国、英国和中国香港。英国和美国作为公民教育理论、实践的发祥地，自然是比较研究的重中之重。比如高峡、任京民、冯建军等学者均做了相关的比较研究。[①]在比较内容方面，在课程标准、课程内容、课程实施等多个角度都有深入细致的比较。作为中国有完整公民教育课程的港澳台地区，研究香港、台湾、澳门的公民教育课程也成为大陆公民教育研究的一个重要内容。[②]

但多数课程比较类研究都存在比较不够细致的问题。进行的比较往往停留在介绍该国或该地区的理论、经验，抑或“箩筐式”比较，即把两个国家或地区的相关信息进行“并置”比较，找出各自的优缺点或是值得改进的地方，但缺乏在如何本土化方面提出有建设性的意见，所以未能为中国的公民教育课程提供更深入有效的建议。

（二）关于本土公民教育课程的研究

对中国公民教育课程的研究是当前公民教育研究中最为薄弱的一个

---

① 参见高峡《美国公民教育课程的设计与内涵——美国社会科课程标准主题探析》，《全球教育展望》2008 年第 9 期。任京民：《美国学校公民教育课程的三次变革及其启示》，《外国教育研究》2013 年第 8 期。宁莹莹、冯建军：《应对多元文化挑战的英国公民教育课程改革》，《全球教育展望》2014 年第 6 期。

② 参见闫闯《香港小学德育及公民教育课程评述》，《世界教育信息》2013 年第 17 期。谢均才：《香港的公民教育课程：小学常识科和初中公民科初探》，“两岸四地公民意识教育”专题研讨会论文，河南郑州，2008 年 5 月，第 313—327 页。Wing-Wah Law and Ho Ming NG, “Globalization and Multileveled Citizenship Education: A Tale of Two Chinese Cities, Hong Kong and Shanghai”, *Teachers College Record*. Vol. 111, No. 4, April 2009, pp. 851 – 892。香港特别行政区民政事务局、香港公民教育委员会、郑州大学公民教育研究中心编：《21 世纪中国公民教育的机遇与挑战》，郑州大学出版社 2008 年版。檀传宝等：《公民教育引论：国际经验、历史变迁与中国公民教育的选择》，人民教育出版社 2011 年版，第 387—408 页。

环节，关于本土公民教育课程的研究非常有限。

1. 中国公民教育课程研究

于2000年召开的第一届粤港公民教育研讨会共讨论了四个议题：

（1）公民教育的课程化问题。大多数学者都认同三种模式：一是专门开设公民课程；二是将公民教育整合到有关课程中；三是既开设公民课程，又将公民教育贯彻到有关科目的教学中。

（2）公民教育课程的伦理取向。基本概括为三个方面：科学精神与民主精神统一、个人发展与社会进步结合、文化进步与思想进步统一。

（3）课堂气氛与公民意识的培养。通过课堂环境和氛围影响学生的公民意识，通过课堂活动培养学生的参与意识。

（4）公民教育课程化的形式。专家学者一致同意公民教育课程化包括三个方面：一是思想观念上的公民教育课程化；二是公民教育渗透到课程编制的方方面面；三是公民教育渗透到各门学科中去。①

这次会议非常全面地对中国公民教育课程化的问题进行了探讨，虽然讨论的结果还比较浅显，很多细节还有待进一步探讨，但这次会议的召开为中国公民教育课程的研究提供了理论依据以及实践方向，对公民教育课程的研究产生了重要的影响。

关于公民教育课程的研究，目前主要是从已有课程为切入点研究公民教育课程，从微观教科书、教学层面探索如何加强已有课程中的公民教育内容。研究主要从品德课和历史课两门课程入手。如王文岚从社会科课程角度比较了人民教育出版社出版的新旧两版《品德与生活》《品德与社会》和《历史与社会》的教科书，认为新版的教科书虽然仍存在一定不足，但相对旧版的教科书有了很大的进步。② 在教学方面，主要是对各种公民教育实践路径的探讨。比如，以行动为取向的公民教育课程、与社区合作的公民教育实践、公民教育课程中的游戏设计等各类实践模式的研究。③

---

① 姚冬琳、黄甫全：《公民教育课程化——粤港第一届公民教育研讨会评述》，《学术研究》2001年第3期。

② 王文岚：《社会科课程中的公民教育研究》，中国社会科学出版社2006年版，第103页。

③ 王世伟：《试析社会行动取向公民教育课程的特色》，《全球教育展望》2011年第11期。邹双武、潘红建：《基础教育课程改革背景下的公民教育课程探微——公民教育社区服务活动课程概述》，《萍乡高等专科学校学报》2009年第1期。马艳梅：《基于小学公民教育课程的RPG教育游戏设计及应用研究》，硕士学位论文，江南大学，2013年。

2. 公民教育课程建构的研究

冯俊指出要设置系统的公民教育课程，他认为目前学校教育中虽然涉及公民教育的内容，但并不系统，有很多关键的内容缺失，要在学校中形成系统的公民教育相关课程，并对公民教育课程的设置提出了相关的建议。① 蓝维、高峰等学者在《公民教育：理论、历史与实践探索》中，系统地梳理了公民教育的基本理论，分析了当前的社会背景，可行的实践方式，讨论了公民教育在我国的历史演进与实践发展过程，提出了当代中国公民教育的体系框架，为系统建构中国学校公民教育及公民教育课程提供了比较成熟的理论借鉴与思维框架。② 檀传宝等在《公民教育引论：国际经验、历史变迁与中国公民教育的选择》中从意义、目标、内容及实施策略中加强了对学校公民教育体系的建构研究。③ 王文岚、黄甫全在《1949 年以来中国大陆中小学公民教育课程发展的回顾与前瞻》中从课程角度对公民教育课程体系进行了建构研究，规划了公民教育课程的目标及内容。④ 刘铁芳从公共生活的领域探讨了学校公民教育的内涵与目标，他认为应该以公共生活开启个人的公民教育，侧重个体在学校生活中养成公民意识，强调社会服务在公民责任培养上的重要价值。⑤

目前中国在公民教育课程体系建构方面主要存在三种观点：

(1) 原有课程体系改造观。在已有的学科课程中添加公民教育的内容，或增加有关公民教育的活动课。

(2) 整体渗透课程观。在基础教育目标中明确公民教育的目标，将公民教育的内容渗透到各个学科中。

(3) 独立的课程体系建构观。在学校中开设公民教育课程，建立从小学到大学一体化的公民教育课程。⑥

---

① 冯俊：《设置系统的公民教育课程》，《光明日报》2013 年 3 月 12 日 07 版。

② 蓝维、高峰等：《公民教育：理论、历史与实践探索》，人民教育出版社 2007 年版。

③ 檀传宝等：《公民教育引论：国际经验、历史变迁与中国公民教育的选择》，人民教育出版社 2011 年版。

④ 王文岚、黄甫全：《1949 年以来中国大陆中小学公民教育课程发展的回顾与前瞻》，《学术研究》2008 年第 11 期。

⑤ 刘铁芳：《公共生活与公民教育：学校公民教育的哲学探究》，教育科学出版社 2013 年版。

⑥ 黄甫全：《学校公民教育：问题及对策》，《学术研究》1997 年第 4 期。

可以看出，这三种观点各有侧重，出发点各有不同。就当前学校的课程实施可以看出，公民教育的开展与第一种公民教育课程建构观一致，即把公民教育的内容放在品德课程里或以主题活动的形式实施，但这在操作过程中存在着很多问题，如公民教育内容不系统、不明确，公民教育与品德教育混为一谈等。第二种课程观中，公民教育的内容只是渗透在各个学科中，无法把公民教育的相关知识或技能系统地传授给学生，而且教育效果无法保证，教学过程中渗透还是不渗透取决于教师上课的引导。笔者赞同第三种课程建构观，即建构一套专门学校公民教育课程，如此才能有效地将公民教育知识与公民教育实践系统地结合在一起。

三　对国内外相关研究的评价

（一）对国外研究的评价

通过对国外研究状况的综述可以看出，西方公民教育的研究已经相当成熟。经过长期的积累，西方公民教育课程研究已经积累了丰富的研究成果，形成多种公民教育理论流派，建构了完整的课程框架。这些成果将为我们分析研究中国公民教育课程的理论和实践提供借鉴。

（1）就研究领域而言，研究课题涉及范围广，既有理论研究，也有应用研究，形成了一个完整的研究体系。理论研究紧密契合不同时期、不同社会背景下的公民及公民身份，不断推出新的公民教育课程理论理念，并用于指导课程实践。对公民教育课程的研究，研究问题来自现实问题或实践，以基础理论作为分析问题的维度与视角，并借鉴比较研究提供的经验结论，既保证了问题的针对性，又在一定程度上验证了理论的可靠性和分析框架的合理性，促进了理论研究的发展。

（2）就研究内容而言，西方的公民教育课程研究具有针对性，对公民教育课程的方方面面均有细致深入的研究，思考在不同文化、不同社会背景等各种因素的影响下，公民教育该如何应对所面临的挑战。在做公民教育课程的研究时，必须把公民教育放在一个国家的特定社会背景下去理解和思考，结合它特有的文化传统及其存在的特殊问题，才能建构出符合国家需要的公民教育课程体系。

（3）就研究方法而言，实证研究比重大。各类主题的研究均采用了理论分析和实证研究相结合的方法，尤其近十年里，实证研究数量占绝对优势。内容分析、量表调查、深度访谈等在研究中被广泛应用，这在一定程度上保证了研究结果的科学性和可靠性。据此提出的建议与策略才能做到有据可依，才能对学校实践具有具体的指导意义。

尽管国外公民教育课程建构的相关研究非常丰富，但在某些层面仍然存在一些不足之处。目前西方的公民教育课程建构研究正处于瓶颈期，鲜有重大的突破性成果。近几年来，相关课程建构的研究呈下降趋势，有重要贡献的研究成果数量减少，目前研究的侧重点主要集中在对现有课程的评价和对课堂教学方法的改进上，而对课程本身的建设关注度下降。

（二）对国内研究的评价

从国内的文献研究中可以看出，中国公民教育课程建设越来越引起重视，但现有的研究仍然存在以下不足：

（1）从研究范畴看，介绍国外公民教育课程的研究比较多，引进移植国外公民教育理论倾向明显，进行本土分析甚至改造的比较少，本土生成的、有中国特色的公民教育课程理论研究和实践应用研究数量较少。学校公民教育课程的体系建构研究目前还缺乏系统成熟的成果，大部分的研究还处在分别研究公民教育课程目标、内容和实践途径的阶段，缺乏对学校公民教育课程建设的系统研究，尤其是对课程目标、课程内容、课程类型、教材编写等方面深入、细致的研究。参与研究的教师、学者不多，其中知名的学者更是屈指可数，研究成果数量也微乎其微。因此，中国公民教育课程建设目前还有很大空间，尤其是义务教育阶段的学校公民教育课程研究与课程开发这一领域，亟待我们努力探索和完善。目前中国基础教育阶段的公民教育课程并没有得到深入的研究，自 2001 年以来的公民教育研究中属于基础教育领域的不足 1/3，这样的重视程度显然与义务教育阶段公民教育课程对中国培养民主社会公民的重要意义相悖，也不符合国际公民教育课程重视基础教育阶段研究的发展趋势。

（2）从研究范式看，现有研究更多的是比较研究，或是依据经验的判断性和分析性的理论研究，缺少从实证角度对中小学公民意识水平、公民教育课程实然状况、教师对公民教育课程认识水平所进行的调查。

（3）从研究结果看，研究大多处在零散、分散、思辨、介绍和比较的研究阶段，至今缺少对中国义务教育阶段学校公民教育课程进行专门性和系统性的研究。对于如何看待公民教育课程与德育课程之间的关系，如何建构义务教育阶段公民教育课程，义务教育阶段公民教育课程的目标、内容是什么，如何制定课程的类型等一系列问题都没有提供具有针对性、可操作性的方法和策略。对于公民教育课程的研究不能仅停留在理论理念的分析归纳上，必须深入“课程”和“教学”的层面，才能具有实际的操作意义，指导实践。

第三节　研究方法、研究内容及创新之处

一　研究方法

（1）文献研究法。本书需要坚实的理论基础作为义务教育阶段学校公民教育课程建构的支撑。本书力求比较全面地掌握国内外有代表性的公民教育课程著作和文献等各类研究成果，以此作为推进本书的逻辑起点和研究基础。文献资料包括：专著、硕士博士学位论文、学术论文、课程标准（包括国内、国外的课程标准及解读）、中小学教材、网上数据库资源、网络资源。为能最准确地理解研究者的意愿，本书尽量选择第一手资料。

（2）调查研究法。本书采用调查研究法，主要运用问卷和访谈两种形式。自编调查问卷对义务教育阶段教师对公民教育课程现状及认识进行调查。调查主要涉及三个维度：①教师所在学校的公民教育课程开设情况；②教师对公民教育以及公民教育课程的认识；③教师对开设公民教育课程的需求。并自编访谈提纲对教师进行深度访谈，深入细致地了解教师在教学过程中所面临的问题，并进一步了解教师们对公民教育以及公民教育课程的认识和需求。

（3）内容分析法。本书将对新课改后辽宁地区九年义务教育阶段人民教育出版社的《品德与生活》《品德与社会》《思想政治》教材进行内容分析。样本选择人民教育出版社的教材，是因为人民教育出版社的教材适用范围较广，涉及学校、学生相对于其他出版社的教材更多，具有一定代表性。选择这三套教材是考虑到这些教材是目前义务教育阶段学校进行公民教育最直接、最主要的教材之一，具有极强的代表性，涉及公民教育的内容也相对集中。但因研究范围所限，公民教育的内容

还可能会出现在其他课程里面，无法对所有课程教材都进行内容分析，无法全面地说明公民教育内容在所有课程中的体现，是本样本选择的局限性。在具体操作上，分析的内容为样本教科书中所有有关公民教育的内容，并对这些涉及公民教育的内容进行编码、分类、统计。

（4）比较研究法。比较研究是教育研究中一种重要的方法。本书选择比较的方法研究学校公民教育课程的建构主要出于对以下现实情况的考虑：公民教育在西方国家有超过半个多世纪的实践经验，而中国学校公民教育课程的研究尚处于起步阶段。因此，对于其他国家的成功经验的研究必不可少，在分析、学习他国的实践经验的基础上，充分利用比较研究方法的借鉴和改革功能，研究如何建构中国义务教育阶段学校公民教育课程。

二　研究内容、研究重点及研究难点

（一）研究内容

本书以义务教育阶段学校公民教育课程建构为研究对象，在梳理国内、国外已有相关研究的基础上，结合当前学校公民教育课程现状的调查结果以及在德育课程中开展公民教育存在的问题，分析建构义务教育阶段学校公民教育课程的必然性、必要性与紧迫性，寻找建构公民教育课程的理论依据，明确义务教育阶段学校公民教育课程的地位和属性。建构中国义务教育阶段学校公民教育课程，具体包括构建该课程的课程目标、课程内容以及课程组织形式。具体包括以下几方面的内容：

（1）调查分析中国义务教育阶段学校公民教育课程建构的紧迫性和必要性。从时代背景和社会发展的必然结果考察建构学校公民教育课程的历史必然性；从当前对人才的要求和社会的发展要求考察建构学校公民教育课程的现实必要性；基于对现阶段学校公民教育课程的现状、教师的认识水平和需求、目前品德课程教材中公民教育内容的分布的调查分析对建构义务教育阶段学校公民教育课程提出了迫切要求。

（2）探寻建构义务教育阶段学校公民教育课程的理论依据。对本书涉及的核心概念进行界定，包括：“公民”“公民教育”“课程”“公民教育课程”；寻找适合建构当前义务教育阶段学校公民教育课程的公民教育理论；归纳总结中小学生的身心发展特点及规律作为课程目标及内容设置的依据；以及寻求课程理论作为在建构义务教育阶段学校公民教育课程的理论基础。

（3）确定义务教育阶段学校公民教育课程的建构原则。明晰义务教育阶段公民教育课程的性质和特征，确定学校公民教育课程的必修课程和核心课程地位，分析学校公民教育课程的特征，以此确定义务教育阶段学校公民教育课程的建构原则。

（4）建构义务教育阶段学校公民教育课程体系。力求形成一个完整的课程体系，包括公民教育课程的目标、内容、课程组织形式的建构。规定课程目标的不同维度，不同年级的课程目标，归纳课程内容的模块以及课程类型的设计，建立以学科课程、活动课程为主，充分发挥潜在课程作用的多种课程类型的整合模式。

（二）研究重点

本书的研究重点是建构一个完整的义务教育阶段学校公民教育课程的体系框架，厘清学校公民教育课程的每个要素，包括课程的地位和性质、课程目标、课程内容以及课程的组织形式。依据公民教育课程的特性、义务教育阶段学生的特点，结合公民教育理论以及相关课程理论，以求厘清学校公民教育课程的性质，规定学校公民教育课程的目标，明确学校公民教育课程的内容，设计学校公民教育课程的课程组织形式。

（三）研究难点

本书的难点之一在于借鉴国外学校公民教育课程尺度的把握。公民教育作为舶来品，在借鉴学习的过程中，绝不可以照搬西方的做法强行植入中国的学校公民教育课程建构中。如何做到在学习西方完善的学校公民教育课程体系的基础上，结合中国学校自身的情况和特点，建构适合中国国情、有中国特色的学校公民教育课程体系是本书必须要突破的难点。

本书的另一个难点是对课程建构相关理论学说的把握。只有以坚固的课程理论框架作为基础，才能建构出扎实可靠的公民教育课程体系，也是对笔者理论功底的挑战。

三　研究创新之处

本书主要有三个方面的可能创新之处。

（1）研究深入地考察了中国公民教育课程的现状及其存在的问题，以此提出中国建构义务教育阶段学校公民教育课程的必要性和紧迫性，并结合历史背景和现实环境分析了义务教育阶段学校公民教育课程建构对中国的意义，深化对建构义务教育阶段学校公民教育课程的认识。

（2）研究初步形成了义务教育阶段学校公民教育课程体系。本书针对当前存在的问题，依据现有的公民教育课程相关理论学说，参考国外的成功经验，并结合中国的情况，阐明了义务教育阶段学校公民教育课程的性质、目标、内容以及课程组织形式，系统全面地建构义务教育阶段学校公民教育课程，这在现有研究中几乎没有。

（3）研究为中国当前义务教育阶段学校公民教育课程体系建构以及进一步走向实践提出了有针对性的建议。

第一章　建构义务教育阶段学校公民教育课程的必要性

第一节　建构义务教育阶段学校公民教育课程的历史必要性

一　全球化发展的时代诉求

全球化的兴起对公民教育提出了很多新的要求，需要适合其发展的新型公民教育以及公民教育课程来应对全球化发展出现的新情况，跟上时代的步伐。

（一）中国公民需要被教授如何理性面对国家认同的公民教育课程

一直以来，公民与公民教育都只是与国籍和民族国家相关。改革开放前，中国公民很少到其他国家旅游、交流、学习、工作，因此，在国家认同方面，中国公民热爱祖国、忠诚祖国、植根于祖国大地上。但今天国门大开，国家认同面临挑战，各种崇洋媚外的想法滋生，甚至认为国外的一切都是好的，中国公民迫切需要被教授如何理性地面对中西方差异，增强国家认同感。

（二）不断扩大的对外开放程度需要紧跟时代步伐的公民教育课程

今天的中国社会正处在一切以全球市场为特征的经济环境下：跨国公司林立、大量国际资本注入、本国企业努力打开海外市场冲向世界。对外投资，走出国门，是中国发展历程的必然选择，其本质是人才的走出去，我们培养的公民要尊重当地文化，了解当地民俗、文化，对当地宗教信仰、种族矛盾要谨慎面对，要保护当地的生态环境，处理好政治和经济的关系。同时，随着社会上外国群体的不断增加，中国也面临着种族多样性、民族多样性和文化多样性急剧发展的局面。这需要中国公民在与外国人交往时有多元文化意识，有跨文化的沟通能力，掌握国际惯例，能够更开放地理解和接受彼此的文化和价值观，寻找彼此的共同之处。

（三）中国的新战略布局需要依托培养世界公民的公民教育课程

2013年，习近平主席提出了建设“21世纪海上丝绸之路”的倡议，随后在党的十八届三中全会上决定了同周边国家和区域建设“一带一路”的新战略，蕴含着以各国经济合作为基础，以人员交流为支撑，以互利共赢为宗旨的发展内涵。并倡导成立亚洲基础建设投资银行(简称，亚投行)，为世界区域合作提供了有力支持，也可能是一系列世界性的金融、货币、投资、资本、贸易甚至政治组织的新开端。由此可见，中国新时期新常态的重大战略布局，就是要走出国门，走向世界。在如此的布局中，中国公民是否具有一种大国的心态，是否具有大国的心智，是否具有大国的风度，这都需要有国际视野的中国公民，要求中国公民具有世界公民的形象和素质。因此，中国培养的“公民”不仅是国家建设者的“国民”，更是区域社区、国际社会的建设者和成员。这些原因都使得培养世界公民的公民教育课程成为我们关注的焦点。

（四）国际治理需要公民教育课程的支持

全球化的背景下，各国之间的合作更为密切，国家目标需要国家间的合作才能达成实现，有些全球性事项涉及不同国家、不同领域，并相互影响连带发生，不是一国之力所能解决的，需要国家间协同。比如，人口膨胀、资源匮乏、环境污染、贫困、恐怖主义等全球问题的治理，以及全球性的政治、经济、民族、宗教、社会、教育等事项，不是一国政府运用本国所能支配的资源就能解决的。这使世界各国人民逐渐形成了共识——世界是一个整体，全球治理必须通过国家间合作和跨国协同来实现，这需要国家间开展深入广泛的合作，进行多边、多元、多层级合作，需要跨区域、跨时间、跨种族，才能有效应对全球化挑战。从全球的角度看待问题，以全球责任为己任的世界公民进入我们的视野，成为公民教育在全球化时代的新课题。参与其中的中国公民同样是全球社会的一员，也应当承担全球社会成员的一份责任，需要具备参与国际事务的观察能力、协调能力、沟通能力、处理能力。从这个角度而言，我们绝不仅仅是代表各自国家的公民，我们更是这个地球上的公民，世界的公民。

在这样的时代背景的诉求下，中国要培养有国际视野、全球观念、面向世界、走向未来的中国公民，这一目标的实现必须经由公民教育课程这一公民教育的载体实现。公民教育课程的内容不仅要培养公民的国家认同感，更要适应全球化背景的需要培养公民的世界认同感。所以，在中国积极快速融入世界的过程中，特别有必要建构既培养中国公民又培养世界公民的公民教育课程。

二　建设社会主义现代化国家的必由之路

中国社会目前正处于伟大复兴时期，以习近平总书记为首的党中央正领导中国人民为实现两个百年目标而奋斗。公民意识的形成、公民素养的整体提高是建设富强、民主、文明和和谐的社会主义现代化国家的核心基础和精神支柱。要实现这两个百年目标，我们必须首先在义务教育阶段的学校里开设公民教育课程。

（一）解决当今社会中的诸多问题有赖于学校公民教育课程

中国经济经过 30 多年的高速增长，取得了世人瞩目的巨大成就，综合国力显著提升，人民的生活条件大幅改善。在高速的社会发展过程中也产生了诸多问题，其中很多问题都与公民意识、公民素养息息相关，要解决这些问题，保持社会持续发展，最终实现两个百年目标必须依靠学校公民教育课程，从小抓起。

首先，要实现中国社会现代化离不开公民的培养。中国经过 30 多年的高速发展，积累和暴露了很多问题，如环境污染、生态破坏、资源紧缺、人口老龄化等。中国过去以环境为代价，靠资源浪费、破坏环境保持的高速发展是不可持续的，而且中国目前严峻的环境问题已经为我们敲响了警钟。要持续保持经济发展的速度与效益，关键在“人”——高素质、有责任的公民，这就离不开对“人”的投入，即人力资源素质的提高和人力资本的不断积累。同时更要重视人的精神层面的需求，如生存与尊严、公平与正义、权利与义务、责任与诚信，这些主题都是公民教育关注的重要内容，更是公民教育课程的核心内容。因此，建构义务教育阶段学校公民教育课程是中国崛起的需要、是腾飞的需要、是实现中国梦的需要。

其次，加强精神文明建设需要依靠学校公民教育课程。中国的精神文明建设没有跟上市场经济发展的步伐。社会高速发展与社会转型冲击着人们传统的思想观念和生活方式，由此出现了复杂的社会现象和社会矛盾，比如信仰缺失、正义不张、信用危机、道德滑坡、法律约束力下降、犯罪率上升、腐败问题严重、群体性事件频发等。我们明显感到社会转型期人们精神层面的进步跟不上物质发展的速度，心理容易失衡、评判容易偏颇、情绪容易偏激、主张容易极端，精神支柱缺失。要解决这些问题必须重新树立公民的核心价值观念，这就需要通过在学校中从小培养学生树立正确、积极的社会核心价值观，才不致将来轻易受到社会上一些不良社会现象影响，形成扭曲的价值观。

最后，通过学校公民教育课程提升公共道德水准。当前社会成员逐利倾向严重，为追求自身利益最大而不择手段，社会整体浮躁，价值观扭曲。发生骇人听闻的食品安全事件，如三聚氰胺奶粉、瘦肉精猪肉、苏丹红鸡翅、地沟油火锅底料、福尔马林海产品等违背公共道德的事件比比皆是。社会成员一味地谋求自身的经济利益，甚至可以为了获取更大的利益而假公济私、见利忘义、坑蒙欺诈，丧失最基本的道德良知。要想提高公民的公共道德标准，必须从小对学生进行公民教育，通过公民教育课程，培养学生的公德意识、法制意识、对社会负责的责任感，提高公民对社会服务的热情。

现代社会发展及转型期出现的社会问题和社会矛盾应得到足够的重视和应对。应该从小开始，对学生大力加强公民教育，开设系统的学校公民教育课程，培养公民意识、提高公民素养，形成讲诚信、讲责任、讲良心的强大氛围，培养有责任、肯担当、正能量的中国公民。

（二）社会进步离不开学校公民教育课程

社会进步离不开健康有序的现代市场经济，作为市场主体的个人是独立自主的个体，是具有理性精神、具有自我反思能力的人。人与人之间是自由、平等的关系，尊重他人自由平等的权利，并在经济生活中遵守起码的伦理道德。[①] 市场经济要求富有理性的公民，能够自我管理，自我负责，具有平等意识、法律意识、合作精神，具有基本的公共道德与职业道德，这正是现代公民必须具备的素质。

中国有两千多年的封建历史，君主专制的政治体制，一直采用

---

① 高兆明：《制度公正论：变革时期道德失范研究》，上海文艺出版社 2001 年版，第 127 页。

“君君、臣臣、父父、子子”的统治体系。君是核心，官是本位，上下几千年亘古不变。经济模式以农业经济为主，“重农抑商”的经济政策一直压抑商品经济的独立性，增加商品经济对权利的从属。因此，我们有的是“臣民”“小民”“子民”“草民”“顺民”甚至“暴民”，几千年来在社会中这些身份根深蒂固，“公民”的萌芽却异常艰难。中国改革开放以前，受计划经济制约，人民普遍缺乏效益意识、竞争意识、权利意识、独立自主意识等公民意识，相反，相当一部分的社会成员却普遍存在私民意识、臣民意识，缺乏自由、平等的民主意识。随着市场经济的深入发展，公民素质、公民意识、公民行为等各方面滞后于社会进步的问题日益凸显。因此，通过学校公民教育课程培养独立、自由、平等、理性的责任公民是推动中国社会进步的必要途径。没有合适的学校公民教育课程，不可能顺利实现中国社会的现代转型。

第二节　建构义务教育阶段学校公民教育课程的现实必要性

一　实现人的全面发展的需要

人的全面发展指人的体力和智力充分而自由的发展，人的才能、个性、志趣、素养品质得到和谐、充分的发展和满足。[①]“人的全面发展”的理论学说为中国公民的培养指明了发展的方向。

就当代中国社会而言，要实现人的全面发展，首先需要把人培养成为公民，培养出身份平等，具有公共理性、公共道德，主动参与社会公共生活，致力于实现公共利益和公共善的现代公民。这也正是公民教育的实质。公民教育在培养人的理念上，致力于保障每个学生享有平等的受教育权利，在促进人的全面发展的同时努力培养学生的个性，培养学生形成正确的人生观、价值观、世界观，全面提高学生的公民素养，做一个主动参与社会生活且为社会贡献力量的公民。从这个意义上来说，公民教育是实现人的全面发展的必要条件和重要保障。

公民教育关注人的发展，注重个人的价值、注重人身心的和谐发展，[②]

① 郝文武、龙宝新：《教育学原理》，北京师范大学出版社 2012 年版，第 46—47 页。

② 同上书，第 45 页。

使每个人能够形成独立自主的行动能力，具备批判的思想意识，养成理性判断的能力。所以，学校公民教育要充分保证人的全面发展，首先就应该根据社会和时代的发展变化开设相应的公民教育课程，明确培养人才的质量规格，科学地规划公民教育课程目标，使学生掌握扎实而又丰富的基本公民知识，并能够将这些知识灵活地应用于现实生活，解决各种实际问题，还要让学生形成健全的社会公德意识，学会与人合作、共处，与其他社会成员共同生存发展。因此，我们要明确培养公民的教育宗旨，积极推进公民教育，并以公民教育课程作为实现人的全面发展的保障机制，将公民教育落实到实处。

二　塑造现代公民人格的需要

余潇枫认为“人格”是体现人的社会价值的精神形象，代表人的社会特质，是一种完整的主体的资格。[①] 公民人格是对自己作为社会成员在主体价值的意识自觉。在现代社会中，公民人格是确定公民身份的核心要素。中国现代化进程中的市场化、全球化和网络化的社会现状，带来了公民个体主体性的觉醒、私人生活与公共生活分化、契约精神萌发，这些都预示着当代中国人格转型的必然趋势和公民人格的基本方向。

现代公民人格具有主体意识、权利意识、义务意识、法律意识、自理意识、参与意识、理性精神等现代观念意识。一个现代公民首先要养成主体意识，成为独立的主体，才是现代公民人格确立的标志，主要表现为主体的自主性和独立性，具备自我选择、自我判断、自我约束的能力以及批判反思的精神。具有主体人格的公民能够大胆运用自己的理性和智慧、敢于批评、善于怀疑、不崇拜权威、不轻信教条，可以独立自主地做决策，并对自己的行为负责。[②] 公民的权利义务意识是指公民作为社会成员的个体，明确清楚自身依法所享有的权利和需要履行的义务，自觉地把自己看作国家的主人、社会的成员，认识到权利的使用不仅与自己有关，更与社会中的其他人有关，并关心和同情那些权益受到伤害的人，愿意为其争取合法权利提供帮助。民主法制意识是对人情、

① 余潇枫、盛晓蓉：《论公民人格》，《浙江大学学报》1998 年第 2 期。

② ［德］康德：《历史理性批判文集》，何兆武译，商务印书馆 1991 年版，第 22 页。

特权、等级观念的否定，清楚法律法规的制定是为了最大限度地维护社会的公平与公正，维护和保障社会成员的基本权益和正当利益。自理意识和参与意识是指不依赖他人，自我管理、对自己负责、主动参与的观念意识，是现代公民人格的重要内容之一。理性精神是不迷信传统和权威，具有批判意识，能够理性地进行分析和判断的观念意识。①

现代公民人格的养成需要通过公民教育来实现，需要专门的学校公民教育课程的介人，公民教育课程设置承担着直接培养追求平等、自由、独立、责任等现代公民意识、情感、态度与行为能力的任务。公民教育课程塑造公民意识，促进公民与所属共同体之间关系的和谐发展，向公民传递特定的价值观念，这样培养出来的公民才能对自己所在的社会共同体具有强烈的自我认同感和归属感，对国家的基本法律法规具有强烈的自律感，对自己所生活的环境和社区具有强烈的责任感，对自由、公平、正义等人类普遍认同的价值观具有强烈的向往感。② 儿童青少年是进行公民教育的黄金时期，会对个体成年后的行为产生巨大的影响，要从小开设学校公民教育课程。义务教育阶段学校公民教育课程无疑是形成现代公民人格关键的能动力量之一。

三　落实社会主义核心价值观的需要

价值观是对人、事、物的价值本质的认识，以及对人和事物做出是非判断的思维和取向。价值观对人的行为起着规范和导向作用。③ 社会通过运用不同的方式、不同的手段、不同的媒介，向人们推进价值的取向、标准，引领社会的前进方向，就形成核心价值观。

2012 年，党的十八大报告中明确提出了社会主义核心价值观的表述，以二十四个字凝练了社会主义核心价值观，提出了“富强、民主、文明、和谐”的国家发展目标，“自由、平等、公正、法治”的社会建

---

① 余潇枫、盛晓蓉：《论公民人格》，《浙江大学学报》1998 年第 2 期。

② 吴育林：《公共生活理论范式对建构中国公民社会的启示》，《中山大学学报》（社会科学版）2006 年第 3 期。

③ 袁贵仁：《价值观的理论与实践：价值观若干问题的思考》，北京师范大学出版社 2013 年版，第 128—129 页。

设理念，“爱国、敬业、诚信、友善”的公民基本道德规范。[①] 社会主义核心价值观在价值目标上实现了国家、集体、个人的融汇统一，兼顾了国家、社会、个人三个层面在价值观念上的愿景和追求，为国家的建设方针、社会的发展方向、公民的培养目标指明了方向。中国现代社会的公民，应该具备社会主义核心价值观所要求的公民素养。义务教育阶段的儿童青少年是未来国家建设的主力军，其公民意识与公民能力的强弱，能否承担起建设现代社会的公民责任，取决于我们的学校教育是否将儿童青少年的社会主义核心价值观教育贯彻到底。

当前的中国社会正经历社会整体性变迁，经济体制改革，社会结构变动，思想领域变化。多种文化并存：一元与多元、传统与现代、先进与落后、本土与外来，这些文化相互交织在一起而又彼此冲突，既给人们的价值观带来了活力，同时也带来了巨大的冲击，引发了信仰迷失、行为失范、诚信危机、人情冷漠等社会危机。如何实现在价值观念上达成共识，提高社会公共意识，应对国际文化竞争、国内文化缺失等挑战是政府亟待解决的重大历史课题。21 世纪以来，中国政府相继出台了一系列的理念和措施：《公民道德建设实施纲要》、“八荣八耻”、“社会主义核心价值体系”、“中国特色社会主义理论体系”、“文化强国战略”、“社会主义核心价值观”、“中国梦”等，彰显了国家对核心价值观构建的重大战略性思考。[②] 随着中国社会主义实践的不断深入，价值观作为文化和意识形态的重要组成部分，对社会进步起到了不可替代的推动作用。社会主义核心价值观是社会主义实践的重要思想支撑，加快培育和践行中国特色的社会主义核心价值观，可以保证中国社会发展的正确方向，保障社会的持续发展。

社会主义核心价值观的培育与践行是一项长期而复杂的社会系统工程，有赖于制度保障、政策倡导、学校教育、民众参与、文化熏陶、舆论引导等多方的联动体系。其中，学校教育是社会主义核心价值观得以实现的基础环节、重要阵地。公民教育课程本身就包含价值观的传递，

---

① 胡锦涛：《在中国共产党第十八次全国代表大会上的报告》，人民教育出版社 2012 年版，第 31 页。

② 王芸、宣岩松：《文化视角下公民教育与社会主义核心价值观的统合分析》，《蚌埠学院学报》2014 年第 3 期。

教育方式侧重体验式、生活化的实践教育，教育效果持久且渗透性强。义务教育阶段公民教育课程的对象和教育目标具有普遍性、广泛性和基础性的特征。因此，义务教育阶段学校公民教育课程是传播社会主义核心价值观，扩大认同基础，使之成为人们主动追求和自觉践行的最佳途径和长效机制。习近平总书记2014年在北京市海淀区民族小学座谈会上指出："任何一个思想观念，要在全社会树立起来并长期发挥作用，就要从少年儿童抓起"[①]，少年儿童是祖国的未来，是中华民族的希望，培育和践行社会主义核心价值观必须从小抓起，使社会主义核心价值观成为公民行为选择的遵循标准，做现代社会的合格公民。综上所述，落实中国特色的义务教育阶段学校公民教育，建构公民教育课程，既是培育和践行社会主义核心价值观的需要，也是中国基础教育的重要任务之一。

四　建设法治社会的需要

法治是依照宪法和法律来治理国家。法治社会，是指全社会对法律的普遍认同和遵从的一种社会状态。中国是有着三千年封建专制历史、人治传统的古国，依法治国是中国数千年以来的一件大事，更是中国共产党在建党、执政历史上的重大转折。依法治国开启了中国法治社会的新篇章。

1997年党的十五大首次提出依法治国，建设社会主义法治国家。1999年3月召开的九届全国人大二次会议上，将"依法治国，建设社会主义法治国家"写入了宪法，确立了中国依法治国的基本方略。2006年，国家颁布了《中共中央关于构建社会主义和谐社会若干重大问题的决定》(简称《决定》),《决定》指出："加强社会主义民主政治建设，发展社会主义民主，实施依法治国基本方略，建设社会主义法治国家，树立社会主义法治理念，增强全社会法律意识，推进国家经济、政治、文化、社会生活法制化、规范化，逐步形成社会公平保障体系，促进社会公平正义"。[②] 随后，中共十七大报告明确提出了"加强公民意识教育，树立社会主义民主法治、自由、平等、公平正义的理念"。[③] 2014年，十

---

① 习近平：《习近平谈治国理政》，外文出版社2014年版，第181页。

② 《中共中央关于构建社会主义和谐社会若干重大问题的决定》，《求是》2006年第20期。

③ 胡锦涛：《胡锦涛在党的十七大上的报告（全文）》，2007年10月24日，新浪新闻中心（http：//news. sina. com. cn/c/2007－10－24/205814157282. shtml）。

八届中央委员会第四次全体会议审议通过了《中共中央关于全面推进依法治国若干重大问题的决定》，《决定》强调："全面推进依法治国"。[①] 至此，中国初步形成了较完整的法治体系，用"树立社会主义民主法治、自由平等、公平正义"的理念来诠释"加强公民意识教育"的核心内涵，在中国历史上前所未有地凸显了公民意识教育的重要作用。加强公民教育，实施公民教育课程乃是当前中国建设社会主义法治社会的现实任务。

开展法制宣传教育，要坚持从娃娃抓起。十八届四中全会指出："把法治教育纳入国民教育体系，从青少年抓起，在中小学设立法治知识课程。"[②] 全民守法必须从小抓起，要建立一套法治教育的体系，这套体系从小学开始直到大学，使法治意识在广大青少年心中生根发芽，养成遵纪守法的习惯，从小培养法律意识、权利意识、公民意识。要先易后难、循序渐进地逐步增强青少年的秩序意识、规则意识，法律意识。教育是法治的先决条件，教育可以使人们在获取科学文化知识的同时得到对事物的认知与判断，理性地选择哪些事情可以作为，哪些事情不可以作为。

公民的法律意识是法治建设最深厚的思想基础，只有通过注入法治的理念，养成理性法律意识，树立法律的权威效力，才能为法治建设提供坚实可靠的社会精神支撑。只有提高广大公民的法律信仰和法律素质，才能将法制建设贯彻下去，保证中国法治建设顺利进行。公民法律素养的高低直接影响着全社会崇敬法律、信仰法律风气的形成。然而应当看到，许多公民还缺乏对法律的认同感，对于法律的权威感还没有深刻认识，也缺乏对法律的信仰，对在社会政治、经济、文化生活中应当获得的权利和应履行的义务还不清晰，人情高于国法的观念还影响着人们的思想。公民如果缺乏权利意识，平等自由观念淡薄，不习惯主动地运用法律保护自己的合法权益，即使有比较健全完善的法律体系详细规定了公民的权利和义务，这些法律条文也仍然是形同虚设。因此，加强

---

① 《中共中央关于全面推进依法治国若干重大问题的决定》，2014 年 10 月 30 日，新华社（http：//news. xinhuanet. com/ziliao/2014－10/30/c_ 127159908. htm）。

② 《十八届四中全会公报全文》，2014 年 10 月 24 日，新华网（http：//www. js. xinhua-net. com/2014－10/24/c_ 1112969836. htm）。

公民教育，切实开展公民教育课程，是中国法治建设、依法治国的必然要求。公民的权利意识、法律知识需要学校的公民教育课程来培养。我们必须重视公民教育课程，在学校里开设公民教育课程，着力培养和提升公民良好的法治意识，特别是在中小学校中开展公民教育课程是加强社会主义法治建设的有效途径，应从未成年人开始开展法律启蒙教育，普及法律知识，培养公民正确的权利义务观念。通过公民教育课程进行公民法律意识养成教育，加强社会主义法治建设，塑造现代公民。现代社会政治制度上的民主与法制建立与否很大程度上得益于公民教育的开展，其中，公民教育课程的实施是特别关键、重要的一个环节。

综上所述，实现人的全面发展、培养现代公民人格、形成社会主义核心价值观、建设法治社会是中国当前的现实需要，更是中国教育的需要。要实现以上目标，最终离不开公民教育。开展公民教育，建构公民教育课程是中国社会转型的现实必要性选择。公民教育课程作为社会整体改造和培养现代公民最重要的途径之一，其实质是对教育价值的全新确认，是对社会现代化和完整公民人格的追求。公民教育课程绝非仅仅是学校中的一门课程，它还意味着教育与社会发展最终目标的实现，意味着中国的伟大复兴。

第三节　建构义务教育阶段学校公民教育课程的紧迫性

一直以来，中国公民教育的内容一直放在德育课程的框架中完成。为了更清晰地了解目前义务教育阶段学校公民教育的现状，本节主要采用调查研究法、文本分析法、内容分析法等多种方法对义务教育阶段学校公民教育课程的现状、中小学教师对公民教育课程的认识及需求、德育课程目标中有关公民教育的规定、现行德育课程教材中的公民教育内容这几方面内容进行调查分析。

一　义务教育阶段学校公民教育课程现状调查

（一）研究设计

本书主要采用问卷调查和深度访谈以及课堂观察三种方法调查义务教育阶段学校公民教育课程现状及教师对公民教育及公民教育课程的认识。

1. 研究方法

(1) 问卷调查法。本书的调查采用自编问卷《义务教育阶段学校公民教育课程现状及认识的调查问卷》，在设计问题时尽可能做到简洁、表达清楚、价值中立，并请教多位学者和教授，反复修改，最终形成。

调查问卷题目主要结合封闭式问项以及开放式问项设置问题，共20个问卷项。封闭式问项题目主要从三个维度入手：①义务教育阶段学校开设公民教育课程的现状，包括所在的学校是否开设公民教育课程、在教学过程中是否碰到过关于公民教育的内容、对学生进行公民教育的方法和途径的调查等；②义务教育阶段学校教师对公民教育和公民教育课程的认识及了解程度，包括教师对公民教育相关理论及内容的了解程度、教师对公民教育课程的认识和了解情况；③教师对开展公民教育和开设公民教育课程的态度和需求，教师对学生开设公民教育课程的主观意愿调查和教师对学校开展公民教育课程的需求与参与度。开放式问项主要调查对学生公民意识培养和指导内容，以及对公民教育课程建设中可能的推广经验以及建议。

为保证调查问卷的信度和效度，研究者对问卷进行了信度和效度检验。从专家评定效果来看，问卷具有较高的内容效度和结构效度（见表1－1和表1－2）。问卷的内部一致性信度进行统计分析结果为0.812，表明具有良好的信度。

表1－1　**调查问卷内容效度检验**

	0—0.59	0.60—0.69	0.70—0.79	0.80—0.89	0.90—1.00
评价人数	0	0	5	8	1
百分比	0	0	35.7%	57.2%	7.1%

表1－2　**调查问卷结构效度检验**

	0—0.59	0.60—0.69	0.70—0.79	0.80—0.89	0.90—1.00
评价人数	0	0	4	9	1
百分比	0	0	28.6%	64.3%	7.1%

（2）深度访谈法。考虑到问卷调查所得到的数据存在简单和肤浅的局限性，通过访谈以及课堂观察可以更详尽、更真实地了解一线学科教师对公民教育以及公民教育课程建设看法上的细节，进一步摸清目前品德课程实施的情况，同时也可以进一步对问卷调查的数据结果进行验证。因此，本书以访谈调查作为辅助研究工具。

访谈项目主要围绕5个维度进行沟通和交流：①对公民和公民教育的理解和定义；②学校目前开展公民教育及公民教育课程的现状，以及经验或困难；③对品德课和公民教育课之间关系的理解，以及对公民教育课程的认识；④有效开展公民教育课程的方式方法；⑤学校对相关教师提供的支持情况（培训）。

2. 样本选择

本书采用随机简单抽样的方式，中小学教师主要来自辽宁省沈阳、大连、丹东三个地区的16所中小学校和一所教师进修学校，其中，包括10所小学、6所中学，涵盖优质学校、农民工子女学校、县级市的中小学以及乡镇中小学，保证了样本的普遍性和随机性。通过现场发放问卷的形式，共发放问卷1050份，回收问卷976份，其中，有效问卷920份，回收率87.6%。具体样本构成如表1－3所示。

表1－3　**调查样本**

样本	类别	频率（次）	百分比（%）
性别	男	74	8.0
	女	846	92.0
教龄	1年以内	19	2.1
	2—4年	9	1.0
	5—9年	73	7.9
	10—19年	423	46.0
	20年以上	396	43.0
职称	三级教师	18	2.0
	二级教师	37	4.0
	一级教师	423	46.0
	高级教师	432	47.0
	特级教师	10	1.0

续表

样本	类别	频率（次）	百分比（%）
任职	校长	6	0.7
	政教主任	9	1.0
	班主任	279	30.3
	学科教师	626	68.0
学历	中专以下	0	0.0
	专科	175	19.0
	本科	650	70.7
	硕士	95	10.3
学校类型	小学	501	54.5
	初中	419	45.5
学校所在地区级别	城市	718	78.0
	县级市	91	10.0
	乡镇	111	12.0
学校所在地区	沈阳	328	35.7
	大连	255	27.7
	丹东	337	36.6

本书另外对17位校长、副校长、政教主任及品德课教师进行了深度访谈，并对其中三名品德课教师的上课情况进行了为期三个月的课堂跟踪观察。

3. 数据统计与分析

本书使用SPSS 21软件进行数据录入及统计分析，其中，采用均数标准差描述连续变量，采用频数进行描述计数资料。

（二）义务教育阶段学校公民教育课程现状调查分析

1. 义务教育阶段学校公民教育课程开设情况

研究结果发现，调研的所有中小学里没有一所学校开设了公民教育课程，无论是活动课程、校本课程还是其他任何形式的公民教育课程，均没有在学校中以固定的课程形式存在。因此，就辽宁省而言，义务教育阶段学校中没有公民教育课程，处于缺失状态。

在全国范围内，目前在义务教育阶段学校也没有正式设置公民教育课程。目前仅个别地区的个别学校开设了公民教育校本课程（例如，杭州市风帆中学的“公民素养课”、赤峰市松山区中小学的“公民养成课”及“公民责任课”①），但并没有作为固定的学校课程长期实施，在内容方面也仅涉及或侧重公民教育的其中一部分，并不是系统的公民教育课程。因此，当下中国义务教育阶段学校公民教育课程缺失。

虽然在所有被取样的中小学校中没有开设公民教育课程，但91%的教师认为自己所在的学校开展过与公民教育主题相关的内容，89%的教师认为自己在教学过程中遇到过公民教育的话题，其中，48.8%的教师在教学过程中经常涉及公民教育话题，42.2%的教师偶尔涉及公民教育的话题，7.1%的教师在教学中不太涉及公民教育的内容（见图1－1），仅有11%的教师从来没有遇到过公民教育的内容。在调查和访谈过程中发现，目前义务教育阶段学校中所涉及的公民教育内容基本在德育课程内完成，或以活动形式进行公民教育。

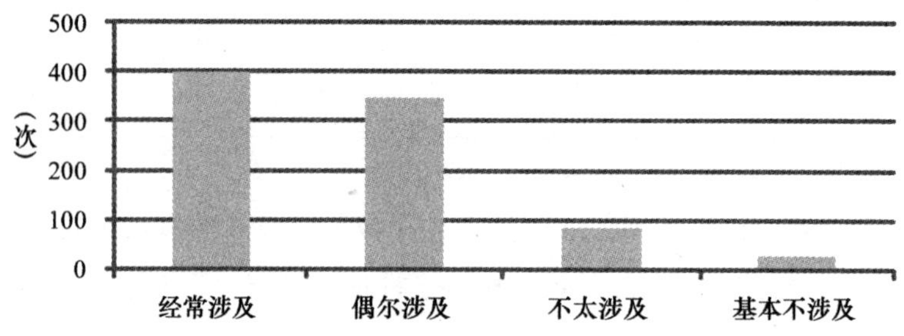

图1－1　中小学教师在教学过程中涉及公民教育话题的频繁程度

首先，德育课程替代公民教育课程。在对16所中小学的17位校长及任课教师的深度访谈以及三位任课教师的课堂观察后发现，目前学校中公民教育的学习内容基本在德育课程中完成。虽然在访谈过程中有教师提到在目前所教的小学《品德与生活》《品德与社会》以及初中的

① 参见张向瑜《公民教育成了初中校本课程》，2010年3月26日，杭州日报（http://hzdaily.hangzhou.com.cn/hzrb/html/2010－03/26/content_845501.htm）。《松山区公民素养教育课程实施指导意见》，松山教育网（http://www.cfssedu.net/jcjy/kcgl/2014－11－19－6604.html）。

《思想品德》中有公民教育的内容，但经过课堂跟踪听课后以及对教师的深入访谈后发现，教师们所指的品德课中的公民教育内容在其设计理念上是把公民教育作为德育课程的补充与丰富，是在德育课程的框架中增加了一些有关公民教育的内容。在课程结构安排上仍然以德育内容为主，公民教育内容比例较小。可以说，公民教育的内容并没有得到凸显，更没有达到预期的效果，反而因为课程整合思路不清晰、课程定位模糊不清、内容重复等问题，造成公民教育的内容缺乏中心，弱化了公民教育的重心。

其次，目前学校公民教育多以活动形式进行。调查发现，目前学校中的公民教育一般以主题班会、校内活动、校外社会实践等形式展开，主要形式为主题班会（73.6%）、校内活动（69%）、校外社会实践（36.7%）（见图1－2）。

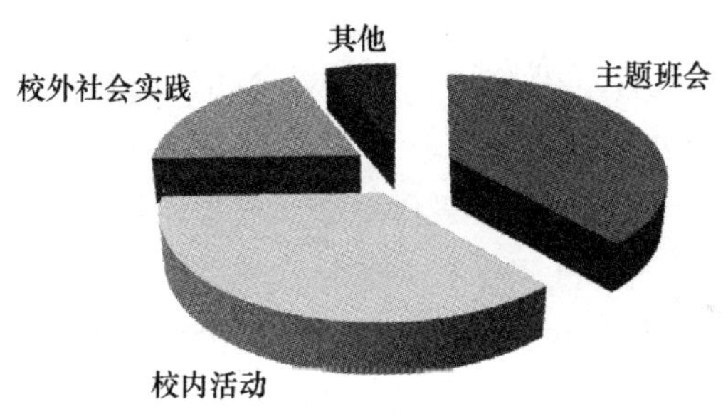

图1－2　样本学校开展公民教育的方式

在访谈中教师均提到自己所在的学校在主题班会或学校组织的全校性活动中开展公民教育，但主题存在局限性，最为相关的是交通安全法规、环境保护这两个主题，而其余更多的是德育活动。也有教师介绍说在组织学生参加社区服务等校外社会实践中开展公民教育的活动，但深入了解后发现其中真正涉及公民教育内容的比例则非常有限，比如，有教师提到在安全宣传月中带领学生参观消防队，或组织学生观看爱国主义电影或参观博物馆等活动。很多教师列举的所谓校外社会实践要么与公民教育不搭边，要么根本谈不上社会“实践”。通过访谈发现，大部分的学校都对校外社会实践存在顾虑，多数是因为考虑到学生的安全问题而不愿意将孩子领到校园以外参加活动，因此，与社区接触的社会实践、体验活动或校外志愿者等方式的活动数量非常有限。也有教师提到自己学校所在的地区要求学校组织大型校外活动时必须上报教育局批准，为避免麻烦，学校每年一般只组织一次校外参观活动。因此，基本上学校中进行的公民教育活动仅局限在班会、校园内活动宣传或是请专家做讲座等形式。活动空间的局限导致公民教育的内容受到很大限制，运用的方法也往往偏向教育灌输，学生并没有太积极的反响，收效甚微。

综上所述，目前义务教育阶段学校公民教育课程缺失。一方面，学校德育课程无力承担公民教育的任务；另一方面，学校组织的一些德育活动中所包含的公民教育内容以及其他学科中渗透的公民教育内容非常有限，亟待将学校公民教育课程建设提上日程。

2. 义务教育阶段教师对公民教育和公民教育课程的认识及了解现状

（1）目前义务教育阶段教师对公民教育和公民教育课程的总体认识现状。

调查结果发现，虽然中小学教师对公民教育以及公民教育课程有一定的认识和了解，但非常了解公民相关概念的教师比例不高，绝大多数教师对公民教育和公民教育课程缺乏了解。对公民教育和公民教育课程的总体认识和了解情况中，非常了解占18.66%，基本了解占42.22%，说不清楚占26.28%，基本不了解占12.6%，完全不了解占0.24%（见图1－3）。

从图1－3可以看出，虽然大部分的教师认为自己对公民教育和公民教育课程有一定的认识和了解，但非常了解的教师比例仍然偏低，大部分的教师只有基本的了解。其中，教师对“公民”“公民意识”以及“公民权利和义务”的概念和含义的了解和认识程度较高，绝大多数教师认为自己是“非常了解”或“基本了解”。但对公民教育和公民教育课程的了解明显欠缺，绝大多数教师认为自己“说不清楚”公民教育的内容，也“说不清楚”公民教育课程具体教些什么，仅有4.6%的老师非常了解公民教育的内容，6.5%的教师非常了解公民教育课程包含什么（见图1－4）。

访谈结果也印证了问卷调查的结果，大部分接受访谈的老师都表

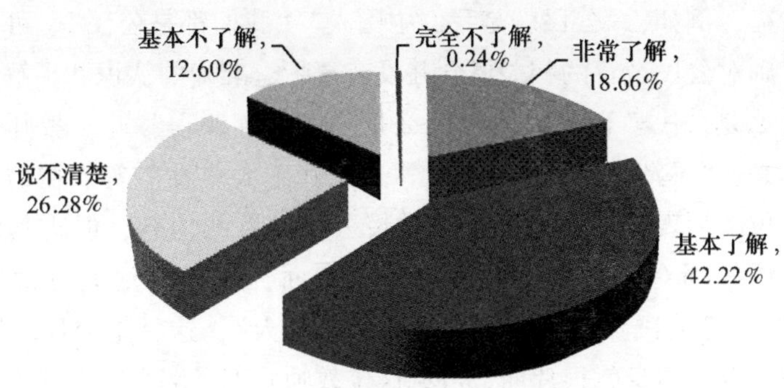

图1-3　义务教育阶段学校教师对公民教育和公民教育课程的总体认识情况

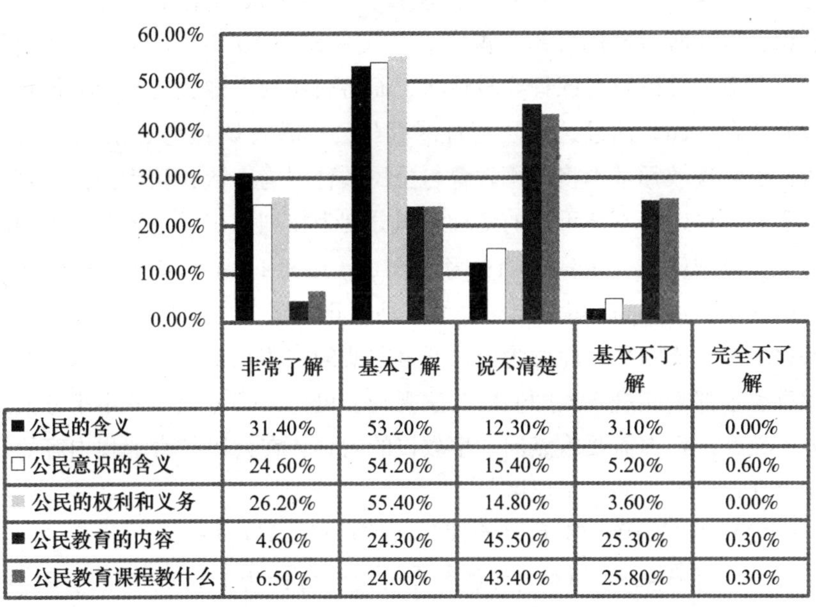

	非常了解	基本了解	说不清楚	基本不了解	完全不了解
■公民的含义	31.40%	53.20%	12.30%	3.10%	0.00%
□公民意识的含义	24.60%	54.20%	15.40%	5.20%	0.60%
■公民的权利和义务	26.20%	55.40%	14.80%	3.60%	0.00%
■公民教育的内容	4.60%	24.30%	45.50%	25.30%	0.30%
■公民教育课程教什么	6.50%	24.00%	43.40%	25.80%	0.30%

图1-4　义务教育阶段教师对公民教育和公民教育课程不同维度的了解程度

示自己对“公民”“公民意识”“公民权利和义务”这些概念有一定的了解，但在进一步询问过程中，只有一位校长可以很快地说出“公民”的含义，也有教师认为“公民就是指具有一个国家国籍的公民”，大部分的教师则表示自己有所了解，但说不清楚确切的含义，给出的解释也比较含糊，例如，“公民就是我们中国人”“我们都是公民”。可见大部分的教师对公民教育的相关概念并没有清晰、准确的认识和了解。在问及“什么是公民教育”以及“什么是公民教育课程”时，教师们的回答基本是：“不清楚”“不了解”“这个我不太熟悉”等。在访谈过程中，有位教师表示自己目前正在教授公民教育的内容，但听其课后发现，这位教师对公民概念的理解并不全面，她在课堂上对学生界定“公民”时把公民界定为“具有某一国籍的人”，这种把公民等同于国家公民的看法本身就很片面，可见这位教师并不了解当前全球化社会中呈现出多重公民身份的变化。

其次，教师在对公民教育课程中要向学生传授哪些公民意识的认识上存在局限性。“教师已经或将会在日常教学中重点向学生传授的公民意识”调查中，教师普遍认为公民教育课程中最为重要的内容是道德意识，这项所占比例最高，占所有公民意识的10.5%，可见教师们并不十分清楚公民教育课程要教什么，而将公民教育课程与当前的德育课程混淆在一起。通过访谈“德育课程与公民教育课程的关系（区别）”时，也发现教师基本将道德教育与公民教育混为一谈，认为公民教育就是道德教育。最不被重视的三种意识分别为权利意识、主体意识和国际意识，分别仅占4.4%、4.1%和3.3%（见表1－4和图1－5），义务意识的比例也不高，为5.4%。而权利意识、义务意识恰恰是公民教育课程中的重要内容，而作为公民非常重要的主体意识以及日益凸显的国际意识也都未能进入教师们的关注视野。可见大部分教师并不十分清楚公民教育课程中需要重点向学生教授的内容，在公民教育课程内容的认识上存在局限，甚至是误区。

（2）不同教师对公民教育课程认识水平差异比较。

1）不同性别教师对公民教育和公民教育课程的认识和了解程度差异比较。独立样本 t 检验结果表明（见表1－5），不同性别教师对公民教育和公民教育课程的认识和了解程度上性别差异显著。女教师对公民教育和公民教育课程的认识和了解程度显著高于男教师。

表 1－4　　**教学中重点向学生传授公民意识频率**

		响应		个案百分比
		人数（人）	百分比	
向学生传授公民意识	国家意识	636	8.9%	69.1%
	政治意识	330	4.6%	35.9%
	道德意识	755	10.5%	82.1%
	法律意识	602	8.4%	65.4%
	国际意识	236	3.3%	25.7%
	生态意识	542	7.6%	58.9%
	平等意识	526	7.3%	57.2%
	权利意识	314	4.4%	34.1%
	义务意识	383	5.4%	41.6%
	参与意识	378	5.3%	41.1%
	主体意识	293	4.1%	31.9%
	责任意识	625	8.7%	67.9%
	合作意识	587	8.2%	63.8%
	文明意识	603	8.4%	65.5%
	民主意识	348	4.9%	37.8%
总计		7158	100.0%	—

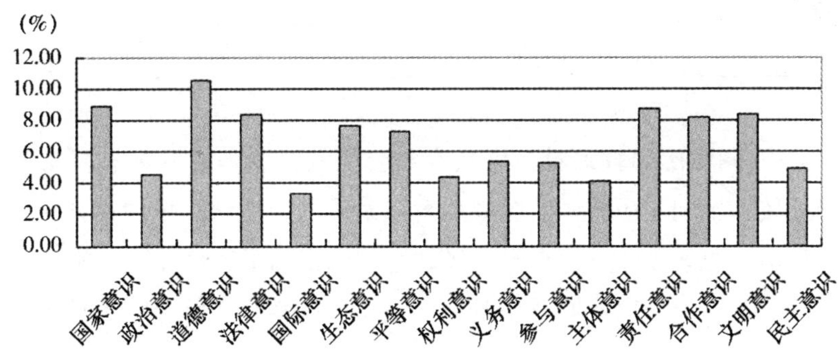

图 1－5　教学中重点向学生传授公民意识比例

表 1－5　不同性别教师对公民教育和公民教育课程的认识和了解程度 t 检验结果

	组别	平均数	标准差	t
对公民教育认识和了解程度	男	3.41	0.63	－2.18*
	女	3.68	0.62	

注：* $p<0.05$。

2）不同教师身份对公民教育和公民教育课程的认识和了解程度差异比较。不同教师身份对公民教育以及课程建设认识单因素方差分析结果表明（见表 1－6），在对公民教育的认识和了解情况上，校长＞班主任＞学科教师＞政教主任。但不同职位的教师对于公民教育了解程度统计学上的差异并不显著。

表 1－6　不同教师身份对公民教育的认识和了解程度单因素方差分析结果

	组别	平均数	标准差	F
对公民教育认识和了解程度	校长	3.70	0.67	0.76
	政教主任	3.40	0.39	
	班主任	3.65	0.60	
	学科教师	3.60	0.55	

3）不同学历的教师对公民教育和公民教育课程的认识和了解程度差异比较。不同学历教师对公民教育以及课程建设认识单因素方差分析结果显示（见表 1－7），在对公民教育的认识和了解情况上，本科＞专科＞硕士及以上。但不同学历的教师对于公民教育了解程度统计学上的差异并不显著。

4）不同教龄的教师对公民教育和公民教育课程的认识和了解程度差异比较。不同教龄的教师对公民教育以及课程建设认识单因素方差分析结果表明（见表 1－8），在对公民教育的认识和了解情况上，10—19 年＞5—9 年＞20 年以上＞2—4 年＞1 年以内。在统计学上的事后比较中，教龄10—19年的教师显著大于教龄1年的教师，其他教龄之间差异不显著。

表1-7　　不同学历教师对公民教育的认识和了解程度单因素方差分析结果

	组别	平均数	标准差	F
对公民教育认识和了解程度	专科	3.54	0.64	2.70
	本科	3.70	0.62	
	硕士及以上	3.00	0.57	

表1-8　　不同教龄教师对公民教育的认识和了解程度单因素方差分析结果

	组别	平均数	标准差	F	事后多重比较（LSD）
对公民教育认识和了解程度	1年以内	3.27	0.52	3.86**	10—19年>5—9年>20年以上>2—4年>1年以内
	2—4年	3.60	0.28		
	5—9年	3.77	0.52		
	10—19年	3.78	0.63		
	20年以上	3.66	0.63		

注：$*p<0.05$，$**p<0.01$；事后比较中，教龄10—19年的教师显著大于教龄1年的教师。

在对不同教龄的女教师对公民教育以及课程建设认识单因素方差分析结果发现（见表1-9），在对公民教育的认识和了解情况上，10—19年>5—9年>2—4年>20年以上。在统计学上的事后比较中，教龄10—19年的女教师显著大于教龄20年的女教师，其他教龄之间差异不显著。

5）不同职称的教师对公民教育和公民教育课程的认识和了解程度差异比较。不同职称的教师对公民教育以及课程建设认识单因素方差分析结果显示（见表1-10），在对公民教育的认识和了解情况上，特级教师>二级教师>一级教师>高级教师>三级教师。但不同职称的教师对于公民教育了解程度统计学上的差异并不显著。

表 1－9　不同教龄女教师对公民教育的认识和了解程度单因素方差分析结果

	组别	平均数	标准差	*F*	事后多重比较（*LSD*）
对公民教育认识和了解程度	1 年以内	—	—	4.67**	10—19 年 >5—9 年 > 2—4 年 >20 年以上
	2—4 年	3.60	0.28		
	5—9 年	3.78	0.52		
	10—19 年	3.81	0.63		
	20 年以上	3.54	0.62		

注：$* p<0.05$，$** p<0.01$；事后比较中，教龄 10—19 年的女教师显著大于教龄 20 年的女教师。

表 1－10　不同职称教师身份对公民教育的认识和了解程度单因素方差分析结果

	组别	平均数	标准差	*F*
对公民教育认识和了解程度	三级教师	3.16	0.51	2.30
	二级教师	3.81	0.72	
	一级教师	3.73	0.63	
	高级教师	3.59	0.61	
	特级教师	4.60	—	

（3）不同教育阶段教师对公民教育和公民教育课程认识水平的差异比较。独立样本 t 检验结果表明（见表 1－11），小学初中在对公民和公民教育的认识和了解情况与公民教育课程现状方面差异显著，小学显著高于初中。

研究结果表明（见表 1－12），城市小学初中在对公民的认识和了解情况上差异显著。小学显著高于初中。

表 1－11　**小学、初中教师对公民教育和公民教育课程认识 t 检验结果**

	组别	平均数	标准差	T
对公民教育和公民教育课程的认识和了解程度	小学	2.54	1.26	6.320 **
	初中	2.07	0.99	

注：$*p<0.05$，$**p<0.01$。

表 1－12　**城市学校教师对公民教育以及课程建设认识 t 检验结果**

	组别	人数（人）	平均数	标准差	t
对公民教育和公民教育课程的认识和了解程度	小学	410	2.38	1.20	8.66 **
	初中	308	1.73	0.61	

注：$*p<0.05$，$**p<0.01$。

（4）不同地区中小学校教师对公民教育和公民教育课程认识的差异比较。不同地区教师对公民教育以及课程建设认识单因素方差分析结果显示（见表 1－13），在对公民教育的认识和了解情况上，县级市 > 城市 > 乡镇。但不同地区的教师对于公民教育了解程度统计学上的差异并不显著。

表 1－13　**不同行政区域教师对公民教育的认识和了解程度单因素方差分析结果**

	组别	平均数	标准差	F
对公民教育认识和了解程度	乡镇	3.10	0.70	0.852
	县级市	3.80	0.28	
	城市	3.67	0.63	

数据显示，教育水平相对发达的大城市的教师在对公民教育和公民教育课程的认识上却没有小城市教师的认识水平高，城市学校的教师对公民教育和公民教育课程的认识上反而要弱于县级市学校的教师。

被调查的学校涉及三个城市，这三个城市的学校教师对公民教育和公民教育课程的认识和了解程度进行单因素方差分析，结果显示（见表1－14）在对公民和公民教育的认识和了解情况方面丹东 >

沈阳 > 大连。

表 1 – 14　不同城市学校教师对公民教育和公民教育课程认识单因素方差分析结果

	组别	平均数	标准差	F	事后多重比较（LSD）
对公民教育和公民教育课程的认识和了解程度	沈阳	2.3955	1.34594	38.67**	丹东 > 沈阳 > 大连
	大连	1.8347	0.61541		
	丹东	2.6486	1.18921		

注：$*p<0.05$，$**p<0.01$；事后多重比较中，三个地区之间差异不显著。

3. 义务教育阶段教师对公民教育和公民教育课程的态度和需求现状调查

尽管中小学教师对公民教育和公民教育课程的知识储备比较欠缺，但大部分的教师都意识到开展公民教育和开设公民教育课程的重要性，99% 的教师认为有必要对学生进行公民教育，98% 的教师认为需要在学校中开设公民教育课程。

调查显示，教师对学生公民素养水平的不满意程度是教师对公民教育及公民教育课程需求的重要原因之一。32% 的中小学教师对班里学生的公民素养评价是基本不满意，17% 的教师说不清学生的公民素养水平，49% 的教师基本满意学生的公民素养，只有 1% 的教师完全满意学生的公民素养（见图 1 – 6）。在访谈中也发现，大部分教师认为目前的学生对公民意识的认识不全面、在行为表现上也有所欠缺，急切需要提高。

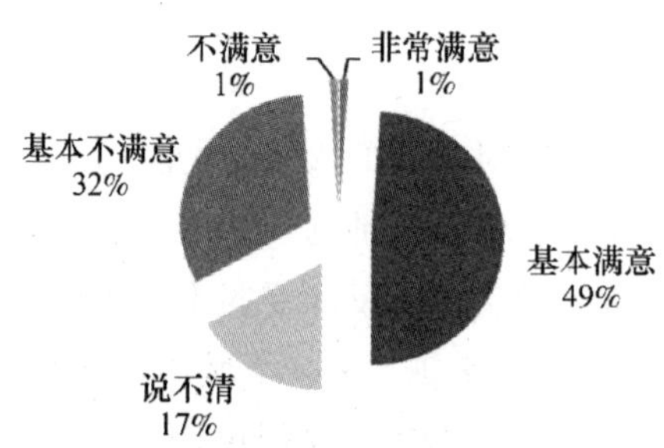

图 1 – 6　中小学教师对学生公民素养的评价

此外，教师们认为有必要对学生进行公民教育的另外一个原因是有63%的教师认为目前的品德（思想品德）课程不能承担公民教育的任务（见图1－7）。在访谈中了解到，教师认为无论是目前的品德与生活（社会）课程还是思想品德课程，主要还是以道德品质和爱国主义教育两个主题为核心内容，主要内容并非是公民教育。也有教师表示目前课程中关于公民教育的内容比较少，只在固定的几个年级出现，自己长期教某一个年级的课程并没有接触过公民教育的内容。有97%的教师认为可以通过课程建设对学生进行公民意识培养，93%的教师愿意开设公民教育课程。

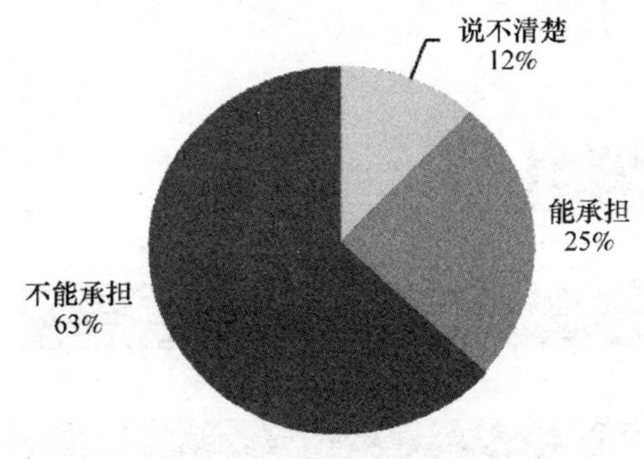

图1－7　中小学教师对品德（思想品德）课程能够承担公民教育任务的看法

在对公民教育课程的建议方面，大部分教师都再次表达了开设公民教育课程的意愿。72.3%的教师认为学科课程是公民教育课程最为有效的组织形式，排在第二位的是活动课程（70.8%的教师选择）（见图1－8）。

在课程建设的建议中，教师指出公民教育的任务应当由具体的课程来承担，通过整合课程资源，多安排相关课程等方法开展公民教育，比如，“从小学到大学，分阶段全面开设公民教育课程”“把公民教育课程纳入学校教学计划”“尽早开设公民教育课程”“由国家自上而下地推行公民教育课程”等。但也有小部分教师认为没有必要开设公民教育课程，担心会“增加学生负担”。也有些教师对开设公民教育课程存在一定的担忧，这种担忧主要来自两个方面：一方面是担心教师对公民及公民教育理解的偏颇会对孩子起反作用，“教师对公民的定义及理解直接影响孩子的世界观，如果教师没有客观的认识，那么公民教育课程不开设也罢”；另一方面的担忧是源自课程的形式，部分教师认为公民教育课程要增加实践性、不要流于形式、不希望加重学生的学习负担，认为“不是开设公民教育课程就能提高公民素质，就目前状况来看，开设公民教育课程也是形同虚设。公民教育是生活的点点滴滴而不是公民教育课程所能达到的”。

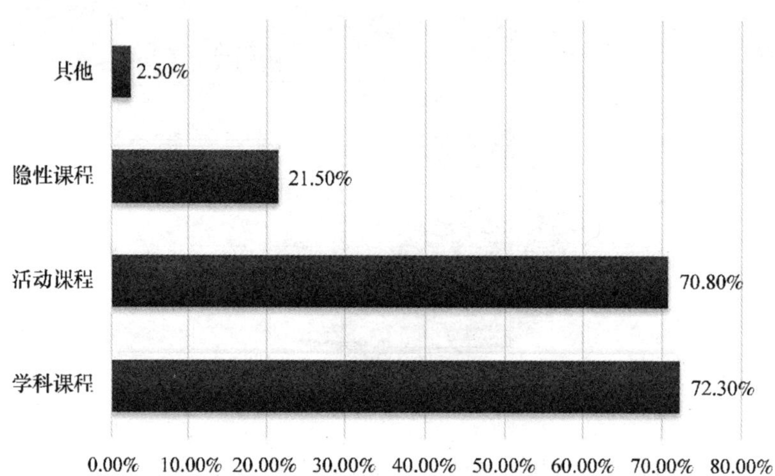

图1-8　中小学教师认为公民教育课程最有效的组织形式

（三）义务教育阶段学校公民教育课程现状调查结果分析

1. 目前中小学教师普遍欠缺对公民教育及公民教育课程的认识

当前中小学教师普遍缺乏对公民教育和公民教育课程的认识和了解。大部分的教师都不十分了解公民的概念、公民意识的含义，说不清楚公民具有哪些权利义务，对公民教育包含的内容和公民教育课程应该教授哪些方面更是知之甚少。笔者在访谈中也发现，绝大部分的教师无法准确地说出公民的含义，对公民意识的内容和公民的权利和义务也仅能列举出几点，而对公民教育课程是什么，教些什么根本不了解。大部分教师将公民教育课程与德育课程混为一谈，认为公民教育课程主要还是培养学生的道德观念，而公民教育中最为关键和核心的权利意识、义务意识反而被大部分教师认为是不重要的；也有教师觉得公民教育和道德教育并非一回事，但也说不清楚其中到底有哪些不同；更有教师认为自己在课堂上讲的《弟子规》就是在进行公民教育。

2. 缺少培训是中小学教师对公民教育和公民教育课程认识普遍不足的重要原因

造成义务教育阶段教师对公民和公民教育认识和了解普遍不足的主要原因是绝大部分的教师没有接受过公民教育理论方面的学习培训，只有37.7%的教师认为自己接受过相关的理论学习，62.3%的教师没有接受过相关的学习培训（见表1－15）。其中，教龄超过20年的教师中没有接受过培训的比例最高，为66.4%，这也印证了不同教龄教师对公民教育及公民教育课程的认识水平。在访谈过程中也发现，受访的老教师评价自己对公民教育课程的了解时谈道："人老了比不上那些年轻教师""这是新名词吧？我不太了解"等认为自己教育理念陈旧或教育相关知识落后的陈述。

表1－15　**接受过公民教育理论培训的教师比例**

是否接受过公民教育理论方面的学习培训	接受过培训	没有接受过培训
	37.7%	62.3%

在访谈中发现，大部分教师了解公民教育相关概念的途径基本是大众媒体，比如电视、广播、微博微信，或是在看书看报过程中了解。因此，大部分的教师表示自己"大概"知道公民教育是什么，却"说不清楚"。值得欣慰的是大部分的教师都关心国家和社会的时事，有52%的教师非常关心最近国家和社会发生的大事，41%的教师一般关心。而且绝大部分的教师都很了解并关心学校各项事务的组织和管理，有52.3%的教师认为自己非常关心学校事务，38.2%的教师一般关心学校的各项事务（见图1－9）。所以，在教师们关心并参与政治生活和社会公共生活的热情和行动的基础上，如果学校可以相应地为教师们提供公民教育的相关知识，教师们对公民教育和公民教育课程的认识和了解程度可以有很大的提高。

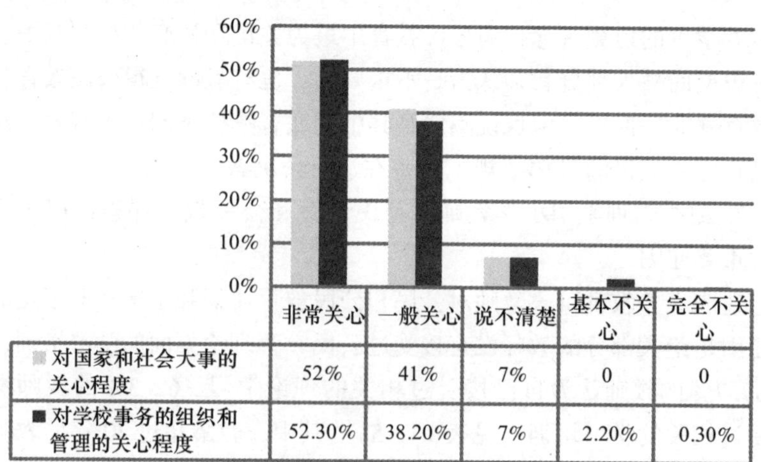

	非常关心	一般关心	说不清楚	基本不关心	完全不关心
对国家和社会大事的关心程度	52%	41%	7%	0	0
对学校事务的组织和管理的关心程度	52.30%	38.20%	7%	2.20%	0.30%

图1－9　义务教育阶段学校教师对国家和社会大事以及学校事务的关心程度

3. 对公民教育的重视程度影响教师对公民教育和公民教育课程的认识水平

另外一个造成教师普遍认识不足的重要原因是对公民教育的重视程度不够。在所有的校长访谈中，校长都会提及自己所在的学校多么重视德育，注重学生道德素养的培养，但在实际办学过程中却往往是说起来重要，做起来次要，忙起来不要。在被试的学校中，教师的专业背景参差不齐，大部分的教师并非相关专业毕业，从来没有学过有关公民教育或者政治学等专业的教师大有人在，甚至有位被访的中学教师的专业是服装设计。品德课的教师是兼职教师的比例超过50%，教学经历也各有不同，有的学校教音乐、美术等学科的教师因为工作量不够兼任品德课教师，有的学校某教师身体不好承担不了繁重的“主科”教学，主动要求担任作为“小科”的品德课教学，还有的学校是由行政人员兼任。

此外，调查发现，有很多教师担忧公民教育课程会增加学生的负担。认为开设一门公民教育课程会“侵占”学生学习考试科目的时间，公民教育课程的开设会增加学生背诵的内容，还要准备相应的公民教育课程的考试，“本来数学、语文、外语这些主科的任务就很重了，还要在小科身上牵涉精力，孩子们的压力很大”。而对于目前初中思想品德课程的教学也基本是画重点、背考纲的形式，教师们认为开了公民教育课程也是万变不离其宗，不会有什么变化。

4. 小学教师和中学教师之间对公民教育课程的认识差异显著

调查研究结果显示小学教师对公民和公民教育的认识和了解情况明显强于中学教师。在访谈中发现造成这一情况的主要原因是升学压力，初中生面临中考压力，考试科目的学习占绝对主导地位，其他科目，即所谓的“小科”基本为考试科目服务甚至让位，这种趋势在初二、初三阶段最为明显。就《思想品德》这门课程而言，初二上学期就学完所有的教学内容，下学期教师的主要任务即组织学生“背题”准备会考。而小学阶段由于是义务教育阶段不涉及升学考试，考试压力较小，无论是任课教师还是班主任都比较注重学生“品德”“做人”，甚至“小公民”的培养，学校也会投入很多时间进行德育教育，开展德育活动。

5. 城市学校教师对公民教育课程的认识和重视程度有待提高

在调查过程中发现县级市学校以及乡镇中小学的教师对公民教育课程的认识和重视程度高于城市学校。通过访谈发现四个县级市和乡镇中小学教师对公民教育课程认识高的原因主要有两个：

（1）学校领导的重视程度以及办学方针影响该校老师的认识水平和重视程度。在对10位校长的访谈中发现，虽然所有的校长都非常重视学生德育的培养，但仅四位县级市和乡镇中小学的校长在访谈中所表达的教育理念和办学过程更加强调学生德育的培养，有一位校长谈道：“我们这里的办学理念等方面都要落后于城市，距离大城市的差距更大，所以我们平时特别注意提升这方面的素养，希望通过自己在职期间让学校德育水平有所提高，把学生培养成人。”

（2）教学负担影响。在访谈及课堂观察过程中发现，越是优质学校教师及学生的学业负担越重，对教师教学成果的考核（主要指学生学习成绩的考核）越是严格，学校整体气氛更注重学生“文化课”（这里主要指语数外等主要课程，即所谓的“主科”）的学习，而对于类似品德课等这类“小科”的教学重视程度会存在明显的弱化。

根据以上的调查分析可以看出，当前中国义务教育阶段学校公民教育课程缺失，完全由德育课程所代替。但德育课程本身所涵盖的内容具有局限性，并不利于公民的培养。就课程设计而言，德育课程本身偏重道德伦理，将道德价值和人格操守理想化，既不探讨公共生活领域，也不涉及政治和法律。德育课程以私德为主要内容，注重个体在道德层面的纯净和净化，对培养现代社会高素质、公德为先的公民存在局限。此外，义务教育阶段教师队伍普遍缺乏对公民教育以及公民教育课程认识，不仅不利于公民教育的开展，更会阻碍未来公民教育课程的顺利实施。同时，中小学教师对公民教育和公民教育课程的认识程度不高，也从侧面反映出目前中国对公民教育和公民教育课程的重视程度仍然不够，没有充分认识到在学校中开设公民教育课程的重要性。因此，中国迫切需要建构义务教育阶段学校公民教育课程。

二　义务教育阶段学生培养目标的相关文本分析

（一）义务教育阶段学生培养目标超越其认知水平

中国义务教育阶段学校的培养目标的设置不利于公民教育的实施。一方面，培养目标不断变化、缺乏连贯性。1988 年，义务教育阶段德育的培养目标是“有理想、有道德、有文化、有纪律的社会主义公民”“爱国的具有社会公德、文明行为习惯的遵纪守法的好公民”[①]。1990 年以后，国家颁布的中小学培养目标是“有理想、有道德、有文化、有纪律的建设社会主义事业的接班人”[②]“德智体全面发展的社会主义事业的建设者和接班人”“献身有中国特色社会主义事业的建设者和接班人”。[③] 2006 年修订的《中华人民共和国义务教育法》中规定学生培养目标是“培养社会主义的建设者和接班人”。[④] 在 2010 年颁布的《国

① 国家教委：《小学德育纲要（试行草案）》，《江西教育》1988 年第 11 期。国家教委：《中学德育大纲（试行稿）》，《人民教育》1988 年第 12 期。《中共中央关于改革和加强中小学德育工作的通知》，文明网（http://hxd.wenming.cn/szyjh/2010-02/03/content_93980_2.htm）。

② 《国家教委关于进一步加强中小学德育工作的几点意见》，《人民教育》1990 年第 Z1 期。

③ 《中共中央关于进一步加强和改进学校德育工作的若干意见》，《人民教育》1994 年第 10 期。

④ 《中华人民共和国义务教育法》，法律图书馆（http://www.law-lib.com/）。

家中长期教育改革和发展规划纲要（2010—2020年）》（简称《纲要》）中，出现了不同目标并行的情况，《纲要》中将教育总体目标规定为“培养德智体美全面发展的社会主义建设者和接班人”，德育部分的目标是“培养社会主义合格公民”。[①]

另一方面，当前的德育目标强调将学生培养成德才兼备、品德高尚的人才，一味追求高尚的美德，却忽视一个人、一个公民最起码的道德品质。一提到“德”就理想化地倡导“无私奉献”“先人后己”“为祖国和人民做出巨大贡献”等高尚的共产主义道德风尚。在教育中，教师也无不贯彻这种思想，如果学生流露出有一点点为私的念头，就立马会被扣上“自私”的大帽子，被大家批判，却全然不从人性的角度思考学生的反应，一心一意企图将学生培养成“高风亮节”的人。如此的德育目标培养的是“圣人”，而不是公民。圣人是一种理想人格，一般人难以做到。但在我们的教育目标中却以培养圣人为标准，强求学生达到实现不了的目标。中小学生刚刚涉足社会，社会程度还很低，对社会现象的辨识能力还很弱，容易被某些消极的社会现象影响。学生一方面在学校接受的是高标准的道德要求，另一方面却在现实社会中看到截然相反的、有冲突的现象，由于自身辨别能力有限，无法用更强的道德思维去思考这些现象，反而容易使学生对学校里接受的内容产生怀疑，甚至产生两种更为严重的结果：人们做不成圣人便伪装自己，把自己装扮成道德高尚的人，或是某些人自觉根本不可能做圣人，就自甘堕落做小人，在道德上不思进取。前者是道德上的虚假与伪善，后者则是道德的沉沦与堕落。[②]黄向阳指出中国的德育相比于西方的道德教育更关注道德理想和道德原则，重视对学生高尚行为的激励[③]。义务教育阶段学校公民教育课程是面向全体学生的基础教育，追求养成高尚品德的培养目标并不适用于公民教育的开展。

学生培养目标需要鼓励具有先进性的远大教育理想，但同时也要

---

① 《国家中长期教育改革和发展规划纲要（2010—2020年）》，中华人民共和国教育部（http：//www. moe. edu. cn/publicfiles/business/htmlfiles/moe/moe_ 838/201008/93704. html）。

② 崔永东：《道德与中西法制》，人民出版社2002年版，第6页。

③ 黄向阳：《德育原理》，华东师范大学出版社2000年版，第110页。

顾及广泛性的共同教育理想，关注人的主体性和独立性，顾及公民自身发展的需要。教育强调“以人为本”，教育目标的制定要符合义务教育阶段全民性、基础性的属性，就要突出培养有文化、有责任、有公共精神，能够主动参与社会公共生活的公民。义务教育阶段教育是基础教育，不仅要培养才，而且要培养人，学生培养目标必须要回归到以人为本的理念上来。随着中国市场经济的深入发展，公民作为市场主体的身份地位日益突出，培养合格的社会主义公民的任务日益提上议程。作为公民培养目标，首先应该关注的是人的独立性和主体性，关注公民自身发展的需要，而不是为国家功能服务的“接班人”和“建设者”。

此外，随着全球化的进程，当今社会更需要立体化的公民身份。目前中国的教育培养目标还主要局限于培养功用性明显的国家公民，这样的公民身份培养定位很难适应当前的全球化社会。

（二）德育课程目标规定空泛

1. 小学《义务教育品德与生活（社会）课程标准（2011 年版）》文本分析

小学《义务教育品德与生活课程标准（2011 年版）》指出：“品德与生活课程旨在培养具有良好品德和行为习惯、乐于探究、热爱生活的儿童。”[①]《义务教育品德与社会课程标准（2011 年版）》指出：“品德与社会旨在培养学生的良好品德，促进学生的社会性发展，为学生认识社会、参与社会、适应社会，成为具有爱心、责任心、良好行为习惯和个性品质的公民奠定基础。”[②] 就小学阶段这两门课程的课程标准（以下简称“课标”）来看，小学 1—2 年级的课程目标主要在于引导学生学会做人，学会过有意义、有道德的生活，这里的课程标准设置侧重道德教育和心理健康教育，与公民培养几乎没有关系。到了 3—6 年级开始提到了社会性“公民”的培养，但在具体目标内容的规定中，仍然存在一定的问题。

---

① 中华人民共和国教育部：《义务教育品德与生活课程标准（2011 年版）》，北京师范大学出版社 2012 年版，第 6 页。

② 同上书，第 5 页。

通过表 1 – 16 和表 1 – 17 中《义务教育品德与生活（社会）课程标准（2011 年版)》的具体目标陈述可以看出，新课改后的公民教育目标存在一定的可取之处，就知识与技能维度而言，随着学生年级的提高，对知识维度的要求逐渐提升，需要掌握的内容更为复杂，比较符合这一阶段儿童的认知能力，目标的陈述中始终将情感态度价值观列在首位，可以看出对学生情感态度价值观培养的重视。但从公民教育的目标培养角度而言，小学阶段的课程目标规定中基本没有有关"公民"的培养要求，着重关注的是学生行为习惯的养成以及心理健康方面的内容要求。其存在问题如下：

表 1 – 16　　**义务教育品德与生活课程标准（2011 年版）**

课程	维度	课程目标
品德与生活	情感与态度	爱亲敬长，爱集体、爱家乡、爱祖国 珍爱生命，热爱自然 自信向上，诚实勇敢，有责任心 喜欢动手动脑，乐于想象与创造
	行为与习惯	初步养成良好的生活、卫生习惯 养成基本的文明行为习惯 乐于参加劳动和有意义的活动 保护环境，爱惜资源
	知识与技能	掌握自身生活必需的基本知识和基本技能 具有与同伴友好交往、合作的基本方法和技能 具有初步的探究能力 初步了解生活中的自然、社会常识 初步了解有关祖国的知识
	过程与方法	体验提出问题、探究或解决生活中的问题的过程 初步体验与社区和社会生活相联系的学习过程 学习集中简单的调查研究方法并尝试应用

资料来源：中华人民共和国教育部：《义务教育品德与生活课程标准（2011 年版)》，北京师范大学出版社 2012 年版，第 6—7 页。

（1）公民教育目标设置缺乏系统性。从整体而言，公民教育目标设置缺乏系统性，个别目标规定可能超出学生的认知水平。小学 1—2 年级的目标培养中内容规定比较空泛、抽象，而小学高年级的目标规定

表 1－17　　义务教育品德与社会课程标准（2011 年版）

品德与社会	情感态度价值观	珍爱生命，热爱生活，养成自尊自律、乐观向上、勤劳朴素的态度。爱亲敬长，养成文明礼貌、诚实守信、友爱宽容、热爱集体、团结合作、有责任心的品质 初步形成规则意识和民主、法治观念，崇尚公平与公正 热爱家乡，珍视祖国的历史与文化，具有中华民族的归属感和自豪感，尊重不同国家和民族的文化差异，初步形成开放的国际视野 具有关爱自然的情感，逐步形成保护生态环境的意识
	能力与方法	养成安全、健康、环保的良好生活和行为习惯 初步认识自我，掌握一些调整自己情绪和行为的方法 学会清楚地表达自己的感受和见解，倾听他人的意见，体会他人的心情和需要，与他人平等地交流与合作，积极参与集体生活 学习从不同的角度观察社会事务和现象，对生活中遇到的道德问题作出正确的判断，尝试合理地、有创意地探究和解决生活中的问题，力所能及地参与社会公益生活 初步掌握收集、整理和运用信息的能力，能够选用恰当的工具和方法分析、说明问题
	知识	理解日常生活中的道德行为规范和文明礼貌，了解未成年人的基本权利和义务，懂得规则、法律对保障每个人的权利和维护社会公共生活具有重要意义 初步了解生产、消费活动与人们生活的关系，知道科学技术对生产和生活的重要影响 知道一些基本的地理常识，初步理解人与自然、环境的相互依存关系，了解人类共同面临的人口、资源和环境等问题 了解家乡的发展变化，了解一些中国历史常识，知道在历史发展过程中形成的中华民族优秀文化和革命传统，了解影响中国发展的重大历史事件和社会主义建设的伟大成就 初步了解影响世界历史发展的一些重要事件，知道不同环境下人们有不同的生活习惯和风俗习惯，懂得不同民族、国家和地区之间相互尊重、和睦相处的重要意义

资料来源：中华人民共和国教育部：《义务教育品德与社会课程标准（2011 年版）》，北京师范大学出版社 2012 年版，第 5—6 页。

反而更加具体，这种由抽象到具体的目标设计方式与学生的认知水平不符。对刚入学的儿童要求掌握“爱家乡”“珍爱生命”“热爱自然”这类较抽象的目标，而小学高年级的培养目标规定却是诸如“养成文明礼貌”“诚实守信”“友爱宽容”“热爱集体”这些更具体、更易掌握的目标。举例来说，目标中涉及公民教育的主要是爱国主义，就7—8岁的儿童而言，其认知水平还只能接受比较具体的知识，可以“初步了解有关祖国的知识”，但在此阶段对学生进行热爱祖国的价值观培养，有些超出学生的认知能力。而这个阶段应该出现的自我认同、家庭认同等可以培养学生社会性能力的具体知识、技能及价值观却没有在目标中体现。

（2）公民教育目标内容空泛。从目标内容的规定上来看，具体的分目标中涉及公民教育的内容比较小，无法体现课程标准中培养“公民”的目标规定。在知识维度中，小学低年级阶段完全没有体现任何有关公民教育的知识，都是生活的基本常识，这样的安排明显具有重复性，与其他课程内容重叠，造成课程资源浪费。其中，只有在3—6年级阶段的目标中提到的“了解未成年人权利和义务”，是培养公民需要掌握的知识，在技能维度中，仅提到了“能力所能及地参加社会公益生活”。而在其他维度中，主要是爱国主义教育的培养，并没有多少内容涉及总目标中提到的“参与社会、适应社会”的公民的培养要求。

（3）不同目标维度构成比例不协调。在小学阶段，公民认知、情感态度与技能行为三个目标维度的比例构成并不合理。情感态度价值观维度占据了绝对比重，整个目标培养以态度价值观的目标培养为主，而认知和技能维度比例却比较小。尽管着重突出情感态度价值观维度的目标培养，但在具体目标内容陈述上比较分散，有基本品行养成、对待生活的态度、热爱祖国、基本的权利义务、热爱自然等，面面俱到，缺乏针对性，看不出小学阶段在情感态度价值观方面的重点培养目标。

有关公民教育的技能目标培养比较匮乏，在技能与行为目标的养成的具体目标规定上存在不足。比如，公民素养注重的公共理性思维能力和批判性思维能力在这一阶段并没有涉及，对小学生自力自主能力的培养要求也没有得到足够的关注，仅仅包含了“调整”自己的情绪和行为。小学阶段应该注重公民基本能力的培养，注重自我生活、自我管理、自我控制能力的培养，并与整个公民教育目标体系相协调，与其他能力的培养做好衔接，为未来的公民行为能力养成打基础。

公民意识维度培养呈现出不足。目标规定中，对个人道德品德的养成强调得比较多，对于公民意识、公民社会道德等部分的培养不足，整体上来说，私德的培养重于公德的培养。在目标规定中，公民教育所关注的权利意识、参与意识、主体意识、责任意识培养都显示出不足，上述公民意识的培养是公民教育的核心，在德育框架下开展公民教育，必然无法充分落实公民教育。

（4）缺失对世界公民的培养目标。小学阶段对与世界公民目标的培养呈现出不足，重心仍然放在培养国家公民的目标上，强调学生的爱国主义教育，塑造学生的国家公民身份和认同。在《品德与社会课程标准》中提到了有关世界的内容，但基本都集中在世界知识的层面，关注学生对全球知识的了解与掌握，有关情感态度价值观维度以及技能维度的层面的世界意识、世界认同的比重很少，在多元文化、有效进行跨文化沟通、参与国际事务等目标的培养上明显不够。在日益全球化的今天，要想与世界更有效地交流与合作，必须加强学生的世界公民意识培养。

2. 初中《义务教育思想品德课程标准（2011 年版）》文本分析

初中的《义务教育思想品德课程标准（2011 年版）》（以下简称《课程标准》）中规定，该课程旨在“促进初中学生正确思想观念和良好道德品质的形成与发展，为使学生成为有理想、有道德、有文化、有纪律的社会主义合格公民奠定基础”①。将合格公民的标准界定为“有理想、有道德、有文化、有纪律”，这种界定仍然沿用了中国 20 世纪 80 年代的“四有新人”的培养方针，很大程度上已经不适应中国当前的社会现状。现代社会所强调的公民的权利与义务、公共意识、参与社会公共生活能力以及世界公民意识都没有在这个课程目标中体现出来。课程目标设置的不合理直接影响了课程设计的合理性和周密性。

从表 1－18 中可以看出，初中阶段的课程目标主要存在公民教育目标构成比例上不协调的问题。情感态度价值观维度的目标规定占了绝大部分的比例，而在技能与行为目标方面的培养却没有得到足够的关注。受德育课程设计框架的影响，课程目标的规定注重道德目标的养成，而对学生参与技能的要求比较缺乏。具体表现为：

（1）学生的公德意识培养呈现不足。初中阶段品德课程标准以道德培养为主，注重学生的道德品行，提高个人的道德修养。并在道德培养目标中结合了很多政治意识形态价值观，强调“热爱祖国”“热爱人

---

① 中华人民共和国教育部：《义务教育思想品德课程标准（2011 年版）》，北京师范大学出版社 2012 年版，第 5 页。

表 1－18　　　　义务教育思想品德课程标准（2011 年版）

课程	维度	课程目标
品德与生活	情感态度价值观	感受生命的可贵，养成自尊自信、乐观向上、意志坚强的人生态度 体会生态环境与人类生存的关系，爱护环境，形成勤俭节约、珍惜资源的意识 养成孝敬父母、尊重他人、诚实守信、乐于助人、有责任心、追求公正的品质 形成热爱劳动、注重实践、崇尚科学、自主自立、敢于竞争、善于合作、勇于创新的个性品质 树立规则意识、法制观念，有公共精神，增强公民意识 热爱集体、热爱祖国、热爱人民、热爱社会主义，认同中华文化，继承革命传统，弘扬民族精神，有全球意识和国际视野，热爱和平
	能力	学会调控自己的情绪，能够自我调适、自我控制 掌握爱护环境的基本方法，形成爱护环境的能力 逐步掌握交往与沟通的技能，学习参与社会公共生活的方法 学习收集、处理、运用信息的方法，提高媒介素养，能够积极适应信息化社会 学会面对复杂的社会生活和多样的价值观念，以正确的价值观为标准，作出正确的道德判断和选择 学会运用法律维护自己、他人、国家和社会的合法权益
	知识	了解青少年身心发展的基本常识，掌握促进身心健康发展的途径与方法，理解个体成长与社会环境的关系 了解我与他人和集体关系的基本知识，认识处理我与他人和集体关系的基本社会规范与道德规范 理解人类生存与生态环境的相互依存关系，认识当今人类所面临的生态环境问题及其根源，掌握环境保护的基础知识 知道基本的法律知识，了解法律在个人、国家和社会生活中的基本作用和意义 了解中国的基本国情，初步了解当今世界发展的现状与趋势

资料来源：中华人民共和国教育部：《义务教育思想品德课程标准（2011 年版）》，北京师范大学出版社 2012 年版，第 5—7 页。

民”“热爱社会主义”“继承革命传统”等意识形态上的目标要求。在具体目标规定中，有关公共道德培养的目标要求呈现不足，注重个体私人道德的培养，包括“勤俭节约”“孝敬父母”“热爱劳动”等个人道德品行的养成，偏离了公民道德中公共道德维度的发展要求。

（2）学生的公民意识培养明显不够。《课程标准》中对与公民意识部分的培养明显不足。在三个目标维度的内容规定中，仅在情感态度价值观部分提到了“增强公民意识”，但陈述方式上含混不清，对于增强何种公民意识并没有做详细阐述。而在能力维度和知识维度也没有对“公民意识”有更细致深入的规定。初中阶段的目标体系在公民意识培养上明显不够，对于现代公民必须具备的权利意识、主体意识、责任意识、参与意识、国际意识等方面的培养都显示出不足。公民教育中所包含的自由、民主、平等的理念并没有充分地体现在课程标准中，而这些却是构成公民意识培养的重要组成部分。可见“公民意识”的培养并不是《思想品德》课程的重点，《思想品德》课程不是公民教育课程，更不能代替公民教育课程。

(3) 欠缺对学生的参与意识和参与能力的培养。初中阶段的《课程标准》中对学生参与意识和参与能力的培养欠缺。在《课程标准》规定中可以看到对各种常识、知识的了解和掌握，各种道德价值观念的养成，但对于参与意识却只字未提，对于参与能力的培养也只提出“学习参与社会公共生活的方法”，实则并非是培养学生的参与能力，只是规定了学生知道参与社会的“方法”而已，至于能否真正参与社会公共生活并未作要求。既然在总教育目标中要将未来的学生培养成社会主义建设者和接班人，光知道“方法”是远远不够的，必须切实地参与其中，在公共生活中履行自己的义务，享受自身的权利，成为公民社会的建设者与维护者。

3.《课程标准》的整体分析

就贯穿中小学9年的品德课程目标整体而言，品德课程目标虽然在一定程度上注意到了各年段的教育层次性，但课程目标缺乏核心目标提炼，各个年段目标缺乏整体设计。目标设定中存在重复，如《品德与社会》课程目标中要求“掌握一些调整自己情绪的方法”与《思想品德》课程目标中要求“学会掌控自己的情绪”在表述上几乎一样，看不出对不同年龄段的学生目标达成上有何区别，未能区分小学和初中的能力层次。在表述上只有总目标和分目标，总目标表述太过抽象与笼统，而分目标又罗列了若干条相对比较分散的小目标，没有核心目标的明确提炼，可能造成教师在教学过程中不得要领。同时，并没有规定每个年段学生应达到的能力预期表现，只是在义务教育阶段划分出三个学段，分学段进行表述，这样笼统的课程目标设计没办法保证各个年段学生学习的连续性和螺旋上升，也容易造成各年段目标的简单重复。

总之，当前中小学德育课程标准中对课程目标中有关公民培养的规定并不合理，很大程度上不适合当前中国社会现代化的需要。在小学低年级到高年级，再到初中三门课程的课程目标中关于公民培养的阐述缺乏体系性。

三　义务教育阶段学校德育教材中的公民教育内容分析

中国义务教育阶段学校教育中并没有公民教育课程，公民教育的内容主要作为其中一部分内容在德育课程中完成，具体课程是小学阶段的《品德与生活》（1—2 年级）、《品德与社会》（3—6 年级）和初中的《思想品德》。本章节采用内容分析方法对小学至初中的品德课教材进行分析，研究公民教育的内容在品德课教材中是如何体现的。

（一）研究设计

本书采用内容分析法对教材进行分析。内容分析法是利用系统、客观和量化的方式对内容加以归类统计，并根据这些类别的统计数字作叙述性的说明。内容分析法是一种定量和定性相结合的研究方法。内容分析法兼具系统性、客观性、定量性的特点，可以确保不同的研究者从相同的文献中得出同样的结果，不受研究者个人性格和偏见的影响。①

内容分析法的研究步骤是：①设计研究问题：提出本书需要解决的问题，并以此采集信息；②选取样本：寻找最具代表性或最符合研究问题的样本；③研究方法：内容分析法主要采用编码的方式将大量的文本信息组织归类成更小的类别，进行频次统计；④数据分析：分为定量统计和定性描述两种分析方式。

1. 设计研究问题

（1）教材中是否包含公民教育理念和公民教育的内容？

（2）教科书中所涉及的公民教育内容具体是哪些方面？内容各自所占的比例是多少？

（3）教科书中有关公民教育内容的侧重点是什么？是否存在空白或者极少触及的重要内容，如有，是什么？

（4）教科书中是否存在偏见？

2. 选取样本

考虑到教材的普及率和使用人数，本书选择人民教育出版社于

① 李克东：《教育技术学研究方法》，北京师范大学出版社 2003 年版，第 55 页。

2010年至2012年陆续出版发行的德育教科书——《品德与生活》《品德与社会》《思想品德》共17册教材。其中：

- 《品德与生活》共4册，供1—2年级学生使用，每学年分上、下两册；
- 《品德与社会》共8册，供3—6年级学生使用，每学年分上、下两册；
- 《思想品德》共5册，供7—9年级学生使用，即初中1—3年级，其中，初中一年级和初中二年级每学年分上、下两册，初中三年级为全一册。

3. 研究方法

本书将对文本和插图分别进行编码。对文本的编码分两次进行，初始编码将内容粗略地划分为四类编码：

（1）词语编码。对核心词进行词频统计。

（2）概念组编码。概念组编码采用的分析框架依据王啸博士对公民教育内容维度的六个维度划分[①]，并结合本书的研究重点做了调整，将公民教育内容划分成以下五个维度：身份与认同、权利与义务、公民道德、民主与法制、和平与环境。

（3）章节内容编码。章节内容编码主要对每个章节中的内容按照概念组的六个维度进行归类。为了能更恰当地进行章节内容编码统计，在具体编码前对分析单位进行了规划。根据从小学到初中教材编写的特点以及章节安排，均以小节为单位进行统计。在具体小节安排上，小学教材每课下设"节"，是教材内容划分的最小单位，因此节数比较多，六个年级12册教材中共387节。而初中教材每课中除了分"节"，又细分为几大"点"，因此教材中总节数相比较少，初中三个年级5册教材中一共111节。在内容归类方面，以节为单位，根据每节内容传达的价值取向，将内容分别归入概念组中，如某课（节）涉及多方面内容维度，则按照内容比例排序统计到前两项，其余项目不再另做统计。

（4）插图编码。本书主要对教材中与主题相关，意在强化课文内

① 王啸博士将公民教育内容划分成六个维度，包括身份与认同、人道与人权、德行与责任、民主与法制、和平与理解、环境与生态。参见檀传宝、王啸《公民教育引论——国际经验、历史变迁与中国公民教育的选择》，人民教育出版社2011年版，第227—279页。

容或独立向学生传递某种价值观的插图进行分析。这类插图主要分人物类、动物类、景观类三种，这里只对与本书高度相关的人物类插图进行分析，其他类插图与本书关联度较低，不列入分析范围。在人物身份类别上，分别从以下维度进行统计分析：性别（男/女）、中国、外国、普通人物、杰出人物、职业特征。

4. 数据分析

数据按照年级分为小学组和初中组两个组分别进行数据采集和分析。对每一组的文本内容和插图内容进行描述性分析（descriptive analysis），对数据的集中趋势、离散程度和分布的状态进行描述。

（二）数据统计及研究发现

经过分析发现，目前义务教育阶段学校公民教育的内容设置上存在“公民”内容弱化，公民教育内容简单化，很多重要的公民教育内容缺失，内容逻辑安排不成体系以及知识点琐碎等问题。

1. 德育课程教材中“公民”内容缺位

尽管2011年版义务教育阶段的品德课程标准中都有提到培养公民，但就目前的品德教材而言，并没有以“公民”为轴心，教材中提及“公民”的内容微乎其微，内容比例严重偏低，并且内容安排存在问题，集中安排在五年级（一个单元）和八年级（下册四个单元），并没有贯穿整个九年义务教育。

通过对“公民”一词在17册书中的词频统计发现，“公民”一词在整个课程体系中出现的次数寥寥无几。九年的义务教育阶段，教材中“公民”一词仅出现了184次。“公民”一词在小学阶段几乎没有提及，直到初中二年级（即八年级）才出现爆发性的增长，共159次（见图1－10）。

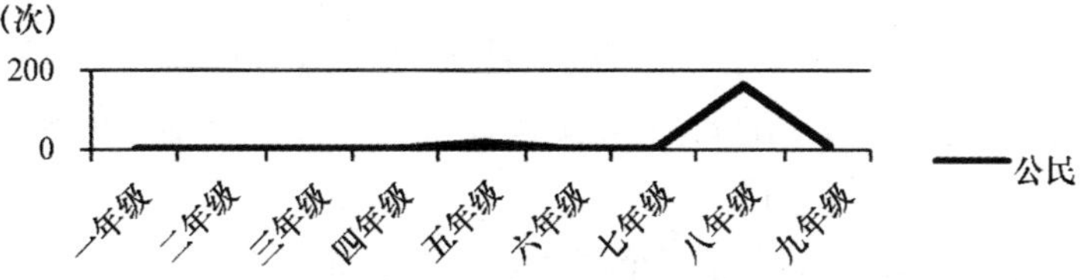

图1－10　义务教育阶段德育课教材中“公民”词频统计

义务教育期间的德育课程包括小学12册教材，一共46个单元152课387小节，初中5册教材共20个单元47课111小节。在这12册书中，只有7个单元16课的内容提到“公民”，只占到课程内容比重的8%，其中包括：五年级上册第二单元“我们的民主生活”；以及八年级下册中有四个单元，分别是“权利义务伴我行”“我们的人身权利”“我们的文化、经济权利”“我们崇尚公平和正义”；以及九年级第一单元“承担责任，服务社会”以及第二单元“了解祖国，爱我中华”。

教材中虽然设置了“小讨论”“小调查”的活动环节，但无论是讨论题目还是教师授课，都仅仅停留在形式上，公民教育的目的性不突出。在访谈中很多教师反映有时“教材想表达的主题很隐晦”，课堂上很难将教材活动与公民教育直接联系在一起，“很多情况只能很牵强地直接告诉学生”。另外，教材中出现的新闻时事、故事案例也存在一定的滞后性。

2. 德育课程教材中公民教育内容简单化

本书将公民教育的内容划分为：身份与认同、权利与义务、公民道德、民主与法制、和平与环境五个维度，以此对义务教育阶段德育课程的17册教材进行了分类统计。研究发现，目前德育课教材中公民教育内容主要呈现以下特征：各个维度之间的内容安排比例失调，主要内容为公民的认同教育，尤其注重培养公民国家身份的内容，侧重培养学生的爱国热情和对祖国的自豪感。有关公民教育的其他方面，比如，公民的权利义务、公民的道德与责任、民主与法制等内容则仅占很小的比重(见图1－11)。

（1）国家认同的内容比重呈绝对优势。义务教育阶段的德育课程中，公民教育的五个维度的内容中，身份与认同维度的比例最大，小学教材有144节、初中教材有23节的内容是围绕身份与认同展开的，共占整个教材33.5%的比例。其中，在身份与认同中又涉及公民的五种身份及认同，分别是：自我、家庭、社区、国家以及世界，五种身份中以培养公民的国家认同的爱国主义教育为主，占整个维度的52%，具有绝对优势（见图1－12）。

在教材中具体体现为：《祖国妈妈，我爱你》［一年级（上）第二单元］、《过新年》［一年级（上）第四单元］、《快乐的少先队员》［三年级（上）第二单元］、《我爱祖国山和水》［五年级（上）第三单

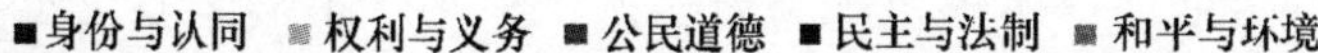

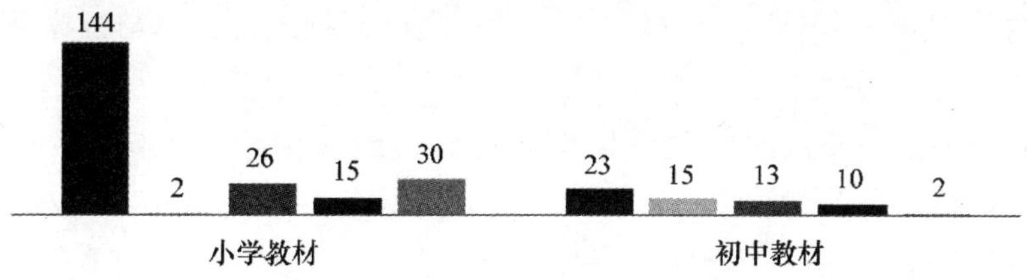

图 1－11　《品德与生活（社会）》《思想品德》教材中公民教育内容维度统计

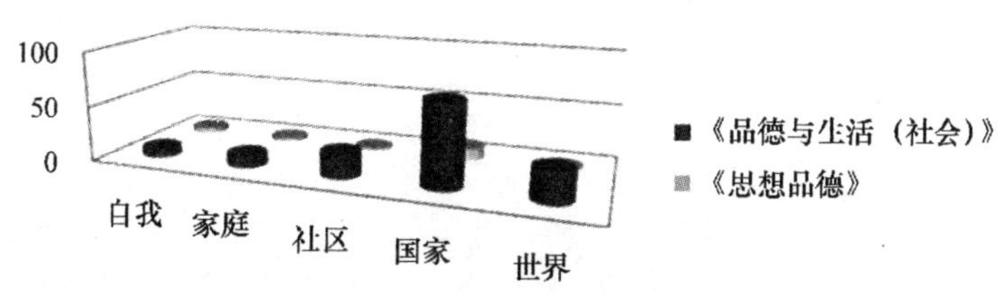

图 1－12　《品德与生活（社会）》《思想品德》教材中身份与认同维度比例构成

元]、《我们都是中华儿女》［五年级（上）第四单元]、《追根寻源》［五年级（下）第二单元]、《独具魅力的中华文化》［五年级（下）第三单元]、《不屈的中国人》［六年级（上）第二单元]、《腾飞的祖国》［六年级（上）第三单元]、《了解祖国、爱我中华》（九年级第二单元），包括介绍我们伟大的先人取得的辉煌成就，中国历史上的屈辱史，介绍祖国的幅员辽阔、江山多娇以及新中国成立以来取得的成就，了解周围社会在科技、通信等各个领域日新月异的变化等，通过对中国历史以及现在的了解寻找公民身份的归属感，培养学生的国家自豪感和爱国热情等能激发学生爱国热情的内容。

而对于公民的其他身份与认同教育则在教材中占的比例较小。教材中对个人的认同、家庭的认同、社会的认同，乃至对世界的认同的比例均低于20%。教材中，与培养公民的国家认同相比，在公民的世界认同方面明显不够重视，内容比例很小：小学阶段仅有29节是关于世界认同的，到了初中阶段仅有2节的内容。在对于世界认同相关的关键词“世界”“全球”“地球”进行词频统计，并与国家认同相关的关键词“中国”“祖国”“我国”“中国人”进行对比发现，后一组关于国家认同的关键词出现比例占绝对优势（见图1－13）。在统计的7个关键词中，出现频率最多的是“中国”，共出现522次，出现频率最少的是“全球”，仅出现18次。从图1－13可以看出，与国家认同相关的关键词的出现频率均高于世界认同的关键词。可以看出，在义务教育阶段德育课教材中对学生的世界公民认同的培养并不被重视，这与当前全球化的背景下，各国之间的合作极为密切的时代背景是极其不符的。

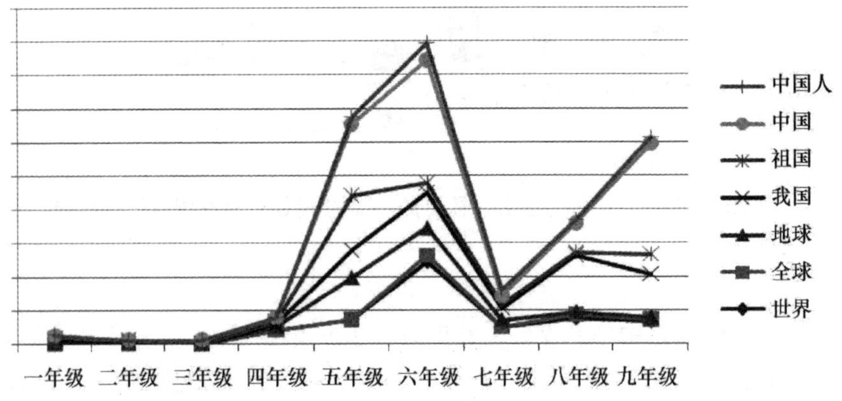

图1－13　义务教育阶段德育教材中关于世界认同及国家认同关键词词频统计

爱国主义教育是世界各国普遍关注的教育课题，是公民教育的重要内容，中国也不例外。中国政府一直非常重视爱国主义教育，并先后颁发了多个相关的重要文件①确保将弘扬以爱国主义为核心的伟大

① 比如《爱国主义教育实施纲要》（1994年）、《公民道德建设实施纲要》（2001年）、《中共中央国务院关于进一步加强和改进未成年人思想道德建设的若干意见》（2004年）、《关于培育和践行社会主义核心价值观的意见》（2013年）。

民族精神作为公民道德建设和未成年人道德建设的核心内容。教材中的爱国教育内容一直占相当的比例。公民教育的首要任务是培养民族国家的合格公民，因此应该将爱国主义教育放在首要位置。但与此同时，公民教育的任务不能再仅限于传统的“培养民族国家的合格公民”。随着中国与其他国家和地区的政治、经济、文化往来日益增多，参与国际事务的机会越来越多，走出国门旅游、探亲、工作或学习的国人也越来越多，中国培养的“公民”不仅是国家建设者的“国民”，更应是胸怀天下面向全球的人才。因此，在身份认同教育方面，不仅关注国家公民身份认同教育，还应该包括世界公民身份认同教育，注重多元公民身份的培养。

（2）公民权利和义务的内容严重匮乏。在总共17册教材中，关于公民权利和义务的内容仅有17节，占全书内容的3.4%，绝大部分出现在初中二年级（第八册下），小学阶段的公民权利义务教育基本缺失，相关内容寥寥无几，仅有2节内容涉及公民权利与义务。可以说，义务教育阶段对公民权利和义务的重视程度严重不足，关于权利和义务的教育基本缺失，这非常不利于中国公民权利意识和责任意识的培养。新中国成立以来，在宣传教育上曾经过分提倡大公无私、重集体轻个人、鼓励无私奉献，加上多年来中国公民教育一直未提上日程，致使中国国民权利意识普遍淡薄，各个领域侵犯人权的现象时有发生，教师变相体罚学生、漠视隐私权、不尊重学生人权等现象屡有发生，这非常不利于公民权利意识的培养和公民社会的建立。从人的身心发展规律来看，青少年接受基础教育的时期是素质养成的重要时期，也是开展公民教育的最佳时期和关键时期，只有尽早加强公民的权利与义务教育，公民的权利意识和义务意识才会深入人心。

（3）民主与法制内容薄弱。小学和初中阶段的教材中都包含了一定比例的民主与法制的内容，但相比其他维度的内容仍然处于弱势地位。其中，小学阶段有15节，初中阶段有10节，共占总内容的5%。民主与法制是现代文明政治制度的主要支柱，没有法制的保证，民主政治无法顺利进行。法制的健全，对于中国这样一个重道德、轻法治的受传统儒家思想观念影响的国家来说至关重要。十五大报告提出了“依法治国，建设社会主义法治国家”。1999年3月的全国人大九届二次会议又把它写进宪法，2012年党的十八大提出的社会主义核心价值观中再次强调了“自由、平等、公正、法治”，法治已经成为中国法制现代化的目标。依法治国、建立健全各项法律机制，我们的国家才能最终形成一种稳定有序的社会状态。义务教育阶段的学校公民教育必须大力推进法制宣传这一法治启蒙工程，通过丰富教科书中民主与法制的内容提高小学生的法制观念，树立法律的权威。

（4）环境教育未得到重视。对样本教材内容分析结果发现，在课程内容安排中，关于环境教育的内容比例很小，小学阶段有25节，初中阶段有2节，共占总内容的5.4%。且涉及的内容随着年级的增高，比例反而大幅度下降，初中阶段整个三年5册书中只有2节的内容是关于环保的，还是在国家的可持续发展战略中提及的。在内容安排上也比较单一，并没有反映出中国严峻的环境问题，教材中介绍了地球的超负荷运载，告诉学生如何循环利用，节约用水，爱护花草树木等最简单、最基本的环境保护知识。对环境教育的不重视也是造成中国公民环保意识差的原因之一。中国当前环境问题极为严峻，公民的生态文明素养亟待提高，保护环境还没有成为一种自觉的行动，并没有形成良好的环保低碳的生活方式，提高全民的环境保护意识刻不容缓。环境教育是解决环境问题的根本出路，必须从小抓起并贯穿一生，把环境保护作为公民的生活方式。

通过上述分析，我们可以看出义务教育阶段德育课程教材中涉及的公民教育内容非常匮乏，内容安排单一 不平衡。国家身份认同的爱国主义教育一枝独秀，而很多重要的公民教育内容弱化甚至缺失，在结构安排上也缺乏体系，知识点琐碎、缺乏逻辑性。我们必须清楚爱国主义教育固然重要，但爱国主义教育无法代表整个公民教育，它只是公民教育内容的一个重要维度，公民教育还包括更广泛的内容，比如，公民的权利与义务、公民的责任等，但这些内容在目前的课程中所占的比例仍然很小。如此的内容设置，容易造成公民教育的偏移，给学生造成公民教育等同于爱国主义的错误理解，不利于公民教育的进行。

3. 教材内容存在偏见和歧视

本书对所有选择样本教材（共17册）里面的所有人物插图进行了内容分析，发现插图内容存在严重的偏见和歧视问题（见表1－19），有悖公民教育中所强调的平等、公平的公民教育理念，不利于学生公民素质的培养。

从表 1－19 中可以清晰地看出教材中存在以下问题：

（1）教材内容依旧侧重本国公民的认同教育。这一点可以通过插图中人物的国籍发现：中国国籍的人数明显超过外国国籍的人数，中国国籍和外国国籍之间的比例是 28∶1。在小学低年级时这种差异尤其明显，小学一年级到四年级的教材插图中几乎没有出现过外国人。从外国人物出现的比例可以看出，样本教材并没有具备很强的国际视野，对世界公民的培养重视程度不足。

（2）教材插图中人物性别比例失调，在性别上存在偏见和歧视。研究发现，插图人物中男性的比例明显大于女性（见图 1－14），男女比例为 1.4∶1。其中，中国人物的男女比例为 1.37∶1，外国人物的男女比例为 2.1∶1，名人中的男女比例差异最为显著，为 7.4∶1。

表 1－19　**人物插图内容分析统计**　单位：个

年级		人物插图*							
		中国				外国			
		名人		普通人		名人		普通人	
		男	女	男	女	男	女	男	女
小学	一年级	1	0	315	263	0	0	0	0
	二年级	0	1	236	212	0	0	4	5
	三年级	2	1	456	335	0	0	0	0
	四年级	5	2	470	338	0	0	4	1
	五年级	24	3	341	277	4	0	33	11
	六年级	21	3	211	174	1	0	35	29
初中	七年级	11	2	192	147	7	1	2	0
	八年级	7	1	349	220	4	0	10	4
	九年级	14	0	158	79	2	0	13	5
总计		85	13	2728	2045	18	1	101	55

注：*人物插图中涉及群体人物照片，因大部分照片中性别无法辨识或清点，故未记录在内。

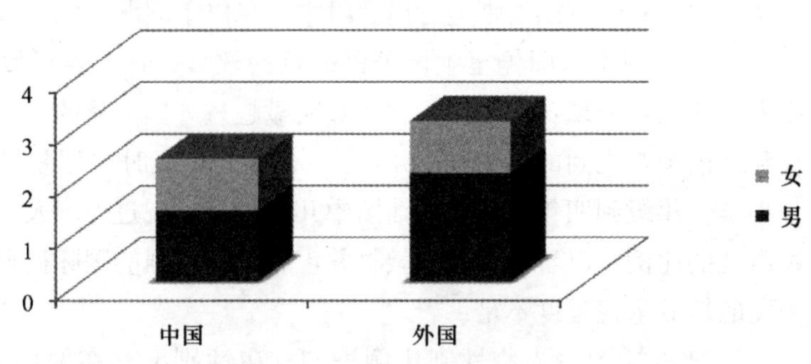

图 1－14　德育课教材中人物插图中外人物性别比例

除了男性与女性出现频率的差异外，男性和女性在工作分工、行为习惯、职务设定上也存在着显著差异。第一，在性别的分工上，总体呈现男主外，女主内的模式。比如，妈妈往往是穿着围裙在家里做饭，或者在家里指导孩子的言行举止。女性（既包括成年女性也包括未成年女孩）做家务的比重要远远大于男性。在 17 册书中，男性做家务的插图仅出现两次：一个男孩在洗衣服（二年级上册第 3 页），一位成年男子做菜（三年级上册第 59 页），而在外劳作的人物则皆是男性。

第二，在性别的行为习惯上也存在很大的偏见。男性的性格设定多为活泼好动、调皮，而女性的性格设定则为充满正义感或柔弱。比如，在学校违反纪律、扰乱课堂、扰乱公共秩序的都是男生（比如，六年级上册第 20 页、21 页、22 页、26 页），涉及各类犯罪的人物也都是男性（比如，八年级下册第 30 页）；而女性则以制止或劝告不良行为的身份出现，或是以不良行为受害者的身份出现（比如，三年级上册第 59 页，八年级下册第 60 页）。在所有参加各类体育活动的插图中，男性的比例占绝对优势（比如，六年级上册）。

第三，在性别的职业身份设定上，出现最多的职业是教师，其他出现的职业包括学生、警察、厨师、售货员、保安、医生、护士、农民、军人、司机、工人、工程师、环卫工人、空姐等。在学生群体中，女性学生多居于领导位置，女性班干部的数量超过男性班干部，在班级讲台上发言或组织大家活动的往往是女性（比如，五年级上册第 26 页）；而在工作岗位中，则多为男性居于领导位置，并活跃在各行各业的骨干位置上。

（3）具名的人物插图中性别、职业比例失调。从表 1－20 中可以看出，无论是中国的具名人物还是外国的具名人物，男性出现的数量占绝对优势，女性的比例明显少于男性，女性出现的比例仅占 13%。小学阶段 12 册教材中，没有出现过一位具名的女性。在职业方面，具名的 106 人中，中国人有 86 人，外国人有 20 人。在具名的 49 个当代中国人中，政治人物 13 人，革命战争英雄 6 人，劳动模范 6 人，占 51%，其他职业包括科学家、文学家、运动员等。从具名人物的职业可以看出，教材主要围绕热爱祖国编写，突出中国革命先烈以及当今优秀党员、科学家、运动员等各行各业的优秀人物为中国做出的贡献。

总之，教材的插图内容存在极大的偏见和歧视。人物性别比例严重失调，男性明显多于女性，而在人物职业、行为习惯设置上存在极大的性别偏见和歧视。插图内容含有强烈的男权意识，普通人物的家庭分工往往是男主外、女主内；出现的名人中，男性占了极大的比重，而在社会中做出过杰出贡献的女性却极少在教材中被提及，忽视女性在人类社会中的贡献与价值；在男性、女性的行为习惯和性格特征上也存在严重的刻板印象，女性往往贤惠勤劳，操持家务，充满正义，或是柔弱的受害者，而男性则往往爱运动，性格活泼甚至调皮捣乱，喜欢挑战权威，不守规则，甚至触犯法律。学生从一开始接受教育就日复一日、年复一年地使用带有这种偏见的课本，势必会在现实公民社会中，对男性及女性均存在不同程度的偏见或歧视，这样的内容也不能培养出公正、宽容并奉行男女平等观念的公民。

综上所述，基于对义务教育阶段学校公民教育课程的现状调查，中国义务教育阶段学校公民教育课程缺失。目前公民教育被包含在德育课程框架里开展，在小学的《品德与生活》《品德与社会》和初中的《思想品德》课程内开展公民教育。公民教育的内容在德育课程框架中没有得到足够的重视。其中，国家公民身份、公民基本权利与义务、宪法和国家基本法规、政党制度、政治体制、民族团结等国际通行的公民教育内容分散地存在于目前的德育课程之中。由于我们对于公民教育的认

表1—20 具名人物插图统计

分类	中国						外国		
	男				女	共产主义领袖人物	男	女	共产主义领袖人物
人名	黄帝 炎帝 * 大禹 仓颉 秦始皇孔子 子路 曾哲 冉有 公西华晏子 曾子 屈原 苏武 司马迁 蔡 伦 毕 D 3	司马懿 祖冲之 李世民 李 白 赵匡胤 范仲淹 岳飞 苏轼 文天祥 徐光启 戚继光 郑和 乾隆 林则徐 邓世昌2 董存瑞 2	张大千 马本斋 巴金 童第周 方志敏 钱学森 彭加木 杨靖宇 王进喜 丛飞 华罗庚 邓稼先 焦裕禄 杨振宁 孙中山 2 齐白石2 张衡 2	王启民 王选 袁隆平 许振超 孔令辉 许海峰 刘国梁 刘长春 刘翔 黄宏 陈潭秋 邓恩铭 鲁迅 郭沫若 孟泰 雷锋 詹天佑	孟姜女 黄道婆 秋瑾 江姐 赵一曼 宋庆龄 张海迪 黄晓娟2 任长霞 邓亚萍 3	毛泽东 李大钊3 彭德怀 朱 德 刘少奇 周恩来 邓小平 3 江泽民2 胡锦涛	苏格拉底 麦哲伦 贝多芬 加加林 安南 奥德修斯 牛顿 爱迪生 巴斯德 安徒生 甘地 笛福 弗兰克 尼克松 霍金	菲迪皮茨 蒙娜丽莎 居里夫人 德摩斯梯尼	马克思
出现次数（次）	75				13	14	15	4	1
比例（%）	61				10	11	12	3	1

注：＊此处表示“炎帝”的人物插图出现了两次。

识尚不清晰，造成目前在国家课程体系中公民教育的目标定位存在偏差，反映在课程标准和教材内容上就是许多公民教育的内容结构不合理，一些重要的公民教育的主题在德育课程体系中反映不够充分或者根本没有反映，反映在课堂教学上就是偏重知识的传授和价值观的培养，强调理论观点或大道理的阐释，对学生实践参与的关注度不够，缺乏有效的鼓励和引导等问题。这种现状造成中国公民教育一直无法有效地进行。

中国目前的公民教育仍然处于起点，学校公民教育课程完全缺失，这种现状与世界发达国家的公民教育差距甚远，更与中国社会转型，整体现代化的步调极不一致。我们迫切需要在义务教育阶段学校设置专门的公民教育课程，而不是局限在品德课、思想政治课中进行公民教育。现有的德育课程设计客观上阻碍了中小学生公民教育的进程和水平。对中小学生应该进行的公民、权利、自由、正义、平等、法制这些实质性的内容教育，在义务教育阶段被遗漏或者没有给予足够篇幅。因此，加强公民教育，在义务教育阶段学校中开设公民教育课程已经成为中国教育现代化诸多任务中的重中之重，急中之急！

第二章　义务教育阶段学校公民教育课程建构的理论依据

第一节　公民理论

一　公民的含义

“公民”是个涉及多个学科、多个维度的概念，研究领域的不同、研究角度的不同、研究时代背景的不同，公民的内涵就会有一定的差异。美国学者施克莱（Shklar）就指出，“公民”是历史上最多变、理论上最有争议的一个词语。[①]

（一）法律层面的公民含义

“公民”首先是一个法律层面的概念。《辞海》中对“公民”的界定是指具有一国国籍的人，也包括未成年人和被剥夺了政治权利的人。[②] 公民的身份是由国籍决定的，是国家赋予的。中国1982年颁布的《宪法》第33条规定：“凡具有中华人民共和国国籍的人都是中华人民共和国公民”，所有中国公民都享有宪法和法律规定的权利，同时也必须履行宪法和法律规定的义务。[③] 可以看出，“公民”这一定义包含法律效力，体现了国家与个人之间的法律关系，国家赋予公民权利，并以法律作为保障，同时公民也承担着国家宪法及法律所规定的义务，并接受国家的管理。《不列颠百科全书》中将公民定义为个人同国家之间的关系，这种关系具体指个人对国家忠诚，并因此享受国家赋予的权

---

① Judith Shklar, *American Citizenship*. Cambridge, Mass: Harvard University Press, 1991, p. 1.

② 《辞海》编辑委员会：《辞海》，上海辞书出版社1989年版，第316页。

③ 《中华人民共和国宪法》，中华人民共和国中央人民政府（http://www.gov.cn/gongbao/content/2004/content_62714.htm）。

利。公民身份是一种伴随着责任的自由身份。[①] 这个界定既肯定了公民是自由、平等、负责的社会主体这一属性，也指出了公民应当积极、理性地参与每一个层次的公共生活。所以，公民作为一种身份、一种资格，体现了公民享有的权利和义务是统一与平衡的。如果打破了这种平衡，那公民就变成了臣民、暴民、顺民。檀传宝从反向的角度——“公民不是什么”对公民进行了界定，他认为公民不是臣民、不是私民、不是子民，公民是有现代公民人格的自由权利主体，公民概念是动态的、历史的。[②]

综合以上的界定，法律层面的公民概念包含以下几个含义：首先，公民是个人的一种身份或资格；其次，所有公民在法律面前人人平等，因此，公民之间的关系是平等的；再次，公民享有的权利和承担的义务是对等的，公民享有国家法律规定的所有权利，对国家负有履行与自身权利相适应的公民责任和公民义务；最后，公民与国家的宪法和法律制度紧密相连。

随着全球化一体化时代的到来，法律层面上的公民界定也随之更新，向更广的范围延伸。全球问题的日益加剧，国际治理的重要性显现，各国公民必须突破国家的界限，以全球利益为重，用全球性的思维来看待现实问题。从这个角度而言，我们绝不仅仅是代表各自国家的公民，我们更是这个地球上的公民，世界的公民。这使得公民概念的界限得以延伸，公民不再局限为国家公民，公民身份也不再局限于传统定义中的“个人同国家之间的关系”，公民资格的获得也不再仅由国籍决定。公民的含义开始延伸为世界公民、全球公民，公民身份是个人同社区、国家、世界的关系。因此，公民身份是指个体在社区、国家、世界等不同层次的“有责任的自由身份”。

（二）政治层面的公民含义

政治层面的公民侧重政治参与能力，诸如参与国家的政治选举等政治活动和政治事务。陈振明在《政治学》中把公民定义为参与社会公

---

① 《不列颠百科全书（第四卷）》（国际中文版），中国大百科全书出版社 1999 年版，第 236 页。

② 檀传宝：《论“公民”概念的特殊性与普适性——兼论公民教育概念的基本内涵》，《教育研究》2010 年第 5 期。

共事务并在政治国家中具有自主性的个人。[①] 由此可见，公共政治参与是公民的主要特征。很多学者基于公民的政治特征提出了不同的公民观，比如，责任公民是指在社区中有责任感、帮助需要的人、工作、按时交税的公民。参与型公民是指积极参与社区组织，帮助组织社区活动，关心有需要的人，清楚政府机构如何运转的公民。社会正义型公民是指批判性地参与社会、政治以及经济体制，清楚社会动向，洞察并处理社会中的不公正，努力公平处事，推广平等机会的公民。[②] 主动公民是基于公民参与公共政治事务的特点产生的，简单来说是指主动参与事务的公民。这里的事务主要包括两种：一种是政治事务，是指参与国家政治过程和参与治理；另一种是社会事务，是指公民自愿参与那些由公民自发组织、自我管理的社区活动和非政治活动，包括参与居民委员会、体育俱乐部、信仰团体等。[③]

（三）道德伦理层面的公民含义

道德伦理层面的公民概念不同于法律层面和政治层面的公民概念，公民的内涵更侧重公民所具备的美德，以及公民参与社会公共生活中的价值与意义。学者金生鈜从道德伦理范畴对公民进行了界定，认为公民是自由而平等的个人，通过理性的言行追求美好的公民生活。自由、平等和广泛参与社会合作是公民的基本特征。一个公民能否负担起这个身份，关键在于是否是自由的公民，是否在参与公共生活过程中养成自己的德行、理性和公民的风范。[④] 德里克·希特也从道德方面分析了一个"好公民"的特征，他认为好公民必须具备一系列的公民美德，包括忠诚、责任、对政治与社会程序价值的尊重。这些美德中的任何一种都包含着一系列复杂的个人品质、积极的态度和闪亮的行为，这些美德表现在一个好公民与其国家及其同胞公民的关系中。[⑤] 因此，在道德伦理的

---

① 陈振明、陈炳辉：《政治学——概念、理论和方法》，中国社会科学出版社 2004 年版，第 149—151 页。

② Joel Westheimer and Joseph Kahne，"What Kind of Citizen? The Politics of Educating for Democracy"，*American Educational Research Journal*，Vol. 41，No. 2，June 2004，pp. 237 – 269.

③ David Hargreaves，*The Mosaic of Learning*：*Schools and Teachers for the Next Century*，London：Demos，1996，pp. 37 – 38.

④ 金生鈜：《规训与教化》，教育科学出版社 2004 年版，第 124 页。

⑤ ［英］德里克·希特：《公民身份——世界史、政治学与教育学中的公民理想》，郭台辉译，吉林出版集团有限责任公司 2010 年版，第 274—290 页。

视野下，公民参与社会公共生活过程中彰显的公共道德和公共精神是建造和谐社会的基础。公民的自由、自治既是公民身份的特征，也是公民身份的保证，公民的公共道德是现代公民人格的重要内涵之一。

从法律、政治以及道德伦理三个层面关于公民内涵的厘定，可以看出，公民是一个复杂的概念，涉及的学科范围广、内涵丰富。檀传宝认为公民（身份）有四个方面的核心要素：在公民身份的目标上，公民追求的是对个人的自由与权利的保证；在公民身份的形式上，公民不仅是法律意义上的、政治意义上的，也是道德意义上的，这三种关系之间需要满足充分必要条件，既平衡统一权利与义务、尊重个人自由，同时也积极参与公共事务；在公民身份的边界上，除了传统的国家公民身份外，社区公民和世界公民等身份已经成为一种现实，公民身份的界定需要与时俱进，扩大其外延；在公民身份的形成上，公民身份的实现不仅需要法律的保障，更需要有行之有效的公民教育作为保障。[①]

笔者十分赞同檀传宝对公民（身份）四方面核心要素的分析，并以此为基础从以下几个方面对本书研究中的“公民”进行界定。第一，从公民概念的核心来看，无论是法律领域、政治领域还是道德伦理领域的公民，权利和义务都是公民身份的内在规定，没有了权利和义务，公民就退回到了原始的臣民状态。第二，公民是个生成性的概念，公民概念的生成方式来自政治的、社会的主动参与。参与政治生活、公共事务是公民获得公民品质、体验公民角色的主要方式，这包括日常生活中正确的言行、参与公益性活动、遵守法律、平和地面对错与对等。第三，公民概念具有人格性，公民是具有主体意识的人，独立、自由、平等、理性是现代公民人格的主要特征，公民的现代人格特征使公民具有认识自我的能力，能够对自己、对他人和对社会负责，能够理性处理自己与社会、与国家、与世界的关系。第四，公民的概念具有伦理性，主要表现在公民的公共道德和公共精神方面，理性精神、责任意识和道德品质是公民人格的主要表现，具体如关心他人、责任和义务的意识、对人类权利的尊重、公正和仁慈的评价以及文明和宽容等。同时，公民还要有宽广的目标，包括更好的自我愿景、社会进步、为未来做贡献等。第

① 檀传宝等：《公民教育引论：国际经验、历史变迁与中国公民教育的选择》，人民出版社 2011 年版，第 204—205 页。

五，公民是个不断扩展延伸的概念，全球化时代背景下的现代公民不再局限于国家，公民同时也是社区的、社会的、世界的。

简而言之，公民是以权利和义务为核心，通过参与政治和社会生活，形成具有主体意识、公共道德意识等现代人格特征、伦理特征的个体。公民既是国家的，也是社会的、世界的。

二 公民教育的含义

（一）公民教育的含义

为了便于对公民教育概念的理解，英国学者麦克罗夫林（McLaughlin）提出了对公民教育的“最小限度的解释”和“最大限度的解释”框架[①]（见表2－1），从范围上对公民教育做了界定。

表2－1 公民教育的构成要素

	结构/政治的	文化/个人的
最小限度	权利 理解和体验 人权 民主 多元 包容 公民社会：如非政府组织	身份认同 归属感 不是/就是（张力） 既/又（混合的）
最大限度	包容 安全：身体、社会、心理和经济的 积极参与 对民主公民身份的承诺 启示： 建构一种更具包容性的民主	能力 政治素养 世界主义的价值观 有效改善的技能，如语言、辩论和动员 启示： 民主参与的技能

资料来源：［英］奥德丽·奥斯勒、休·斯塔基：《变革中的公民身份：教育中的民主与包容》，王啸等译，科学教育出版社2012年版，第103页。

① Terence McLaughlin, "Citizenship, Diversity and Education: A Philosophical Perspective", *Journal of Moral Education*, Vol. 21, No. 3, January 1992, pp. 235－250.

麦克罗夫林（McLaughlin）所指的公民教育的“最小限度的解释”和“最大限度的解释”实际上指“狭义的”公民教育和“广义的”公民教育。公民教育的“最小限度的解释”关注公民教育的最基本、最核心的内容，强调学习并实践公民的权利，培养公民认同感。狭义的公民教育模式建议公民掌握关于责任、权利、身份认同等核心内容的基本知识和理解。[①] 对公民教育的“最大限度的解释”最大范围地包含了世界、国家、组织团体、个人等各个层面，强调多层次的共同参与，涵盖了正规的和非正规的公民教育形式，也被称为广义的公民教育。[②] 广义的公民教育将公民放置在社会环境模式中培养，是一种通过学校和其他学习环境培养政治素养、具备参与社会公共生活的技能、发展多元身份认同的各种教育活动。[③]

大卫·卡尔（David Kerr）在1999年发表的报告《公民教育：一项国际比较》中提出了“公民教育的连续性框架”（citizenship education continuum）的概念。该框架将公民教育的内容划分为三个层次：①“有关公民的教育”关注提供给学生充足的知识，了解国家历史、政府职能和政治生活；②“通过公民的教育”，主要让学生通过学校和社区的活动在参与体验中学习；③“为了公民的教育”除了包含上两个层次的公民教育以外，还注重通过参与活动实践培养学生的责任感和使命感，使他们在未来的成人社会公共生活中能够真正行使公民的职责。[④]

无论是从范围上还是从层次上对公民教育进行界定，公民教育的概念应明晰以下几个基本内容：首先，要明确公民教育的主体。公民是公民教育的主体。其次，要确定公民教育的目标。公民教育的目标是使受教育者成为政治、经济和社会生活中的合格公民，能积极主动地参与政治生活、社会公共生活，行使自己的权利，履行自身的义务。最后，要

---

① 檀传宝等：《公民教育引论——国际经验、历史变迁与中国公民教育的选择》，人民出版社2011年版，第327页。

② ［英］奥德丽·奥斯勒、休·斯塔基：《变革中的公民身份：教育中的民主与包容》，王啸等译，科学教育出版社2012年版，第103页。

③ 檀传宝等：《公民教育引论——国际经验、历史变迁与中国公民教育的选择》，人民出版社2011年版，第328页。

④ David Kerr, Citizenship Education: An International Comparison（http://www.nfer.ac.uk/research/centre-for-information-and-reviews/inca.cfm）.

正确定位公民在教育系统中的地位。公民教育具有基础性、全民性和终身性的特点，奠定了其在教育系统中的重要地位。

基于以上三点，笔者将檀传宝对公民教育的界定作为本书的公民教育含义[①]：

首先，公民教育是“造就公民的教育”。这里涵盖两层意思，首先是公民教育的目标。公民教育的教育目标突出公民的“公”，与“私民”相对，强调公民的公共精神、公共道德、公民权利义务、公民责任等，培养的是积极参与公共社会的好公民，将公民行动培养作为公民教育的核心目标。其次是教育手段。公民教育不能仅关注公民知识的学习，公民教育的手段必须摆脱重知识轻实践的“灌输式”教学，要坚决反对某些排斥个人思考的“机械公民”（robotic citizen）教育，结合多种教育模式重点培养学生社会参与的实践能力。同时，也要反对“培养精英阶级”的公民教育——培养对制度的顺从和服务，[②] 而是要鼓励和培养主动参与社会生活的意愿，支持学生表达自己的观点和看法，以开放式的教育理念和教学方式引导和帮助学生理性思考。

其次，公民教育是“对公民的教育”。公民教育是面向所有公民的教育，包括从儿童到成人在内的所有公民。因此，公民教育不仅仅是学校教育，更是社会教育，公民教育不仅仅是学校的责任，更是整个社会的责任。同时，公民教育也是一种终身教育，应该从儿童开始贯穿至人的一生，解决公民终身面临的社会生活课题。

最后，公民教育是“通过公民（生活）的教育”。公民在社会上并不是孤立的存在，公民在社会中与其他公民一起通过权利和义务的交织形成一个相互联系的网络，公民之间彼此依赖、互相帮助、互相影响，共同构成社会生活。公民自己的行动的可能性有赖于在他人的帮助下形成的社会规范，而他人也同样依赖于这种社会环境，社会机制的不断完善也离不开每个公民的参与。[③] 因此，公民教育的关键在于学校教育和

---

① 檀传宝等：《公民教育引论——国际经验、历史变迁与中国公民教育的选择》，人民出版社 2011 年版，第 206—207 页。

② ［英］德里克·希特：《公民身份——世界史、政治学与教育学中的公民理想》，郭台辉译，吉林出版集团有限责任公司 2010 年版，第 171—172 页。

③ Geraint Parry，Conclusion：Path to Citizenship. In Ursula Vogel and Michael Moran（eds.），*The Frontiers of Citizenship*（Chapter 8），Basingstoke：Macmillan，1991，p. 187.

社会制度在安排上要支持公民参与的机制。在参与学校生活和社会公共生活的过程中，能够帮助学生和社会成员在行动中理解公共问题的复杂性，培养其归属感、责任感以及谅解、宽容等公民美德。公民教育的结果应该包括：对有关重要概念有充分的了解；获得一定的价值观与人格素质；获得必要的技能与能力；对一些实践性课题拥有足够的知识与理解①。

综上所述，公民教育是一种“造就公民”：以培养公民行动能力为核心目标，注重公民实践能力和主动参与社会生活的意愿；公民教育是一种“为公民”：面向所有公民的终身的政治社会生活；公民教育是一种“通过公民”：学生和社会成员在参与学校生活和社会公共生活的过程中，通过知识与理解、技能与态度、价值与态度等各个方面学习，培养主动参与政治、社会公共生活的责任主体的教育过程。

（二）公民教育与德育之间的关系

目前，中国公民教育的理论层面上存在着对公民教育与德育界定不清晰，德育概念的界定范围无限扩大，公民教育与德育教育的关系一直模糊不清的问题。在理论上，一方面，一些学者仍然以德育的框架来理解公民教育的性质、目标、内容和理念，有将公民教育泛道德化的倾向，企图用德育的套路进行公民教育；另一方面，一些学者把公民教育当作德育的新历史形态，让公民教育在新时期承担德育的功能，或是让德育在现代社会以公民教育的模式实施。这两种观点都在相当程度上模糊了公民教育和德育的界限，忽视了公民教育独特的性质、目标和内容，这对筹划和实施符合时代要求的公民教育，尤其对公民教育课程的建构相当不利。也造成实践中许多教师不能清晰地理解公民教育与德育的区别，存在德育对公民教育的僭越，甚至常以德育代替公民教育，无意中限制了公民教育发挥的作用。因此，有必要在理论上对公民教育与德育的关系进行澄清。这对建构公民教育课程，在具体课程设计中恰当地处理两者的关系，具有十分重要的意义。

关于公民教育与德育的关系，目前主要有三种观点：第一种观点认为，公民教育与德育具有同一性，是另一种形式的德育。公民教育是对

---

① Advisory Group on Citizenship, *Education for Citizenship and Teaching of Democracy in Schools*. London: Qualifications and Curriculum Authority, 1998, p. 44.

德育内容的丰富和补充，也是中国新时期德育改革与创新的出发点和落脚点。第二种观点认为，公民教育从属于德育，是其中的一部分（中国当前义务教育阶段学校德育课程就是基于这种观点建构的）。德育更具有宽泛性、广泛性。第三种观点认为，公民教育是一个独立的教育体系框架，有自己独特的目标和内容。在公民教育与德育的关系中，公民教育处于独立的和基础的位置。对公民教育和德育关系的探究意义在于如何定位公民教育。若视两者同质，那就意味着公民教育和德育之间是彼此补充和相互完善的关系；若将德育界定为公民教育的上位概念，则认为德育包含更多的内涵，而公民教育是德育的一个分支，有其独有的特征；而将公民教育定位为目标性概念，则可能意味着它在整个教育体系中基础地位的凸显。对于公民教育和德育关系的探讨不应仅仅从形式、内容上审视两者之间的关系，更重要的是从理论上厘清公民教育与德育的差异与共性，这样才能给公民教育以清晰的定位，避免在公民教育的实践中因为认识上的模糊而出现彼此混淆和替代的现象。

1. 德育的内涵

中国对德育的界定有“大德育”和“狭义德育”之分。“大德育”的界定主要存在四种理解①：①认为德育包含了政治教育、思想教育和道德教育②；②认为德育包含了政治教育、思想教育、法律教育和道德教育③；③认为德育包含了政治教育、思想教育、道德教育和心理健康教育④；④认为德育包含了政治教育、思想教育、道德教育、法律教育和心理健康教育”⑤。狭义的理解认为德育仅指道德教育。对德育概念的模糊界定，造成德育的范围被无限扩大，几乎包括一切与人的发展相

---

① 邓达：《德育与公民教育关系之辨》，《教育学术月刊》2010 年第 2 期。

② 王道俊、王汉澜：《教育学》，人民教育出版社 1988 年版，第 233 页。

③ 胡厚福：《德育学原理》，北京师范大学出版社 1997 年版，第 112—113 页。

④ 《中学德育大纲（试行）》（教中字〔1988〕013 号）和《国家教育委员会关于正式颁发中学德育大纲的通知》（教基〔1995〕5 号）以及教育部发布的《中小学德育工作规程》都指出：“德育即对学生进行政治、思想、道德和心理品质教育。”参见国家教育委员会《中学德育大纲（试行）》，1988 年 8 月 20 日，法律教育网（http：//blog. chinalawedu. com/falvfagui/fg22598/36391. shtml）；教育部：《中小学德育工作规程》，1998 年 3 月 16 日，教育部网站（http：//www. moe. edu. cn/publicfiles/business/htmlfiles/moe/moe_ 621/201001/81872. html）。

⑤ 教育部：《教育部关于整体规划大中小学德育体系的意见》，《基础教育改革动态》2005 年第 16 期。

关的教育，领域涉及政治、哲学、社会、心理、伦理、法律等所有人文学科。

在西方，道德教育未被笼统地称为德育，而是从社会意识教育中独立出来，与公民教育、政治教育、法律教育、宗教教育相互并行。这几种教育之间有严格的界限，分属不同的概念。公民教育是一个特定的概念，有其自身的关注领域，教育目标、教育内容、教育方式和途径都与德育教育有所区别，与其他教育之间有一定程度的排他性。

2. 公民教育和德育的差异

（1）历史由来的差异。德育在中国有悠久的历史，自孔孟时期就非常重视道德教育，将德性修养作为教育的最高宗旨，传承了几千年。而公民教育是近代西方资本主义社会的产物，是伴随着公民身份的出现而产生的。随着国家对公民个人权利（公民权、政治权、社会权①、环境权②）的确认，推动了公民教育的产生和发展，因此，公民教育是现代社会特有的一种教育内容。德育和公民教育这二者之间产生于不同的社会历史背景，彼此之间并不存在历史传承或历史演变的关系，因此，公民教育并不是德育的现代转型。

（2）学术传统的差异。公民教育关注社会与政治情境中人的道德思维和行为原则，而道德教育关注的是道德。这可以从两者的学术传统进行区分。英国学者马歇尔对公民身份的阐述以及他的公民权利理论被认为是现代公民教育的学术思想起源。③ 进入 20 世纪，伴随着西方新哲学思想的产生，尤其是共和主义思想与自由主义思想在公民权利和公民身份等问题的争论更是推动了公民和公民教育的研究和发展。④ 德育则大量继承了中国古代历史悠久而丰富的道德理念和传统，并不断地被

---

① 马歇尔在《公民身份与社会阶级》中提出公民的三大要素：公民、政治和社会，这三要素是公民的基本权利。引自 Thomas Humphrey Marshall and Tom Bottomore, *Citizenship and Social Class*, London and Concord, MA: Pluto Press, 1992, p. 8.

② 环境权利（environmental rights）是指公民有权利生活在良好、安全和可持续的环境中。引自 Derek Header, *What is Citizenship*? Cambridge: Polity Press, 1999, p. 29.

③ ［英］T·H. 马歇尔、安东尼·吉登斯等：《公民身份与社会阶级》，郭忠华、刘训练编，江苏人民出版社 2008 年版。

④ 卜玉华：《试析学校公民教育与品德教育的共享区域与差异边界》，《教育理论与实践》2010 年第 30 期。

当代学者重新解读并赋予新的含义。[①] 总体来说，公民教育与德育来源于完全不同的思想体系，在学术传统上有着很大的差异。

（3）核心理念的差异。公民教育作为现代社会中培养合格公民的教育，注重培养公民在公共领域的素养表现。公民教育强调权利和义务的教育，这二者是一个整体，彼此之间是平衡的关系，权利教育和义务教育的结合和平衡是现代公民教育不可缺少的核心内容。从性质上说，公民教育具有一定的政治性，注重培养公民参与社会公共生活、政治生活的能力；而道德教育从培养人的基本道德出发，注重个人德行的养成。

（4）教育目标的差异。公民教育是为了培养与现代民主社会相适应的合格公民，注重培养学生的公民意识、公共精神、社会公德，让学生了解有关国家、政府、法律和政治等公共领域方面的知识，培养学生的核心价值观。[②] 与公民教育不同，道德教育的主要目的是培养“好人”，通过德性修养摆脱人的自然状态向理想的人、高尚的人的状态发展，[③] 强调的是个人道德的养成，更加侧重私德培养，认为培养“好人”的任务要优先于其他道德价值。但事实上，“好人”却并非“好公民”，公民教育的关键在于如何使一个“好人”成为一个好公民，关心社会公共事务，承担社会责任。因此，公民教育与德育的培养目标各有侧重。

（5）教育方式的差异。公民教育关注的是培养参与民主生活的能力，因此在教育方式上更强调体验性、生成性、活动性，希望学生能从经验中学到成为一个好公民的相应知识、技能、行动能力等。德育关注日常生活中的美德培养，往往采用日常道德习惯训练、榜样人物、精英教育等方式，并通过道德知识的考核加以强化，来考评学生道德水平的标准。

（6）关注点的差异。公民教育和德育有各自不同的关注领域。公

---

① 也有文献显示中国的德育也受到了20世纪90年代西方品格教育思潮的影响。参见卜玉华《试析学校公民教育与品德教育的共享区域与差异边界》，《教育理论与实践》2010年第30期。

② Robert Fullinwider, *The Ends of Political and Moral Education*, New York: Carnegie Council on Ethics and International Affairs, 1990, pp. 25－26.

③ 卜玉华：《试析学校公民教育与品德教育的共享区域与差异边界》，《教育理论与实践》2010年第30期。

民教育的关注领域集中在法律、政治和社会这些公共领域上，重点关注的是公民的权利义务、法治、公共道德、身份认同以及公共社会生活等方面。而德育更多关注的是对人的个体的培养，关注的是人的德行修养，包括品格、价值观、态度和行为习惯的培养（见表2－2）。

表2－2　　**公民教育与德育的差异**

比较点	公民教育	德育教育
历史由来	资本主义社会产生	中国古代已有
学术传统	公民权利理论	道德
核心理念	公民权利与义务的平衡	德行的养成
教育目标	培养社会公德、增强公民意识和公共精神	促进道德认知发展
教学方式	讨论公共事务、参与学生政府直接教学、服务学习	直接教学、示范与榜样、道德两难问题、价值澄清、组织服务（例如学雷锋活动）
关注点	关注权利义务、法治、公民道德身份认同、公共生活等	关注个人品格、价值、态度和习惯的培养

3. 公民教育和德育的共同之处

公民教育与德育虽然在产生的时代背景、学术传统、教育目的和方式、关注点等诸多方面存在明显的差异，虽然公民教育与德育相互不可替代，但它们之间仍然有千丝万缕的联系，归结起来主要表现在以下两个方面：

一方面，公民教育与德育联系紧密，彼此促进。公民教育与德育在关注的内容上存在重叠，公民教育中的社会公共道德内容同样也是德育学习的内容之一。德育中注重的一些品质，如诚信、责任、爱国等，同样也是一个公民应有的素养，是公民教育的培养目标。公民教育中所主张的一些公民德行，比如，社会责任感、遵纪守法、保护环境、服务社会等，也是德育所赞成的。[①] 因此，公民教育和德育在公共道德的培养

① 卜玉华：《试析学校公民教育与品德教育的共享区域与差异边界》，《教育理论与实践》2010年第30期。

上是一致的。此外，二者还可以彼此促进。哈格里斯夫（Hargreaves）认为一个主动的公民既是政治性的也是道德性的，一个对政治冷漠的人也必然是道德上冷漠的人。[①] 也就是说，公民教育能够促进和鼓励个体道德修养的发展，个体道德修养的发展有助于公民素养的形成。

另一方面，在促进人的全面发展上，公民教育与德育都是必不可少。公民教育可以帮助学生理解社会问题的复杂性，学会处理公共生活中的问题，具有法律意识，懂得用法律的手段捍卫自己的权利并履行自己的义务。公民教育有助于帮助学生形成国家观念和基本的主流价值观念。面对日益开放的环境和全球化影响下多元文化的冲击，公民教育有助于增强青少年对自己国家和民族的认同和自信，振奋民族精神，凝聚民族力量。德育一直以来都是中国学校教育的重心。一个人的道德不仅关系到个体处事行事的原则和意向，更关系到社会的和谐发展。[②]

三　公民教育课程的含义

（一）课程

1. 课程的界定

长久以来，有关课程概念的界定一直很混乱，各种观点众说纷纭，一直没有定论。美国学者斯考特（R. D. V. Scotter）指出课程是一个被广泛使用却无明确定义的教育术语。[③] 国际教育学界颇有权威、综合性极强的《国际教育百科全书》把“课程”定义为“学科学习的进程”，但却又说明“一般来说，课程一词至今尚无被人们广为接受的定义。研究者和实践者对课程的思考和探讨采用不同的概念，课程的定义也随之变化。因此，离开具体的学习内容、文化或政策文件等环境，无法定义课程”。[④] 这一说明使得课程的界定变得随机化和多样化。

在西方的文献中，很多研究者以及综合性的教育研究文献都对这些

---

① David Hargreaves, *The Mosaic of Learning: Schools and Teachers for the Next Century*, London: Demos, 1996, p. 8.

② 卜玉华：《试析学校公民教育与品德教育的共享区域与差异边界》，《教育理论与实践》2010 年第 30 期。

③ Richard D. Van Scotter, *Foundation of Education: Social Perspective*, New York: Macmillan, 1979, p. 272.

④ 《国际教育百科全书》（第二卷），中央教育科学研究所比较教育研究室、舒运祥编译，教育科学出版社 1990 年版，第 565 页。

界定做出了综述和评述。以美国当代课程论专家罗纳德·多尔（Ronald Doll）所著的《课程改进》为例，该书一共出了九版，每一版都对“课程”的定义做出新的补充和完善。在第七版中，他仍然指出课程的定义是一个有持续性争议的问题。他总结了几种不同的课程解释，指出“在20世纪中，学校课程的界定有多种方式。有人把课程称作包含在学校科目中有组织的知识积累，有人把它看作对我们所生存的世界中各种现象的思考和探究方式，还有人把课程称作‘种族的经验’”。[①]《国际教育百科全书》中综合了数种课程的定义，给出了如下的界定：“课程是在学校建立一系列具有潜力的经验；课程是学习者在学校的指导下学习的全部经验；课程是教学计划、学习计划；课程是学科；课程是活动。”[②] 对“课程”的定义阐述最全面的要数美国学者奥利瓦（Peter F. Oliva）的研究，他总结和列举了多种课程的界定，基本上涵盖了多数已有的课程解释维度，除了几种常见的课程定义以外，他还将诸如：“课程是活动；课程是在学校指导下，在校内外所传授的东西；课程是全体学校职工所涉及的事情”[③] 等更广义上的课程界定也一起囊括进来。从以上几个总结性的定义可以看出，课程的界定视域涉及了学科、教学、经验、活动、计划、内容、过程、目标、科目等范畴，拓宽了对课程的思考和研究的视野。但另一方面，这样的界定方式范围过于宽泛，难免混淆课堂内外、学科内外、教学内外的区别，也难以区分课程和学科、教学、科目、活动等诸多方面的关系，使得人们在使用课程这个概念时无所适从。

很多学者试图给出最全面系统的“课程”定义，但在学术界，“课程”的定义仍然是一种百花齐放的局面。随着研究的深入，很多学者开始围绕与课程相关的实践入手为“课程”下定义。影响比较大的是自20世纪30年代开始的“活动论”和“经验论”两种对课程的解释思路。比如，克鲁格（Edward Krug）认为：“课程为学校提供学生达到

---

① Ronald C. Doll, *Curriculum Improvement: Decision Making and Process* (9th *ed.*), Boston: Allyn & Bacon, 1995, p.6.

② 《国际教育百科全书》，江山野等编译，教育科学出版社1991年版，第64页。

③ Peter F. Oliva, *Developing the Curriculum.* Toronto: Little, Brown & Company (Canada) Limited, 1982, p.5.

预期结果的学习机会所用的教学活动所组成。"[①] 欧斯奈·史密斯（Othanel Smith）认为："学校里设计一套有程序的经验，其目的在于用团体思考与活动的方法，以教育青少年。这些经验，便是课程。"[②] 虽然这些学者对"课程"的界定措辞不同，但其指向性基本是一致的，即认为课程是一种活动，也是一种经验，活动论强调课程的性质，经验论强调课程的内容。中国教育家俞庆棠也认同这个观点，她指出，课程的根源来自"现代生活必应从事或所应从事的经验，与人类从事此等活动后的经验的结果……一是存在现在的具有需要与目的的活动"。[③]

2. 课程定义的分类

随着教育实践的不断深入，对教育规律的认识不断加深，对"课程"的理解也越来越丰富。现代意义上的"课程"往往跟学科、教材、教学等内容联系在一起，并根据不同的语境有所侧重和偏指。目前在中国得到普遍认可的"课程"定义主要有以下六种类型[④]：

（1）科目说。将课程界定为一系列的教学科目，这是最为传统的定义，强调受教育者掌握完整的科学知识体系。所谓教学科目，是指根据教学目的而划分的教学内容的各个科目，比如，语文、数学、历史等。教材是各门学科的具体内容，课程是学科和教材的综合，学生学习的全部学科被称为课程。[⑤] 该定义是目前最具普遍性和典型性的一个定义。

（2）计划说。计划说认为课程是使学习者在学校学习期间，以学期为单位循序渐进地获得各种知识和训练，以达到预期目标的精密计划，[⑥] 认为课程是一种系统的学习计划，包含了静态的内容体系，还包含了课程内容实施的各个环节。比如，钟启华指出，课程是旨在保障青少年的全面发展，由学校所实施的教育计划[⑦]。

（3）活动或经验说。把课程界定为一种学习活动或在学习过程中获得的经验，强调在课程中的体验。这种观点的起源来自杜威，他认为

① Edward A. Krug, *Curriculum Planning*, New York: Harper and Brothers, 1975, p. 3.

② B. Othanel Smith, J. Harlan Shores and William O. Stanley, *Fundamentals of Curriculum Development*, New York: Harcourt, Brace & World Inc, 1957, p. 3.

③ 茅仲英、唐孝纯：《俞庆棠教育论著选》，人民教育出版社 1992 年版，第 201 页。

④ 丁念先：《课程内涵之探讨》，《全球教育展望》2012 年第 4 期。

⑤ 靳玉乐：《课程论》，人民教育出版社 2013 年版，第 39 页。

⑥ 朱智贤：《小学课程研究》，商务印书馆 1933 年版，第 2 页。

⑦ 钟启华：《现代课程论》，上海教育出版社 1991 年版，第 28 页。

教育的目的是根据儿童的自然禀赋，组织适当的课程，使儿童这种与生俱来的能力得以生长。① 这种观点的课程概念将学习者视为课程的主体，学习者本人就是课程的组织者和参与者。

（4）教学内容说。认为课程的内涵是教学内容，“课程是教学内容和进程的总和，包括大纲和教材”②。认为课程与教学计划彼此之间互相补充，教学计划是课程的总规划，教学大纲是具体学科课程的详细规划，教科书是具体知识的陈述。

（5）预期结果说。把课程定义为学习的预期结果。这一界定在北美课程理论中颇有影响，其代表约翰逊、博比特、加涅、波帕姆等学者均认为应该把课程与教学区分开来，课程不应该是教学计划，而是课程的指南，课程是期待性的、还未实现的，所以课程由预期的学习结果的构造系列组成。③ 这一观点强调课程中目标和效率的重要性，把目标看成是课程的核心要素。

（6）文化再生产说。认为课程是文化的再生产。这一课程定义从文化的角度对课程进行分析，认为课程应该承担社会文化再生产的任务，课程的内容就是教授社会文化中有价值的东西，强调文化与课程的关系。

可以看出，以上六种类型的课程定义各有偏重，研究者对课程的解释主要体现在课程是动态的过程还是静态的过程；是内生的还是外在介入的；是重视知识还是重视经验；是强调目标还是强调结果。课程研究学者施良方认为要给课程下一个精确的、并被所有人认同的定义，既不现实，也不可能，而且没有必要。他认为每一种课程的定义都包含着作者的哲学假设或价值取向，表明作者对教育的某种信念和侧重，从而说明这种课程的界定关注哪个方面。④

综合思考中西方对“课程”的解释，我们可以看出，课程是个动态灵活的概念，随不同的时代和不同的视角而有所差别，这种差别与课程及其相关的对象的动态发展是密不可分的。不难看出，无论“课程”的界定如何变化，都离不开对与课程关系密切的各个相关元素的分析，要么是以教

① 靳玉乐：《课程论》，人民教育出版社 2013 年版，第 40 页。

② 王策三：《教学论稿》，人民教育出版社 1985 年版，第 168 页。

③ Mauritz Johnson, "Definitions and Models in Curriculum Theory", *Educational Theory*, Vol. 17, No. 2, 1967, April, p. 130.

④ 施良方：《课程理论》，教育科学出版社 1996 年版，第 1—7 页。

科书或教学资源为对象来界定，要么是以课程规划者为对象，要么是以学生为对象，所依托的介体范围无非是科目和教学。因此，考虑到公民教育的特征，本书将课程界定为一种学习和活动中获得的经验，这种经验的获得既可能来自有计划的指导，也可能是受到潜在的影响。本书中的“课程”指：“学生在学校指导下学得的全部经验的总和”，既包括预期有明确目的要获得的经验，也包括潜移默化中可能获得的经验。①

（二）义务教育阶段学校公民教育课程

1. 公民教育课程

依据本书中的课程是“学生在学校指导下学得的全部经验的总和”，公民教育是指造就公民、为公民、通过公民的教育过程。本书中的公民教育课程是指学生在学校组织和实施的“造就公民”“为公民”“通过公民”的教育过程中学得的全部经验的总和，主要包括三种形式的课程。

首先，直接的公民教育课程。表现为在学校中设立独立的公民教育科目，课程以实施公民教育为核心任务，目的明确，囊括公民教育的全部内容，有助于凸显公民教育的特色，直接发挥公民教育的作用。其次，间接的公民教育课程。在其他学科课程中有意识地渗透公民教育，结合各学科的特征有目的地进行公民教育，最大化地将公民教育的内容影响到整个教育过程中。最后，隐性公民教育课程。将公民教育渗透在学校教育制度、学校管理、学校文化和课外活动等各种潜在课程之中，潜移默化地影响学生，获得有关公民教育的学习经验。

三种课程形式各有利弊，较为理想的模式是将它们整合起来，建构一个包含三种课程形式的、立体化的公民教育课程体系。

2. 义务教育阶段学校公民教育课程

义务教育是依照法律规定对所有适龄儿童、青少年统一实施的具有普及性、强制性、免费性的学校教育，是所有适龄儿童和青少年都必须接受，是国家、社会、家庭必须予以保证的全民基础教育。中国2006年修订的《中华人民共和国义务教育法》第四条规定：“凡具有中华人民共和国国籍的适龄儿童、少年，不分性别、民族、种族、家庭财产状况、宗教信仰等，依法享有平等接受义务教育的权利，并履行接受义务

① 冯建军：《公民教育课程及其设计》，《东北师大学报》（哲学社会科学版）2015年第1期。

教育的义务”。[①] 中国义务教育时限为九年，包括小学6年和初中3年。

义务教育阶段学校公民教育课程即九年义务教育期间，小学至初中的学生在学校组织和实施的“造就公民”“为公民”“通过公民”的教育过程中学得的全部经验的总和。

（三）义务教育公民教育课程建构

“课程建构”在西方译法不一，有 curriculum building、curriculum making（博比特的用词）[②] 或者 curriculum construction（查特斯的用词）[③]。本书中的“课程建构”具体是指对义务教育阶段公民教育课程的设计，关注识别课程的各种成分，具体为厘清课程目标、内容及组织。这里有必要与课程领域的另外一个常用术语“课程编制”进行区分。课程编制包含了更多的内容，是为完成一项课程计划从头至尾的整个过程，具体包括五个步骤：①确定课程目标、②选择课程内容、③组织课程形式、④实施课程、⑤评价课程。[④] 本书中所使用的“课程建构”是指对课程计划的设计和制定，主要涉及课程的目标以及课程内容的选择和组织，并不涉及课程实施和课程评价两个步骤。课程编制与本书的“课程建构”的具体区别如图2－1所示。

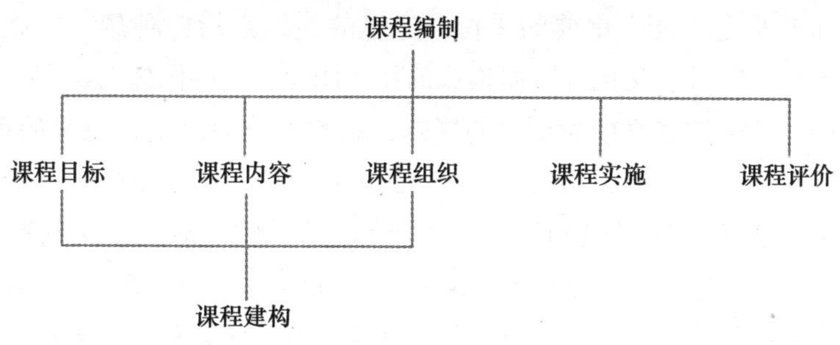

图2－1　“课程建构”与课程编制的区别[⑤]

① 《中华人民共和国义务教育法》，法律图书馆（http：//www. law-lib. com/law/law_view. asp？id＝163284）。

② Franklin Bobbitt，*The Curriculum*，Cambridge，Massachusetts：Houghton Mifflin Company，1918，pp. 41－54，248，254，285.

③ Werrett Wallace Charters，*Curriculum Construction.* New York：Macmillan，1923，pp. 1－5.

④ 施良方：《课程理论——课程的基础、原理与问题》，教育科学出版社2013年版，第81页。

⑤ 同上。

第二节　义务教育阶段学校公民教育的理论学说

一　多元文化公民教育理论

多元文化主义公民教育理论始于20世纪五六十年代，是对当今世界教育中存在的移民问题、种族冲突等问题的积极回应，反映了全球化过程中的多元化趋势。多元文化公民教育理论已经成为20世纪末公民教育实践的重要指导思想。

（一）多元文化公民教育思想的哲学基础

多元文化公民教育思想是以多元文化主义为哲学基础发展起来的。多元文化主义是全球化进程中发展起来的一种政治哲学理论，产生于20世纪五六十年代。20世纪70年代，该理论针对当前全球化影响下多元异质的社会环境中，主流文化所倡导的单一认同对多元的个人或族群的认同产生的负面效果，提出了不同文化共存的观点，认为文化没有高低贵贱之分，应该是彼此平等的关系，并且要求承认并尊重不同文化的差异。除了强调多种文化共存外，多元文化主义认为“族群”是介于国家和个人之间极为重要的单位，这里的族群是指由种族、民族、性别、年龄、宗教、文化等特质构成的特殊团体，这些团体对从属于其中的某些特殊个体有着极为重要的影响，影响着他们对生命意义的理解，对某一社会共同体的认同。如果忽视这些特殊团体所存在的特质和差异，将会使某些族群受到压抑、宰制和边缘化。① 对此，艾利斯·杨（Iris Young）提出了差异政治（politics of difference）的概念，强调个人除了具有一般公民的平等权利之外，其所具有的少数族群的族群成员身份，也是一个不容忽视的差异单位。② 总结多元文化主义主要涉及三方面的主张：一是呈现多元的文化样貌；二是追求积极的差异性对待，并非一视同仁的消极式平等；三是强调行动的积极开展。

由此可见，多元文化主义的核心是承认文化的多样性，文化之间是平等的，并不存在任何一种文化比其他文化更优秀，更没有可以凌驾于

---

① 林火旺：《正义与公民》，吉林出版集团有限公司2008年版，第161页。

② Iris Marion Young, *Justice and the Politics of Difference* (*Danielle Allen edition*), New Jersey: Princeton University Press, 2011, pp. 163 - 168.

其他文化之上的准则。多元文化主义认为历史和传统是各民族不同文化相互渗透的结果，因此，其理论在一些国家被用作公共政策制定的依据，确保社会中的不同族群享有保留其团体特质和差异的权利，维护其独特的价值认同，以追求政治、经济和社会方面的平等。综上所述，多元文化主义不仅是一种政治思想，还是一种承认文化群体平等权利的意识，更是一个多民族国家的基本社会特征。

（二）多元文化公民教育理论的基本主张

1. 多元差异公民身份观

多元文化公民教育认为在多元文化社会中公民的身份是多元的、差异的。针对多元文化社会中个体的“差异”，多元文化主义者提出了“差异性公民身份”，一种基于多元文化社会中不同文化群体的差异性公民权利的公民身份，为多元化的差异公民群体提供了表达不同身份的机会。[①] 这种多元差异公民身份使得所有的社会成员都能在一个多元文化国家里找到自己作为一个国家公民的身份认同，其各自的特殊身份又使他们归属于不同的“族群”之中，公民对国家的认同与对各自族群的认同相互作用，形成了一种特殊的“差异认同”体系。公民身份的背景不再单一地隶属同质的国家共同体，而是存在于一个既保护差异又不超越差异的多元社会中。[②] 多元差异公民身份建立在群体权利基础之上，使每个公民将群体认同和国家认同兼顾成为可能，同时扩展了个人和民族国家之间的传统关系，为国家共同体或文化共同体中的社会成员行使权力提供平台。[③]

差异的公民身份产生了差异的公民权利。对待有些差异群体，要使其成员拥有某些特别权利时才能得到包容，比如弱势群体，要给予超出普通公民的权利范围，在法律法规的规定上给予某些特殊的权利。[④] 加

---

① Irene Bloemraad, “The North American Naturalization Gap: An Institutional Approach to Citizenship Acquisition in the United States and Canada”, *International Migration Review*, Vol. 36, Issue 1, March 2002, pp. 193 – 228.

② 宋建丽：《差异公民资格与正义：艾利斯·马瑞恩·杨政治哲学探微》，《妇女研究论丛》2007 年第 9 期。

③ ［加］乔治·H. 理查森、大卫·W. 布莱兹主编：《质疑公民教育的准则》，郭洋生、邓海译，教育科学出版社 2009 年版，第 157 页。

④ ［加］威尔·金利卡：《多元文化的公民身份——一种自由主义的少数群体权利理论》，马莉、张昌耀译，中央民族大学出版社 2009 年版，第 38 页。

拿大学者金利卡认为差异公民身份拥有三种“差异性”权利：①依据被压迫状态产生的特殊代表权；②少数民族享有的自治权；③弥补特殊文化群体、语言群体或其他弱势群体的多元文化权。[①] 他认为只有从政策上向弱势群体倾斜，给予政策上的扶持；在教育内容上，添加来自弱势群体的声音，才能真正改变他们的弱势地位。

2. 多元文化价值观

多元文化公民教育的基本理念是：人类社会存在多种不同的价值理念和对于真善美生活的价值追求，不同族群的文化有各自的价值，无法从优劣上作比较，因此，不同文化背景的族群都有维持其独特的价值观、享有并传承各自独特文化传统的权利，关键是培养公民对文化差异的宽容和承认。[②] 多元文化公民教育以教育中存在的文化多样性为出发点，多元文化教育是使具有不同文化特征的学生都能享有同等机会的教育，旨在帮助学生认识人类生存世界的多样性以及人类价值追求的多元化，帮助学生形成对待自身文化及其他文化的得当方式及参与多元文化的能力。[③] 只要与人类社会的公平正义、和谐幸福等终极追求相一致，公民既可以在多种价值中自由地采纳一种，也可以自由地形成自己的生活观念。多元文化主义公民教育引导学生形成多元文化价值观，即不同的民族拥有自身的文化和生活方式。

多元文化公民教育起着两方面的重要作用：一方面，要教授共同的社会文化和价值取向；另一方面，也要表现各种文化之间的差异。而其目标则在于培养能正视并尊重这些差异，善于处理由这些差异所带来的文化冲突的公民。多元文化的价值理念之间难免会发生冲突，坚持一种价值并非是要否定其他价值，或是将其他价值置于弱势的位置。多元文化主义者坚持对文化冲突采取中立的态度，平等地对待每一种文化，而不是将一种文化凌驾于另一种文化之上，认为任何一种文化都具有理性和道德的特点。要做到这一点需要公民的理性思考，懂得如何面对多元

---

① ［加］乔治·H. 理查森、大卫·W. 布莱兹主编：《质疑公民教育的准则》，郭洋生、邓海译，教育科学出版社2009年版，第157页。

② 张立新：《全球化背景下公民教育研究的新视野——对中国课程与教学的启示》，《外国教育研究》2007年第10期。

③ 冯增俊、陈时见、项贤明：《当代比较教育学》，人民教育出版社2008年版，第150页。

化的思想和纷繁复杂的现实。多元化并不是无原则性地全盘接收，而是要做到理性多元化，要说明支持和反对的原因，还要比较其他的选择，尽可能地本着中立的态度，从客观的角度进行分析和辨别，对多元文化做出理性的解释和判断。[①] 这种理性多元化不但是文化需要，更是公民社会需要，世界公民社会的需要。

3. 多元文化认同

多元文化公民教育理论认为学校教育要培养学生的多元文化认同，主要体现在以下环节：

（1）促进社会公平与机会均等。在教育中处处体现公平公正，多元文化公民教育主张来自不同文化背景的儿童都有均等的学习机会，并得到同等的公平对待，而不会因为文化、语言、民族、种族、性别等不同身份而致使教育权利、受教育机会丧失或受损，致使在受教育过程中受到不公正的对待。

（2）在教育过程中关注每一个公民，兼顾来自弱势群体的声音。在政策上给予适当的倾斜，保障这些被边缘化的弱势群体的公民权，赋予他们更多的特权用以改变这些弱势群体的处境；还需要在教育内容上做出调整，增添有关弱势群体的内容，唤起民众对社会弱势群体的关注，只有这样才能在制度上、观念上，以及现实中消除歧视、消除不公平。

（3）培养多层次的差异认同感。既要培养公民对国家的认同感，也要关注公民的族群认同等，培养学生对不同群体文化习惯和生活方式的接受度和认同度以及对待不同事物的宽容性。多元文化公民教育追求的理想目标是促进文化多样性，减少偏见，了解自己所属文化的同时，可以容忍、尊重其他的文化群体。

（三）多元文化公民教育模式

基于其主张，多元文化公民教育理论在教育目标、内容、手段等方面有自己独特的教育模式。[②]

---

① 陈乐民、史博德：《对话欧洲：公民社会与启蒙精神》，生活·读书·新知三联书店2009年版，第63页。

② 张立新：《全球化背景下公民教育研究的新视野——对中国课程与教学的启示》，《外国教育研究》2007年第10期。

（1）教育目标上，多元文化公民教育培养的是具有包容特质的公民，具有宽容的待人态度，愿意与他人分享不同的价值观念，具有多元的价值取向，反对一元的理念和价值观。其主要思想为，一个合格的公民具有两方面的特质，他既要能良好地适应主流价值观和意识形态，也要尊重和适应少数民族和其他亚文化团体的价值观和意识形态。其次，多元文化公民教育不仅要培养国家公民，更要培养具有全球视野，尊重、包容各民族文化特点，具备全球事务处理能力的世界公民。在全球化浪潮下，国家需要在应对外来文化的冲击的同时保留本民族的特性，在兼顾民族性的同时培养全球公民意识。因此，多元文化公民教育要求一个公民不仅认同自己的国家，而且能够超越本国文化，建立一种全球认同。

（2）教育内容上，注重培养学生对当前多元文化的社会现状的理解和接受能力，对多元文化的尊重和宽容能力。重视培养多元公民身份认同的内容，培养学生对地方、社区、省份、国家、世界多个层面的归属感以及多元公民身份的认同感。具体学习内容包括：学习本民族及其他民族的语言和文化、价值观、历史以及现实；了解不同族群在国家建设与发展过程中所做的贡献；了解世界其他民族在政治、经济、文化、教育等领域的状况，了解自己与他人之间的联系；关注特殊群体和弱势群体的权利诉求和文化主张，诸如女性群体、低收入家庭、单亲家庭、少数民族族裔等群体的诉求，[①] 培养学生的全球意识和跨文化适应与沟通能力。

（3）教育途径上，注重实践，强调在与不同文化背景、不同社会群体以及同学之间的交往中，培养学生相互尊重、理解、处理文化差异甚至文化冲突的能力。在教学方法上，最大可能保持文化价值中立，教师不应在教学过程中表露出偏爱某种文化价值而影响学生的选择，要尽可能地维护并促进社会的多元价值。

多元文化公民理论认为公民教育应当尤其关注以下几点[②]：

（1）正确对待差异。多元文化主义者认为“差异”是一种相同的

① Alan M. Sears and Andrew S. Hughes, “Citizenship Education and Current Educational Reform”, *Canadian Journal of Education*, Vol. 21, No. 2, 1996, pp. 123 - 142.

② 胡艳蓓：《当代西方公民教育思潮述评》，《国外社会科学》2002 年第 4 期。

认同，而且差异性是相对的，不代表完全、绝对的差异。重要的是如何正确地对待差异，承认不同文化的差异，并平等、公正地对待差异。因此，多元文化教育采取多元认同的方式，鼓励各族群成员产生对本族群文化的认同，不强求族群间认同的统一化。[①]

（2）相互尊重的公民教育。传递尊重文化差异的民主价值观，使学生能够包容和尊重文化的差异和价值多元，培养学生跨文化的适应能力，对少数民族以及弱势群体独特的文化予以肯定和尊重，承认民族之间的差异，帮助社会中的多样文化的延续。

（3）处理多元文化冲突的能力。公民教育除了使学生学会尊重不同的文化之外，也应当培养学生容忍其他与自己不同的人以及与其他人共同工作的能力，面对及处理冲突的能力以及培养对资源分配的公正和公平观念。[②]

二　多向度公民教育理论

多向度公民教育理论起源于21世纪初的美国和英国，对西方社会的公民教育实践产生了重要的影响。作为一个全新的公民教育理论，它将公民身份划分成多个向度，并以此为框架指导公民教育实践，为现代公民教育提供了崭新的视角和思想资源。该理论针对全球化社会中公民身份复杂化、社会问题全球化等一系列新时代背景下产生的现实问题，希望借由多向度的公民身份划分解决传统的单一国家或民族的公民身份及其教育问题，从而应对全球化对公民身份以及公民教育所产生的诸多挑战。

（一）多向度公民教育理论产生的背景

多向度公民教育理论诞生于全球化浪潮的背景下。20世纪80年代以来，全球化极大地影响着人类社会生活的各个领域：一方面，全球化极大地推动了人类社会的进步，为世界各国经济、政治、文化、教育等各个领域的发展提供了机遇；另一方面，也带来了诸多挑战，尤其给公

① 章玉琴：《多元文化论公民观及其公民教育观的探究》，《公民训育学报》1998年第8期。

② ［加］威尔·金利卡：《多元文化的公民身份——一种自由主义的少数群体权利理论》，马莉、张昌耀译，中央民族大学出版社2009年版，第249页。

民身份、公民行为及公民教育带来了前所未有的挑战。

1. 全球化带来的国家界限模糊对公民身份的挑战

一直以来，公民身份与公民教育都与国籍和民族国家直接相关，传统的公民身份根据其国家的国籍来定义。但随着全球化进程的加速，这种传统的定义方式开始受到极大的挑战。在全球化的影响下，超越国家的组织机构纷纷出现，跨政府组织、区域性机构、非政府组织、跨国公司等组织形式纷纷涌现，颠覆了传统的以国家、民族为单位的组织形态。与此同时，跨国界、跨种族的移民大潮也使得一些国家原本单一的人口结构开始变得复杂，很多人持有多国国籍。迄今为止，全球已有70多个国家承认双重国籍身份，美国、英国等国家因为双重国籍的制度出现了公民争取同时享有多国公民身份权利的现象。这些都直接影响到公民对自己国民身份的认同感和归属感。国家不再是唯一合法的政治活动的组织者，也不再是决定公民身份资格的主导者。[①] 对此，学者们开始思考主权国家的重要性，思考在兼顾尊重公民的跨文化背景以及多元公民身份的情况下，如何界定公民身份资格，如何维系公民对国家的认同感和归属感。

2. 全球性资源危机对公民行为的挑战

全球性的资源危机给公民责任和行为带来了挑战。在强调生产和消费的工业社会里，随着不断加快的城市化和工业化进程，人们对地球资源的无限索求，造成了资源耗尽、气候恶化、环境污染等后果，人们更多地强调公民对物质的占有权利，而忽视其对生存环境应尽的公民义务。[②] 尽管全球化背景要求我们更多地从“全球化”角度思考问题，但是面对各种的全球问题以及地球上有限的资源，各个国家做决策时往往只考虑自身的眼前利益。面对竞争日益激烈的市场，谁也不愿意自己在国际竞争中处于劣势，更不想看到本国的利益受到损害，各国都以自己的利益为出发点做决策，而舍弃地球的自然生态和人类的可持续发展。

3. 全球化对公民教育的挑战

全球经济一体化加剧了国与国间教育的市场化竞争，教育的功利和盈

---

① Graham Pike, “Citizenship Education in Global Context”, *Brock Education*, Vol. 17, No. 1, January 2008, pp. 38 – 49.

② Ibid..

利目的变得更为明显和直接。在教育市场化和商业化的驱动下，学校、学生及家长不再是传统的教育者和学习者的关系，而更像是商家对待一个消费者，学校管理者考虑的是学校如何生存，甚至如何盈利，学生和家长考虑的是自己的教育投资能否应对劳动力市场的竞争，能否为自己的未来生活带来回报和收益。在效益、效率、竞争的驱动下，人们本着功利的心态求学，什么有用学什么，什么赚钱学什么。公民教育在很大程度上已经远离了最初公共领域和公益观念的宗旨，公民教育的道德伦理功能减弱，公民教育内容缺乏人文性关怀，对全球化、国际化的照应更是明显不足，无力引导学生积极应对和解决他们日常生活中遇到的困境和难题。

为了应对上述的种种挑战，很多学者对公民身份及公民教育提出了具体建议。如建议由培养国家公民向培养世界公民过渡，甚至简单地用世界公民取代国家公民；或是建议培养区域性公民身份，如欧盟的欧洲公民身份；或是地区或组织的公民身份等。这些建议虽各有侧重，却都仅从单一向度上界定公民身份、思考公民教育的问题，顾此失彼，削弱了国家公民教育的重要性。

在这样的时代背景下，以美国学者约翰·科根（John Cogan）为代表，包括美国学者帕特丽夏·库伯（Patricia Kubow）、大卫·格罗斯曼（David Grossman），英国学者雷·戴瑞克特（Ray Derricott）以及日本学者二宫章（Akira Ninomiya）等多国学者提出了多向度公民教育主张。以科根为首，与其他 25 位多国专家共同参与了“公民教育政策研究”项目（Citizenship Education Policy Study Project，CEPS），历时 4 年调研了 9 个不同国家的公民教育现状，发表了《多向度公民身份：21 世纪的教育政策》，并在报告中提出了新的公民教育理论——多向度公民教育理论[①]。这些学者试图通过运用多向度公民教育理论来应对全球化对传统公民身份及公民教育带来的各种挑战，借此重新认识地球公民的责任，改革传统的公民教育实践。

（二）多向度公民教育理论的框架

多向度公民教育理论认为，公民身份具有多向度性，一个公民可能同

① John J. Cogan, *Multidimensional Citizenship: Educational Policy for the 21st Century: An Executive Summary of the Citizenship Education Policy Study Project*, Minneapolis: University of Minnesota, 1997, p. 15.

时具备多种身份。该理论将公民身份界定为个人身份、群体身份、历史身份和地理身份四种。这种全新的公民身份划分不再受国家国籍的限制，不再拘泥于历史界限，而是把公民身份放在一个更大的环境中重新定义，对公民的个体身份、社会身份、国家身份、民族身份以及世界身份有着更深刻的理解。在上述四种公民身份照应下，公民教育应该从与之对应个人（personal）向度、社会（social）向度、时间（temporal）向度以及空间（spatial）向度这四个方面来展开（见图2－2）。科根在其研究报告中分别阐述了多向度公民教育理论中四个向度各自侧重的教育目标。①

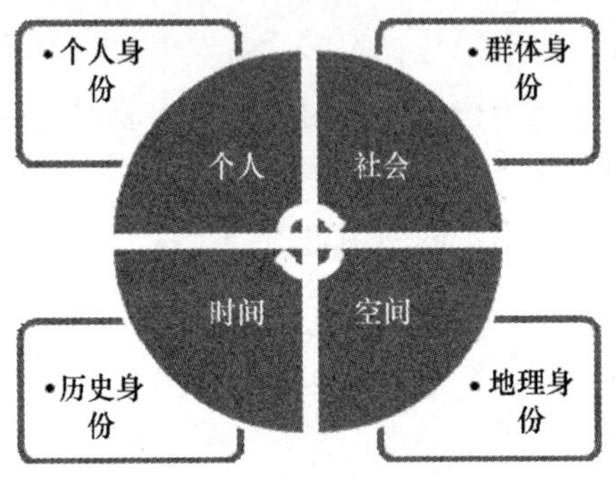

图2－2　多向度公民教育理论结构

1. 个人向度（The Personal Dimension）

多向度公民教育理论要求个体公民成为社会正义的积极主体。公民必须提高自己的主体意识，增强自己的公共理性思考能力，培养批判性思维方式；清晰公民的权利和义务，清楚各类法律法规，增强法律意识；提高对不同文化的敏感度，提高合作能力和解决问题及冲突的能力；改变生活方式，增强环保意识；积极参与社会公共生活等。要实现以上的个人向度目标，每个个体公民必须遵守公民的准则并以此监督自己。

2. 社会向度（The Social Dimension）

社会向度是从公民的群体性、社会性角度出发，侧重公民在社会中与其他成员一起生活、工作的能力。认为公民身份位于群体内部，不能

① John J. Cogan，Multidimensional Citizenship：A Conceptual Policy Model，2000（http：//www. docin. com/p－382474123. html）.

脱离群体而独立存在。公民必须要有能力参与公共生活，能够解决他们面对的问题，对与自身意见不同的其他公民，能够在尊重他人的前提下达成一致，善于沟通，能够理性处理矛盾与冲突。参与社会公共生活是公民社会向度的重要体现，参与政党、选举投票等仅仅是社会参与的一部分。当今社会，公民需要将社会参与范围延伸到更为复杂的政治、经济、社会、文化等各个领域。

3. 时间向度（The Temporal Dimension）

多向度公民教育理论的时间向度主张公民在解决现实社会问题时不应受时间的局限，只把目光过分局限于眼前而忽略曾经的历史和对未来的影响。作为公民，我们需要通过了解自身的历史和世界的历史产生对个人、对国家、对世界的认同感。提出时间向度的公民教育其目的在于避免不考虑长期效应的短期决策而造成的不良后果。在做决策时要认识到现在的行为会影响到未来，坚持可持续发展的理念，超越时间的局限理性思考，解决现实问题。

4. 空间向度（The Spatial Dimension）

在全球一体化的环境中，科技、交流、贸易和移民等多种原因密切了来自不同国家、不同种族、不同文化的人们彼此之间的联系。整个地球是一个相互依存的整体，作为生活在地球上的人类，每个公民要清楚地意识到自己既是本地社区中的一员，也是区域的、国家的、世界的一员，认同自己的多重社区成员身份。

个人向度、社会向度、时间向度和空间向度这四个向度虽然各有侧重，但这四个向度是一个密不可分的整体，彼此相互关联，相互转化，互为补充。公民教育需要同时体现这四个向度，才不会顾此失彼，有所偏颇。公民教育的内容必须体现公民的多向度身份，涵盖本地、本国和世界的相关内容。如此，现代公民的多向度身份才能得到凸显，公民教育才能培养出适应时代发展的多向度的合格公民。

（三）多向度公民教育理论的实践模式

多向度公民教育理论认为，公民教育要从个人、社会、空间、时间四个向度上开展教育实践，每个向度的教育实践各有侧重，但彼此之间又互为补充。

1. 强调培养公民意识的个人向度公民教育实践

个人向度的公民教育目标尤其注重公民意识的培养，认为提高公民意识是实现公民个人向度的核心。其公民教育的具体目标包括：具有现代公民所必需的公民意识，具备作为国家一员、地球村一员处理解决各种现实问题的能力；能够与他人合作，实现跨文化沟通，和平处理各种冲突；担负自己在社会中的责任；具有环保意识；尊重和捍卫人权；有意愿主动参与各个层面的社会生活。①

在公民教育内容方面，扩大公民教育的学科范围，加大公民教育的辐射力度。在公民教育中融入多种学科交叉的主题，广泛涉及政治教育、法律教育、环境教育、多元文化教育、国际理解教育等多个领域，同时将公民教育内容渗透在多门学科中，扩展到自然学科、语言课程等学科领域。② 为学生提供系统、丰富的学科内容，将公民教育渗透在多个学科课程中，帮助学生了解不同情境下自己作为一个公民应有的权利和义务。个人向度的公民教育内容重点包括三个方面：形成公民态度和信仰基础的价值观教育；为参与公民生活传授公民知识和技能的公民教育；倡导可持续发展理念的环境教育。③

在公民教育实践的策略上，注重通过实践的方式开展公民教育。强调为学生提供更多参与社会生活实践的机会，为学生提供广阔的公民实践空间，在实践过程中培养公民意识，提高公民参与社会生活的责任感。在教学上，鼓励学生通过公民实践学习、讨论、反思自己参与公民生活的经历，审视自己的公民行为。不赞成采取传统的教学方式，让学生学习书本中罗列的价值观、道德行为规范，这样获得的公民知识只是一条条死记硬背的条文，无法内化成公民的价值认同或外化为主动的公民行为，毫无意义。公民教育要有效地促使学生们积极地参与到从书本知识到课外实践的多层面学习过程中，为他们个人自主权的发展创造条件，这就要求在教育实践中赋予学生自主权，给予学生自我反省、自我选择的机会，树立牢固的民主法治观念、权利本位意识和自由平等精

---

① John J. Cogan, *Multidimensional Citizenship*: *Educational Policy for the 21st Century*: *An Executive Summary of the Citizenship Education Policy Study Project*, Minneapolis: University of Minnesota, 1997, p. 15.

② John J. Cogan, Multidimensional Citizenship: A Conceptual Policy Model, 2000 (http: //www. docin. com/p - 382474123. html).

③ David Grossman, The Global and the Local in Partnership: Innovative Approaches to Citizenship Education, Paper presented at UNESCO-ACEID International Conference on Education, 2000 (http: //www. unevoc. unesco. org/fileadmin/user_ upload/pubs/SD_ RapportFinal. pdf).

神，形成公共理性精神的正义价值观。在具体实践策略上可以考虑将公民教育的学习迁移到学生实际生活环境中，用以解决当下的问题。比如，在学校的日常生活过程中，从各种日常环保物品的使用，到校园里的垃圾分类回收设施，处处体现环保的理念，使学校成为实践环保理念、解决环境问题的模范场所，以此不仅培养了学生的环保意识，更是将环保理念渗入日常的环保行为中。公民教育不只是让学生学习一些公民权利和义务的知识，其关键是让他们可以通过课堂上相关内容的学习，思考实际生活中的问题，应用到日常公共生活的实践中，从中体验日常生活中可能产生重要影响的事件，甚至迁移至更广的背景中。

2. 提供循环互动实践场所的社会向度公民教育实践

社会向度的公民教育实践主要是对公民教育实践的组织机构及实践场所的整合和实践运作模式。该理论倡导要尽可能地吸纳一切社会力量共同参与到学校的公民教育课程体系中，形成一个以学校为核心，多种社会力量共同参与合作的教育实践模式。学校自身能为学生提供的实践机会和实践范围有限，无法独立完成帮助学生建立社会群体身份，培养学生社会向度的任务，公民教育需要被放置在更大的环境内，有更多社会力量的参与。家庭、社会以及各类组织机构等一切社会力量都要进来，广泛参与其中，为学生提供更多参与社会的机会。

首先，学校是公民实践的首要组织机构及核心场所，是学生学到公民理论知识后最先进行实践的场所，承担重要的公民教育任务。学校不仅要为学生提供公民教育课程，也要成为实践公民教育的模范社区。[①]其一，学校里开设的公民教育课程应该是实践性的行动型课程。公民教育课程不仅教授学生公民品质，更要着重培养各种公民参与能力，从课程类型、教学方式、教学理念、课堂氛围等各个层面为学生创造参与实践的机会。公民教育课程重视培养理性的、批判性的思考方式，捍卫公民的权利，尊重、欣赏和宽容各种观点的态度，对多元文化的欣赏和宽容，从全球化角度看问题的能力，养成环保的习惯以及参与不同层面公

① John J. Cogan，Multidimensional Citizenship：A Conceptual Policy Model，2000（http：//www. docin. com/p－382474123. html）.

共事务的愿望和能力。① 其二，整合学校的所有力量，通过政策、管理、人员、课程、评估、校风等各个层面的通力配合，将学校打造成公民实践的模范社区。在学校这个微型社会中，学生在学校参与的课堂讨论、小组合作、学生干部选举、校内活动等各种公民实践，都将为其日后参与社会公共生活提供经验支持。

其次，社会向度的公民教育实践还需要更多社会力量的参与，扩宽公民实践的范围。家庭、社区以及各类社会组织（如非政府性公益组织）等各类组织机构都要参与进来与学校合作，形成“学校—家庭—社区—社会组织”循环互动的课程模式。在这个模式中，学校、家庭、社区和社会组织都是学生学习并实践公民教育的场所。这四个场所各有侧重，优势互补，构成一个动态的实践体系，学生可以从学校、家庭、社区及各类 NGO 中获得不同的实践机会和经历，从不同侧面了解到目前社会的现状及存在问题，并有机会把思考的广度放得更远。

社会向度的公民教育互动课程模式的顺利实施离不开学校教育、社会力量，以及公民参与机制等多个层面的支持，努力为学生创造参与学校和社会生活的机会，鼓励学生在参与过程中体会公共问题的复杂性，进而培养其归属感、责任感等公共精神和公共美德。② 在具体方式方法上，以学生为中心，允许学生在参与实践过程中拥有话语权，通过实践活动鼓励学生积极参与能引发小组思考的活动，发展其理性判断思维能力，鼓励学生参与社会变革和追求社会正义的权利。

3. 联系历史与未来的时间向度公民教育实践

时间向度的公民教育实践强调公民对历史的尊重，汲取经过历史沉淀的精髓，通过反思历史，以古鉴今。重视历史认同对一个公民、一个国家的重要作用。在教学内容上侧重对本国历史、文化和语言的学习，注重本国传统、民族文化和民族精神的传承。实践向度的公民教育鼓励在教育过程中不断回顾历史，保留历史的记忆，加深各民族历史的了解，增进各民族之间的彼此了解。只有对自身的文化、语言、历史等产

① John J. Cogan, Multidimensional Citizenship: A Conceptual Policy Model, 2000 (http://www.docin.com/p-382474123.html).

② ［加］乔治·H. 理查森、大卫·W. 布莱兹编：《质疑公民教育的准则》，郭洋生、邓海译，教育科学出版社2009年版，第123—131页。

生认同，形成作为国家一员的自尊心和自豪感，从而也能衍生出对其他国家、民族的承认与尊重，这样才能培养出具有历史认同感的公民。

时间向度的公民教育强调可持续发展的理念。人类的共同可持续发展是世界发展的大目标，是国际治理过程中解决各种全球性问题的重要指导思想。在这样的背景下，与这一理念息息相关的和平教育和环境教育等都成为公民教育的重要内容。可持续发展的理念倡导人类与自然和谐相处，呼吁珍惜全人类的共有资源，在制定各项法律法规、出台经济政策、处理社会问题等公共决策时，能够充分考虑有利于人类长期利益发展的因素而做决策，可持续地为后代提供良好的生存发展空间。

4. 形成超国界认同的空间向度公民教育实践

空间向度的公民教育实践的主要目标是培养适应全球化发展的公民，学会与不同文化、不同价值取向的人共同生活，和谐发展。目前人类所面对的很多问题都已经超出了国家的范围，例如，艾滋病蔓延、环境污染、地区性冲突等问题已不再是仅依靠某个国家的力量就可以解决的，需要全世界人类的通力合作，需要各个国家互相合作进行国际治理。但要实现这一目标并不容易，目前主权国家仍然是最普遍的组织形式，国际上的交往仍然主要依靠和使用传统民族国家的操作方式，各国政策的制定都本着以本国利益最大化为出发点，在很多问题上，各民族国家并不愿意完全放弃自身的利益而谋求全人类的幸福。从理论上讲，多向度公民教育理论的空间向度打破了公民在地域上、国籍上的限制，使世界公民身份的实现成为可能，能够帮助公民形成双重甚至多重的身份认同，使公民在复杂又相互依存的世界里清楚自己的位置，认识到自己不仅是某一国家或民族群体中的一员，还是整个人类群体中的一员。

空间向度的公民教育实践在具体操作上主要体现在两个方面：

(1) 扩大"忠"的外延，把对集体的忠诚、对国家的忠诚扩大到对世界的忠诚，培养学生的世界公民品质。这种对世界的忠诚体现在，清楚每个公民在决定未来地球的持续发展所起的作用，面对破坏全人类、全球持续健康发展的行为，能够承担作为全球一员应有的责任。①

① Graham Pike, "Citizenship Education in Global Context", *Brock Education*, Vol. 17, No. 1, January 2008, pp. 38 – 49.

（2）扩大实践参与的范围，开展跨越地区、跨国家范围的实践活动。加强公民教育实践的国际合作，组织跨地区、跨国界的学校公民教育合作项目①。为学生创造国际交流的机会，鼓励学生走出校园，参与各类国际志愿者活动。国际公民教育合作以及国际公民实践活动为跨文化交流、换位思考提供了难得的机会。在参与解决国际问题的过程中，学生很快地以自己所属国家成员的身份并以世界一员的身份采取社会行动，实现每个人都投身于解决人类面临的共同问题的行动中的目标。国际公民教育合作为学生提供了一个参与全球公民生活的重要机会。②

多向度公民教育理论认为，公民教育是联系个人与社会的终生教育，贯穿公民的一生。在公民教育过程中，统筹四个向度的公民教育实践，本着世界性和世纪性的视野，培养出一代代能够走进世界历史并推动世界历史发展的主体。③

三　世界公民教育理论

“世界公民”教育理论主要围绕世界公民应具备哪些素质，如何培养世界公民等问题进行探讨，并形成了一系列的理论观点。世界公民教育理论由来已久，历史上很多哲学家、社会学家，如康德、哈贝马斯、贝克（Ulrich Beck）、阿皮亚（Kwame Anthony Appiah）等学者都是这一理论的支持者，并从不同的理论层面阐述了各自的世界公民教育观点。④ 至20世纪90年代，世界公民教育理论已经成为世界上许多国家改革本国公民教育课程的重要理论依据。其中，美国的玛莎·纳斯鲍姆（Martha Nussbaum）和德国的奥特弗利德·赫费（Otfried

---

① 如日本——加拿大阿尔伯塔科学/社会科学教育改革项目（JASPER），是由日本静冈县和加拿大阿尔伯塔两个地区的学校共同合作研究世界公民教育的长期研究项目。参见［加］乔治·H. 理查森、大卫·W. 布莱兹编《质疑公民教育的准则》，郭洋生、邓海译，教育科学出版社2009年版，第127—129页。

② ［加］乔治·H. 理查森、大卫·W. 布莱兹编：《质疑公民教育的准则》，郭洋生、邓海译，教育科学出版社2009年版，第123—131页。

③ 鲁洁：《走向世界历史的人——论人的转型与教育》，《教育研究》1999年第11期。

④ 参见［德］康德《历史理性批判文集》，何兆武译，商务印书馆1997年版。彭霄：《全球化、民族国家与世界公民社会——哈贝马斯国际政治思想述评》，《欧洲研究》2004年第1期。乌尔里希·贝克：《什么是世界主义?》，《马克思主义与现实》2008年第2期。［美］奎迈·安东尼·阿皮亚：《世界主义——陌生人世界里的道德规范》，苗华建译，中央编译出版社2012年版。

Höffe)，这两位学者对世界公民身份的界定，对培养世界公民的公民教育内容、方式、途径等都做了全面而深入的阐释，具有重要的指导意义。

（一）玛莎·纳斯鲍姆的世界公民教育理论

玛莎·纳斯鲍姆“新斯多葛派”的政治和道德哲学家，她从人性的角度出发提出了一套系统的世界公民教育理论。

1. 对“世界公民”身份的看法

纳斯鲍姆认为“世界公民”可以从两个角度来理解：一个是从坚决的、激进的世界公民角度来理解，认为理想的世界公民是那些首先忠于全世界人类，而把自己的国家、地区以及所属群体放在次要位置的人；另一个则对世界公民的要求较为宽松，认为世界公民对于优先忠于谁可以有多种选择，但必须清楚地认识到人类生命的重要性，认识到人类共同的能力和面临的问题将世界人民紧密地联系在一起。

她非常强调公民的世界公民身份，甚至强调应该把对国家和民族的忠诚转移到全人类，她认为人们首先是世界公民，其次才是国家公民或民族的公民。尽管纳斯鲍姆的观点非常激进，但她并不要求人们为成为世界公民而放弃国家公民或民族公民的身份，而认为世界公民身份是公民身份的一种丰富和延伸。纳斯鲍姆把世界公民放在首位的原因在于，她认为我们首先要牢记我们内心普遍存在的人性的基础以及更为重要的共同基础——人类社会，这才是人类的归属，同时将世界公民身份置于首位也可以避免国家间、民族间、党派间为了一己私利而做出损害彼此的狭隘行为。

2. 世界公民教育的目标

纳斯鲍姆认为世界公民教育必须与人性的培养紧密结合在一起，并总结出当今世界公民应具备的三种能力，指出世界公民教育要培养学生具备这三种能力。①

（1）批判自省的能力。纳斯鲍姆继承了苏格拉底“省察人生”（examined life）的思想，认为人们不能简单地将世代相传的传统或习俗

① Martha Nussbaum, *Cultivating Humanity: A Classical Defense of Reform in Liberal Education*, Massachusetts: Harvard University Press, 1997, pp. 9 – 11.

认为是权威，照单全收地接受它们，甚至是无条件地相信它们，从没想过要质疑这些“权威”，而是要接受那些经检验被证实具有统一性并正当的信仰。要具有这种批判反省的能力就需要培养学生的理性判断能力，以此检验谁的话值得推敲、真实准确、判断无误。

（2）将自己视为世界一分子（人类一员）的能力。纳斯鲍姆指出，公民不仅要能看到自己是本地区或本群体的一分子，同时也要看到自己因为认识和关注而与其他的人类紧密联系在一起。我们生活的世界已经完全全球化，从经济到农业、从环境到饥饿问题，要求我们不能再把自己局限在对本地区的忠心上，而是要放眼世界，考虑这世界上其他人的生活。尽管如此，我们很容易把自己放在一个群体里，而把自己作为人类放在最后。我们往往忽视自己与生活在其他地方的公民或是跟我们不尽相同的公民之间的联系。纳斯鲍姆认为在当前这个复杂又彼此密切关联的世界，需要培养我们的人性，认识到尽管情况不同却有共同的需求和目标。这就要求学生学习到足够丰富的知识，了解不同的国家、不同的文化、不同的社会群体等。

（3）叙事想象的能力。是指对他人感同身受的能力，能够清晰地领会他人的故事，并理解他人的情感、愿望及需求。这种能力不是不加批判的。因为我们遇到其他人的故事时，我们总是习惯性地从自己的角度或是带上自己的评判来看待这个故事。因此，纳斯鲍姆指出当我们从他人的角度去理解世界的时候，必须得是负责任的评判行为。因为，如果我们并不清楚一个人行为的确切目的，或是不了解某个演讲中表述的某个人的过去和社会生活的真正含义，我们就没办法知道我们要做出什么样的评判。

纳斯鲍姆认为以上三种能力是当前社会现状中最为迫切需要、最为重要的能力。但她认为一个优秀的世界公民需要具备的能力并非只有以上三点。她认为科学的理解能力（scientific understanding）同样也非常重要，还有真正的经济学以及社会科学中包含的政治科学、宗教、历史、人类学、社会学、文学、音乐、语言、文化等这些领域中公民需要知道的内容，都是世界公民需要掌握的。

3. 关于世界公民教育的课程

玛莎·纳斯鲍姆认为世界公民教育要通过人文学科的课程来实现，

她认为这种人文学科课程应该具备以下几个特点。[①]

（1）世界公民教育必须是一种多元文化的教育。世界公民教育需要学生学习很多不同群体的历史和文化，包括主要的宗教和世界各个文化群体（民族的、种族的、弱势群体）。这些内容可以分散在语言、历史、宗教研究、哲学等课程里学习，认识到文化的不同及尊重他人是公民之间对话的基础。尽管纳斯鲍姆很清楚没有任何一种人文学科课程可以让学生面面俱到地了解整个世界，但至少可以就学生不熟悉的文化传统、自身认识的局限性为学生提供很大的帮助。

（2）课程内容上要注重学生对本地区的了解，不可顾此失彼。纳斯鲍姆认为尽管是在培养世界公民，但仍然要花费很多时间和精力关注本地区的情况，使学生来了解自己所在的区域和自己的历史，因为那里才是他们将来必须要参与公民社会生活的区域范围。尽管学生需要了解多种文化历史，但这绝不意味着是向学生绝对平均地传授各种不同的历史和文化。纳斯鲍姆认为这种平均主义只会带来肤浅的结果，使学生没法深入了解本地区的情况，这对他们将来参与公民生活毫无贡献。参照纳斯鲍姆的观点，就中国而言，不同层级的教育，包括高等教育，在学习其他种族、其他民族文化和历史的同时，更应该着重强调中国的古老历史和文化传统以及东方的政治哲学，而不能顾此失彼，本末倒置。

（3）教材内容要清晰地向学生展示本国的文化和历史是世界中的一部分。世界公民教育的教材应该向学生介绍世界上主要的传统思想、文化和历史，让他们意识到他们还有很多重要的知识需要学习，并让学生认识到自己的文化历史是整个世界璀璨文化历史的一部分。就中国而言，需要有教材系统地介绍东方的哲学、文化和历史，并清晰明了地展示出这些传统与世界上其他的传统有何不同。同时纳斯鲍姆也强调，在介绍本国优秀传统的同时，必须要把这一内容放在整个世界的大框架中来介绍，只有这样才有助于培养不忘本的世界公民。

（4）世界公民教育需要尽早开展。纳斯鲍姆认为儿童能够听懂故事的时候，就应该开始进行世界公民的教育。在学校教育阶段，她认为世界公民教育课程应该从小学一年级开始，这样，等学生进入大学阶

① Martha Nussbaum, *Cultivating Humanity: A classical Defense of Reform in Liberal Education*, Massachusetts: Harvard University Press, 1997, pp. 68 – 69.

段，就有能力深刻地理解课程上所学的有关人类多样性的内容。

(5) 介绍外国及少数民族的文化，培养学生对其他文化的理解。通过学习外国以及少数族群的文化，让学生了解如何尊重理解他人。这种尊重和理解不仅是认识到彼此之间文化的不同、历史的不同，而且要认识到人类存在着共有的权利、期望以及存在的共同问题。世界公民必须要培养面对其他文化、其他种族、其他民族等做到“同情的理解”(sympathetic understanding)。

纳斯鲍姆认为建构世界公民教育的课程体系涉及诸多方面：课程的基本框架必须体现“多元文化”的特征；整个课程体系要注入多角度的视角；重点开发与人类多样性有关的选修课程并加强外语教学。

玛莎·纳斯鲍姆的世界公民教育思想对公民教育思想以及公民教育实践都具有极大的推动作用。尽管很多学者批判纳斯鲍姆对世界公民身份地位的理解过于理想化，其用人文学科课程来塑造世界公民教育的想法缺乏大规模操作的现实可行性，但她从人性教育角度揭示大众作为世界公民的身份得到了广泛的认可，并且，在她的大力推动下，美国诸多大学保留或增开人文学科课程，其推崇的多元文化教育课程也越来越受重视，成为实施公民教育的一个重要途径。

(二) 奥特弗利德·赫费的世界公民教育理论

奥特弗利德·赫费是德国当代深具影响的哲学家，他从政治学和哲学的角度对全球化时代面临的一些实际问题做了深入的分析和思考，并在此基础上提出了一系列的世界公民理论。虽然赫费并非教育家，但他从道德伦理的角度以及培养途径等方面对世界公民理论进行的阐述，对世界公民教育理论与实践产生了重要的影响。

1. 赫费的世界公民观

赫费认为全球化时代引起了当今的众多变化，有机遇也有困难，都需要一种“全球性的行动”来应对，而这种全球性的行动需求最终要落在“世界公民”的身上。[①] 要求人们不能仅关心满足一个集体（国家）的利益，而是要关心自己所生活的世界以及世界公民的价值。

赫费认为现代公民存在三种形态。第一种是经济公民，关注收益，

---

① ［德］奥特弗利德·赫费：《经济公民、国家公民和世界公民》，沈国琴、尤岚岚、励洁丹译，上海译文出版社2012年版，第1—3页。

需要自己养活自己，是公民自我负责的体现和自我实现的需要[①]。第二种是政治公民，即国家公民。这类公民是国籍法意义上的公民，强调积极参与集体生活，关注一个集体的繁荣。第一种公民和第二种公民在很多时候是排他的，需要做出选择，比如，经济公民寻求最有利于个人的权益，而国家公民却希望在经济上创造出越来越多的剩余价值作为税收为国家公共事务提供资金，这势必就减少了个人的利益。而第三种则是世界公民，既非经济的也非政治的，不再是一种抉择，而是解决世界性问题的最终行动需求，是公民之间彼此相互补充，互惠互利的关系。[②]

赫费认为存在四类主体形式的"世界公民"，其中前两类是作为自然人意义上的世界公民，后两类是作为集体范畴上的世界公民。第一类是"排他的世界公民"。这类世界公民只承认自己作为世界公民的身份，认为自己只是一个世界公民，而不是某一国的人。赫费认为这类世界公民对世界的分量判断错误。第二类是"开放型的世界公民"，也被称为"世界—国家公民"。这类世界公民并不排斥国家国民的身份，他们认为自己所在的共同体很重要，也包括自己所在的大区域，但并不认为自己的身份限定就仅限于此。这类公民采用开放的态度看待国家与世界的关系，把公共意识和公共道德首先集中在自己生活的共同体中，再不断地扩展，最后扩展到世界范围。第三类是作为一个"群体的世界公民"。赫费特别强调这里的"群体"并非指单个国家，而是以开放的国家形式面向更大的政治集体（比如欧盟），在一个更大范围内参与超国家间的事物，最终是世界主义的集体范围，建立一个全球化的公民共同体。第四类是在世界范围内运作的跨国企业。这些跨国公司在生产投资过程中以世界公民的身份获得利益，同时又不放弃自己的根据地（自己的国家/家乡），因此，它们也具有类似世界公民的特质。[③]

2. 世界公民道德

赫费认为世界公民道德是持续保持良性健康世界秩序的关键，并且

① ［德］奥特弗利德·赫费：《经济公民、国家公民和世界公民》，沈国琴、尤岚岚、励洁丹译，上海译文出版社2012年版，第11—21页。

② 同上书，第3页。

③ 同上书，第153—155页。

他指出世界公民应该具有两种意识，一种是国际法的意识，另一种是世界公民意识或者称为世界共同意识。

（1）国际法的意识，即遵守国际法，忠诚和服从世界法的秩序。他认为法律意识是一个公民最基本的素质，国际法是维护世界的法律，公民对国际法的尊重和遵守为世界秩序注入了公正的意识。① 而国际法中关于人权的原则和民主的原则也很好地规范了世界公民之间的交往，并保护了他们的权益。

（2）世界公民意识和世界共同意识。在全球层面上，"世界—国家"公民参与世界事务的分工合作和问题解决，发挥世界公民的作用。这些世界公民首先拥有一种世界合作的精神，意识到全球性的问题需要人类的共同努力来解决，认识到诸如环境、贫穷、疾病等世界问题对每个世界公民造成的影响，并能承担起世界公民的职责，而不是将这些推给某个单个国家或世界性组织。② 公民的世界意识可以通过一些跨国性的公共福利实践活动培养，比如跨国的学生交换、跨国慈善组织或社会团体活动、国际援助、灾害援助等由个人、学校、非政府组织等自由、自愿参与或组织的。

3. 世界公民教育的途径

赫费认为学校对培养世界公民负有责任，提高世界公民意识需要通过人文科学以及跨文化学习这两个途径来实现。

（1）通过人文科学培养世界公民。赫费认为要培养世界公民，增强公民的世界法意识和世界公民意识，人文科学发挥了极大的作用。他从三个层面论证了人文科学在培养世界公民的重要作用。其一，他认为在全球化时代，人文科学可以向人们传递一个重要信息，那就是人类本性就是求知的，在人文科学中这种属于人类生存的且不包含任何利益的求知欲被放得更大。其二，人文科学具有人文性，显示人类所有的财富，涉及丰富多彩的形式、广阔的范畴。其三，人文科学帮助人们摆脱不成熟的状态，培养了人们独立思考的能力，不依附他人的观点，通过学习形成自己的观点，具备一定的评判能力。赫费认为公民通过人文科

① 沈国琴：《奥特弗利德·赫费的世界公民理论探析》，《西北工业大学学报》（社会科学版）2008 年第 12 期。

② 同上。

学的学习可以掌握五种世界公民必备的能力：认知能力、记忆能力、判断力、回忆公正、定向讨论与意识讨论能力。① 通过对公民这五方面能力的培养，人们不仅能够改变对社会、国家以及世界的态度，也会因此改变对自我的看法。

他认为人文科学可以帮助人们掌握一种判断的方法，可以应对不同的文化，洞悉时代所产生的偏见。他认为人文科学可以帮助公民成为一个具有判断力的人，一个不被表象迷惑、能够洞悉事物本质的人，具备全面深入的洞察能力。

（2）通过跨文化学习培养世界公民。赫费认为培养世界公民，提高公民的世界认同感还需要跨文化的学习，他认为外语的学习、多种文化作品的阅读这两方面的跨文化学习对培养世界公民的重要意义。他认为外语的掌握有助于人们把其他文化同自身文化一样视为权利平等的文化，由此也就拥有了一种不可或缺的、互相认可的开放性态度。另外，他提倡多阅读不同文化的优秀作品，作品中不同文化间的碰撞可以引起人们的思考，帮助人们摆脱固有的狭隘观念，摆脱人们只关注自身文化的做法，通过对异域文化的了解和认识产生坦诚和宽容的态度。②

四　对上述理论的分析及对本书的启示

上述三种公民教育理论存在一定的共性：

（1）重视对本国的了解和认同。多元文化理论指出一个公民首先要了解本国、本民族的文化，尊重并认同自己的文化；多向度公民教育理论注重培养公民的历史认同，对本国传统、民族文化和精神的了解和认同，才有助于形成民族自尊心和自豪感；世界公民教育理论指出要让学生了解自己的文化历史，并认识到这些是世界璀璨文化历史中的一个重要组成部分。

（2）不再将公民身份限制在“国家”的范围内，进一步发展延伸

---

① ［德］奥特弗利德·赫费：《经济公民、国家公民和世界公民》，沈国琴、尤岚岚、励洁丹译，上海译文出版社2012年版，第270—275页。

② 同上书，第275—285页。

了“公民”的身份资格，认为公民还具有世界公民的身份资格。多元文化公民教育理论认为公民具有多元公民身份，多向度公民教育理论则指出公民身份跨越空间的限制，世界公民教育理论更是在世界公民身份的基础上提出来的。

（3）注重养成超越国界的人性和关怀。这三个理论的形成深受全球化的影响，因此在理论观点和教育主张上强调发挥世界公民的作用，注重培养公民的世界视野、对全人类的关怀和全球责任，旨在化解不同文化之间的冲突和矛盾，共同解决国际的问题。

（4）强调实践的作用。多元文化教育理论强调在实践过程中促进多元文化的交流能力；多向度公民教育理论提出了在社会中学习公民知识，提出了多向度的公民实践途径；而世界公民教育理论则强调通过人文学科的学习培养学生的各种公民实践技能。

上述公民教育理论的共性特征为建构公民教育课程的目标、内容和组织形式提供了重要的理论依据。在课程目标培养上不仅要注重国家公民认同的培养，也要兼顾世界公民的身份；在选择和组织课程内容时确保学生掌握本国的政治、社会、历史、文化等情况，拓宽学生的国际视野，加大有关世界多元文化、全球问题、全球治理等方面的内容；在设计课程组织形式时注重发挥实践的作用，强调学生各种公民能力的养成，为学生创造各种参与社会实践的机会。此外，上述三个公民教育理论也各有其特点，从不同侧面为公民教育课程的建构提供了理论指导。

（一）多元文化公民教育理论对本书的启示

多元文化公民教育理论强调公平的理念，认为公民彼此之间的身份是平等的，对教育中的歧视和不公平采取零容忍的态度，认为在教育中不能复制社会的不公平。以多元文化公民教育理论为依据建构义务教育阶段学校公民教育课程，有利于消除课程中存在的歧视问题，消除课程中一切因为性别、工作、阶层等的不同而表现出的歧视。

多元文化公民教育理论强调差异性公民身份，社会中的每个成员都能找到自己归属的某一个共同体或多个共同体，并由此产生多元的差异性的公民认同。多元文化公民教育理论是设置多元公民身份课程目标的理论依据，有助于培养公民的多元文化认同。以多元差异的理念处理中国少数民族群体对本民族文化认同与对中华民族认同之间的关系，不仅尊重少数民族的文化特质，更有利于促进国家的统一、民族的融合。同时，以多元文化公民教育理论为依据选择公民教育内容，有助于培养学生的多元文化认同，形成个人认同、社会认同、国家认同、世界认同的多层次认同。

（二）多向度公民教育理论对本书的启示

多向度公民教育理论是建构公民教育课程目标的重要依据。目前中国义务教育阶段学校培养目标中有关公民培养的目标规定并不合理，具体目标的阐述上缺乏体系性。多向度公民教育理论中有关个人向度、社会向度、空间向度和时间向度的框架，可以解决当前学校培养目标的系统性问题，而且可以兼顾不同向度的具体目标规定。在建构公民教育课程目标体系时，既保证了整体的体系架构，又可以确保最全面地涵盖每个不同层面的目标要求。

（三）世界公民教育理论对本书的启示

世界公民教育理论的提出体现当前整个国际社会对“世界公民”这一新公民身份的关注和重视。世界公民教育理论为公民教育课程的目标规定指明了方向：要重视培养世界公民，培养世界的中国人，同时，也为课程内容的选择和安排提供了指导。

纳斯鲍姆的世界公民教育理论强调一个世界公民必须具备的三种能力，即批判自省的能力、将自己设为世界一分子的能力、叙事想象的能力。这三种能力不仅对培养一个世界公民至关重要，而且应该成为义务教育阶段学校公民教育课程目标规定的重要参考依据。

在培养世界公民的途径上，纳斯鲍姆和赫费都指出了人文学科对培养世界公民的重要作用。这两位学者均认为人文学科可以培养人的人性，促进对不同文化的宽容态度，培养人们独立思考、批判反思的能力，有利于促进社会的正义。纳斯鲍姆指出通过人文学科能够教会学生通过别人的视角看待世界，以旁观者的身份对看到的现象进行反思。这为公民教育课程的内容选择和组织方式提供了参考，在内容设计上最大限度地挖掘各种素材的价值，丰富多彩地展示各种内容形式，杜绝满篇的“大道理”和“说教”，既可以引起学生的兴趣，又有助于培养具有独立反思能力的公民。

第三节　义务教育阶段学生认知及道德发展的理论学说

义务教育阶段的学生通常在7岁到16岁，这一阶段的少年心理发展有其自身的特点，他们的认知能力、道德意识和道德行为的发展都有其独特性。了解义务教育阶段学生的心理发展特点及规律是建构课程的必要基础，有助于把那些在特定年龄阶段可以实现的目标同那些超越该年龄完全不可能达到的目标区别开，科学、合理地构建课程目标、课程内容、课程组织形式。

一　义务教育阶段学生认知发展的特点

奈瑟尔（Ulric Neisser）将认知界定为将感觉输入进行转换、缩减、精细化、存储、提取和运用的加工过程。[①] 认知能力，简单而言，是对感觉输入的加工能力，包括观察力、记忆力、想象力和思维能力等方面。其中，思维能力是认知能力的核心。认知的发展过程中存在关键时期，中国心理学家把儿童认知发展的过程划分为6个关键时期，其中，义务教育阶段占了两个关键时期：6岁左右，以及11岁、12岁（女）或13岁、14岁（男）。[②]

（一）小学生认知发展的特点

1. 小学生观察力发展的特点

小学生的观察能力比较模糊笼统、缺乏系统性。低年级的小学生观察事物时难以快速找到关键和重点，往往不知从何下手，表现为张望或走马观花，缺乏系统性和目的性，观察事物时比较泛化，受兴趣和情绪的影响很大，不能持续很长时间，不能把主要的事物和次要的事物分开，有时常常偏离观察的主要目标。此外，小学生的注意力很难集中，缺乏集中性和稳定性，很容易因其他事物的干扰而转移注意力。在学习抽象的内容时注意力较难集中，注意力的持续时间也较短。专家认为

① John B. Best：《认知心理学》，黄希庭主译，中国轻工业出版社2000年版，第4—5页。

② 曲连坤、傅荣、王玉霞：《第三部分中小学生心理特点与心理健康教育，第一讲中小学生的认知和思维发展特点》，《中小学心理健康教育》2002年第7期。

7—10 岁的儿童只能持续集中注意 20 分钟，集中注意的时间也随着年龄而增长，12 岁以上的儿童可以持续集中注意约 30 分钟。① 所以，安排小学生的学习内容时，必须以儿童的注意力持续时间为依据。

2. 小学生记忆力发展的特点

小学生的记忆方式以机械记忆为主，意义识记开始发展，抽象记忆的能力逐渐开始提高。低年级学生的形象记忆能力明显高于抽象记忆，到了小学高年级，学生的形象记忆和抽象记忆之间的差异逐渐缩小，趋于一致，甚至没有差异。②

3. 小学生想象力发展的特点

小学低年级学生仍以无意想象为主，到了小学中、高年级，学生有意想象的成分大大增加，其精确度也明显提高，想象更富于现实性。年级越高学生的想象就越接近现实。随着他们逐渐积累越来越丰富的经验，加之认知能力随着年龄增长而提高，想象力也逐步提高，其中创造的成分也越来越多。

4. 小学生的思维发展规律

小学生思维的发展从具体的形象思维模式逐步过渡到抽象逻辑思维模式，随着年龄的增长，抽象思维能力越来越强，逐步发展成以抽象思维为主。儿童 10 岁之前，思维主要是具体的形象思维，绝大多数儿童 10 岁以后，逻辑抽象思维形式成为主要思维方式。尽管如此，在儿童思维的整个发展过程中，并不是直线发展的趋势，其中仍然存在波动，具有一定不自觉性和不平衡性的特征。③

此外，小学生的思维往往以被动接受为主，批判能力较弱，年龄越小的儿童这种特征越明显。主要表现为“听老师的话”，非常信服教师的话，会按照教师的话去做，以教师的言语作为衡量事物的标准，而欠缺对具体情况的思考和反思。④ 因此，培养学生的思维判断能力和批判性思考能力在这个阶段十分重要。

（二）初中生认知发展的特点

初中阶段的学生的认知结构已经基本形成，已经形成了有意识的观

① 曲连坤、傅荣、王玉霞：《第三部分中小学生心理特点与心理健康教育，第一讲中小学生的认知和思维发展特点》，《中小学心理健康教育》2002 年第 7 期。

② 同上。

③ 同上。

④ 同上。

察能力，有意记忆占主导地位，思维能力更加成熟，具备一定的自我意识。从总体上讲，认知能力越发成熟。

1. 初中生观察力发展的特点

这一阶段的学生观察能力具有明确的目的性。中学生可以自主地形成观察计划，进行有意识的、集中的、持久的观察，在观察的过程中能够自我控制，排除各种干扰，长时间地集中注意力。在观察过程中，初中学生的观察准确性也逐步提高，能够分清观察主次，有一定的次序，整体观察能力更强，并能深入了解细节，可以兼顾整体辨认和细节辨认，可以通过观察形成对事物本质属性的理解。①

2. 初中生记忆力发展的特点

初中学生的记忆以有意记忆为主。这个阶段的学生可以完成较为复杂的记忆任务，可以独立选择适合自己的记忆方法并自觉地检验识记效果。虽然中学生的“死记硬背”能力较强，但理解记忆是最主要的识记方法，学生通过自己的理解，按照自己的记忆方式在大脑中形成深刻的印象。同时，随着语言能力的发展和抽象思维能力的提高，抽象记忆能力也随之发展，并逐步占优势地位。②

3. 初中生的思维发展规律

初中生开始具有更多抽象逻辑思维能力，能时常有意或无意地运用逻辑规律来解决问题。对抽象概念的掌握，理解事物的本质特征和属性的能力逐年提高。逐渐理解事物的复杂性和内在规律。在阅读作品时，可以逐步学会分析其中人物的动机和内在状态。尽管初中学生判断、推理的自觉性还不是很高，但其推理能力在不断发展，逐渐可以自觉地做出恰当的判断，并进行合乎逻辑的推理。这一阶段学生的思维能力发展迅速，已经表现出一定的独立性和批判性，具体表现为初中学生开始具备一定独立思考解决问题的能力，并且在解决问题的过程中能够对自己的思考过程进行反思，并不断调整，思维发展较快的学生甚至可以举一反三。这个阶段的学生进入一个喜欢怀疑、争论和辩驳的时期，常常不满足于教师或教科书中的一些解释，喜欢独立地寻找各种事物的原因和

---

① 曲连坤、傅荣、王玉霞：《第三部分中小学生心理特点与心理健康教育，第一讲中小学生的认知和思维发展特点》，《中小学心理健康教育》2002 年第 7 期。

② 同上。

规律，尽管容易产生片面性和表面性等缺点。所以，这一阶段的课程安排必须考虑到初中生喜欢挑战权威的特点，在内容安排上提供有助于多视角思考的课程内容以及相应的课程资源，发展学生的独立思考能力。

二　义务教育阶段学生道德发展的特点

道德心理具体包括道德认知、道德情感、道德意志和道德行为四种心理成分。公民教育是一种能够把针对政治、社会决定和履行情况的判断推进到一种更高级形式的道德判断。培养学生的道德判断时必须考虑这一阶段学生的道德、心理，依据义务教育阶段学生的道德、心理发展规律，科学地建构公民教育课程。

（一）义务教育阶段学生道德认知的特点

1. 科尔伯格的道德发展阶段理论

科尔伯格（Lawrence Kohlberg）深入细致地研究了青少年儿童的道德发展阶段，他使用道德两难故事法研究儿童及青少年处理道德两难故事时的思维推理方式，对儿童青少年的道德发展阶段进行了划分，形成了一套完善的理论体系。[①] 该理论揭示了青少年道德发展水平的不同阶段，对青少年的道德培养具有极为重要的意义。科尔伯格将人的道德判断能力发展划分为三个水平六个阶段（见表2－3）。

表2－3　**科尔伯格道德发展阶段理论**

判断水平	发展阶段	
前习俗水平	第一阶段：服从与惩罚的道德定向阶段。服从父母、教师等权威人物，认为受表扬的行为就是好的，受惩罚的行为就是坏的	第二阶段：朴素利己主义道德定向阶段。儿童的判断以能否满足自我需要为依据，具有较强的自我中心，认为符合自己需要的行为就是正确的
习俗水平	第三阶段：好孩子的道德定向阶段。进行道德评价是考虑他人和社会对一个“好孩子”的要求是什么，并尽量按照这个要求做判断	第四阶段：尊重权威和维护社会秩序的道德定向阶段。注意到维持普遍的社会秩序的重要性，强调所有人都应当遵守全社会共同约定的某些行为准则，也强调对法律和权威的服从

① 张红梅、朱丹：《小学教育心理学》，北京师范大学出版集团2013年版，第190—191页。

续表

判断水平	发展阶段	
后习俗水平	第五阶段：社会契约的道德定向阶段。这一阶段的个体不再将社会准则和法律看作是一成不变的，认识到了它们的人为性和灵活性，只要不违背大多数人的幸福这一原则即可	第六阶段：普遍原则的道德定向阶段。处于这一阶段的个体判断善恶不但要求与既存的道德标准一致，也要和普遍的道德原则以及自己的良心保持一致，认识到社会准则和法律的局限性。认为人的生命比财产更宝贵，从道德本质进行道德判断

资料来源：张红梅、朱丹：《小学教育心理学》，北京师范大学出版集团2013年版，第190—191页。

针对上表中的六个道德发展阶段，科尔伯格认为小学生基本处于前三个阶段，只有极少数的小学生能够达到第四阶段，没有学生可以达到第五、第六阶段。而小学一、二年级的学生基本都属于第一阶段，这个阶段儿童做道德判断的缘由主要来自对“权威人物”（家长、教师等成人）的畏惧心理，非常顺从成人的言语，凡是他们赞许的就是“好”，否则就是“坏”，如果做了“坏”事就会产生不好的后果，会受到惩罚，而这个阶段儿童做道德选择的初衷往往是避免受到惩罚。至10岁左右，儿童进入第二阶段，这时儿童的道德动机主要来自自身利益，凡事为自己着想，首先要考虑对自己有利的事情，即便在帮助他人的过程中，也是出于你帮我，我就帮你的互利性考虑。11岁、12岁左右的儿童的道德发展水平基本处于第三阶段，他们的道德动机主要出于“诚实”角度的考虑，并且希望能够满足他人的期望，争取获得社会的赞许。这个阶段儿童的道德认知是尊重他人的看法，明白合作其实是种互助，他们认同正确的行为是与社会利益相一致的。科尔伯格认为在通常情况下，绝大多数小学生到了六年级都可以达到第三阶段的水平，少部分人可以达到第四阶段。中学生的道德认知主要以第四阶段为主，这个阶段的学生充满了维护社会权威、参与社会改造的正义感和责任感，他们的道德动机是充当社会的角色，渴望在社会中实现自己的价值，做一个对社会有用的人。约30%15岁、16岁的青少年达到第五阶段，可以履行自己选择的道德准则，以“良心”为准则，尊重他人的权利、生活方式和尊严，认同道德规范和社会准则，并认为正是遵守这些社会契约才能使各种观点达成一致。从这一阶段开始，青少年对别人的关心范围扩大了。①

科尔伯格不仅把道德两难故事作为判断儿童道德发展水平的依据，也将这些故事作为教学内容和教学手段，让学生在做道德两难故事的分析判断时引起学生对道德问题的思考，以此提高学生的道德推理能力，为他们进入下一阶段的道德思维模式做准备。学生需要不断地接触道德两难问题，并被“暴露”在真实的道德环境中，深入理性地思考道德两难问题，这样才有助于学生道德推理的逻辑方式，促进儿童的道德认知向更高水平发展。

2. 中国中小学生道德认知的特点

在中国，中小学生的道德发展基本与科尔伯格的划分一致。小学阶段逐渐形成完整的道德认知并养成相应的道德行为，小学生逐步可以运用道德认知来判断并调整自己的道德行为，主要表现为学生自觉纪律的形成和相应行为习惯的养成与道德认知水平相一致。尽管这一阶段的道德认知还存在很大的主观性和片面性，但小学生已经初步掌握了道德规范，对个体方面的道德认知水平较高，初步掌握了社会范畴的道德概念。②

初中阶段是道德信念和道德理想形成的重要时期。这一阶段的学生开始初步形成自己的世界观，并以理想的道德信念督促自己的道德行为。首先，初中生对道德概念的理解能力有了显著的提高，个体的道德以自律为形式，遵守道德准则并利用信念调解行为的道德平直。初中二年级是中学阶段学生道德发展的关键期，到了初中三年级下半学期开始，青少年的道德认知逐步进入成熟期，已经可以初步解释道德知识的本质。其次，道德理想在这一阶段真正形成和发展起来，开始选择自己的理想人物、榜样人物，把自己的行为和理想人物的行为作比较，或是树立自己的理想。最后，开始对世界观问题产生兴趣，但还处于萌芽阶段，并没有形成深刻的认识。③

① 张文新:《儿童社会性发展》，北京师范大学出版社 1999 年版，第 287—301 页。

② 彭蕾:《中小学生道德判断与道德行为的发展现状及二者的相关研究》，硕士学位论文，云南师范大学，2004 年，第 5—6、14—15 页。

③ 朱智贤:《儿童心理学》，人民教育出版社 2012 年版，第 407—410 页。

（二）义务教育阶段学生道德情感的特点

义务教育阶段学生的道德情感的发展从不稳定逐步到稳定。小学低年级学生的道德情感具有不稳定性，变化很快，非常容易激动，做事情冲动，容易被一些偶发的事情干扰。到了小学高年级以及初中阶段，随着自我意识的发展和认知能力的提高，道德情感趋于稳定。①

对小学阶段的学生而言，学习的内容越形象具体，越容易受到感染。他们对自己的父母、学校以及生活的地方容易产生感情，而对爱国主义等比较抽象的情感则反映比较淡漠。这一时期的儿童比较容易接受贴近他们生活实际的情感内容，比如尊老爱幼、爱爸爸妈妈等。到了小学五、六年级以及初中阶段，学生有能力深化各种体验，形成丰富、深刻的道德情感，可以对一些社会问题、爱国主义、世界认同甚至人生理想等抽象的道德情感产生回应。

（三）义务教育阶段学生道德意志的特点

义务教育阶段学生道德意志的主要特点是抵抗诱惑的能力较弱，常常存在明知故犯的现象，尤其是小学生，这种表现比较明显。他们知道行为准则，知道什么事情做了不对，做错了也会脸红、愧疚，但通常管不住自己，意志力不强。到了初中阶段，学生的道德动机逐渐明确，道德评价能力也有了一定的发展，已经可以抵住一些诱惑，自觉执行道德行为，即使出现控制不住自己的现象，过后也会感到内疚并设法进行补救。②

这个阶段适合采用实践联系的方式循序渐进地锻炼学生的道德意志，有意地创设适合学生的困难情境，激发学生的主动性和自制力，并利用各种激励措施，及时奖励、适时地给予支持和帮助，帮助学生取得成功，坚强勇气，获得信心。

（四）义务教育阶段学生道德行为的特点

这个阶段的学生的道德行为由外部调节向内心自觉方向发展。低年级的小学生的道德行为主要还需要外力的作用，比如教师的要求，或是模仿他人。到了高年级，随着道德认知能力的提高，可以把家长、教师、社会等道德要求转化成自己内心的动力，逐渐自觉化。中小学生的

---

① 张红梅、朱丹：《小学教育心理学》，北京师范大学出版社 2013 年版，第 194 页。

② 同上书，第 195 页。

道德行为从不稳定向稳定的方向发展，总体上来说比较缺乏自制力。这一阶段重点需要培养学生良好的道德习惯。①

总而言之，清楚了解义务教育阶段学生的认知发展特征和道德发展特点，对建构义务教育阶段学校公民教育课程有重要的意义。公民教育课程目标的规定、课程内容的选择及安排必须依据学生认知及道德发展的规律。在目标规定上，要严格依据学生认知水平的发展特点规定恰当的目标，既要尊重学生的发展水平又要兼具挑战性，促进学生的发展。在内容选择和安排上要选择每个阶段学生可以理解和接受的内容，不能过于简单让学生失去兴趣，也不能过于复杂难以理解，让学生产生挫败感。公民道德教育是公民教育的重要内容之一，公民公共道德内容的学习组织安排离不开科尔伯格道德发展阶段理论等理论的指导。因此，清楚学生道德发展的特点，了解学生每个道德发展阶段的特征和他们做道德判断时的思考方式，是建构义务教育阶段学校公民教育课程的重要依据。

第四节　义务教育阶段学校公民教育课程建构的理论学说

经验自然主义课程理论与人本主义课程理论均以学习者为中心建构课程，强调以学生个人的需要和兴趣建构课程，同时，二者又各有侧重。

一　经验主义课程理论

经验自然主义课程理论是美国教育学家约翰·杜威基于其哲学思想、心理学思想以及社会学思想，通过系统的理论研究和多年的实践探索建立起来的，其核心思想是课程要以学习者个人的经验为中心开展。

（一）儿童、知识与社会三维度的课程建构模式

1. 儿童

杜威认为儿童在心智上的不成熟恰好使其成为教育过程的基本要素，因为儿童的不成熟性才使得教育可以有所作为，促进他们不断成

① 张红梅、朱丹：《小学教育心理学》，北京师范大学出版社2013年版，第196页。

长。而课程可以为认知内容有限的儿童提供广阔无限的学习空间。杜威把儿童的兴趣分为四类：第一类是社会的兴趣，指儿童在谈话和交往中表现出来的兴趣，这一兴趣主要是通过语言表达出来的；第二类是制作的兴趣，是指儿童在游戏、运动、手工制作等方面表现出来的兴趣，又称“建造性冲动”；第三类是探究的兴趣，指儿童在探索或发现新事物时表现出的兴趣，但因为儿童的探究能力有限，这一阶段的探究主要是社会的兴趣和制作的兴趣的结合；第四类是艺术性的兴趣，亦可称为“表现性冲动”，它也产生于第一类兴趣和第二类兴趣，是这两种兴趣的精致化和完满表现。① 课程开发需建立在这四类兴趣及相应经验的基础之上。

2. 知识

杜威将知识划分为四个类型。第一类知识是获得技能的知识，即“如何做”的知识，比如，关于如何溜冰的知识、关于如何写作的知识等；第二类知识是“了解意义的知识”，这类知识与第一类知识密切相关，是衡量“如何做”的尺度；第三类知识是以语言为媒介获得的信息或知识；第四类知识是“理性的知识”或称为科学，这类知识是具有坚实的理性基础和严密的逻辑体系。这四类知识类型里，前两类知识是可以通过实践直接习得的，而后两类知识是要通过教育的方式间接获得的。杜威从经验的意义上理解知识，认为知识是认识过程与认识结果的统一。②

3. 社会

这里的社会主要是指学校教育的社会属性。杜威指出学校教育具有社会性质，认为学校教育是社会变迁的杠杆。杜威认为教育必须与社会联系起来才有意义，教育本质上就是一种社会的过程，因此，学校是社会的一部分，学校生活必须能够反映现实社会。③

一方面，学校是社会生活的一种形式。学校教育是社会共同体中的一部分，学校教育为儿童提供经验改造的机会，并对儿童进行社会指

---

① John Dewey, "The School and Society", in Jo Ann Boydston (eds.) (1976), *John Dewey's Middle Works 1899 - 1924*, Vol. 1, 1915, pp. 29 - 33.

② 张华：《经验课程论》，上海教育出版社 2000 年版，第 82—85 页。

③ 同上。

导。在教学活动的组织过程中，学校与社会中其他组织相互合作、相互影响，改变彼此。另一方面，教育是社会进步的基本方法和工具。教育功能的良好发挥可以促进社会的不断进步和完善。社会以教育为手段培养它所希望塑造的受教育者。①

4. 儿童、知识、社会三者之间的关系

（1）儿童与知识：以经验为纽带。杜威通过经验（experience）将儿童与知识联系在一起。杜威认为经验是人与环境互相作用产生的。他提出了儿童经验与学科知识相统一的思想。他认为，一方面，观念、知识本身就是一种经验，经验中包含主动的意向，有“做”（doing）和“行动”（action）的含义，因此，知识包含着行动；另一方面，人的行动是以知识为基础的，受知识的指导，是将知识的具体化，因此，行动就是知识。②

（2）儿童与社会：相互作用。杜威认为儿童与社会之间是相互作用的关系。一方面，社会在适应人的个人需求，决定个人的未来，同时也决定着社会本身的未来；另一方面，人也作用于社会并不断地在改造社会。因此，课程选择的内容需要参考“社会价值的标准”，课程计划必须考虑课程是否满足社会发展的需要，是否能够改善我们的生活。③

（3）知识与社会：相互依存。杜威认为知识与社会之间是相互作用、相互依存的关系。知识是在社会生活的实践过程中累积发展起来的；反之，社会的进步得益于学科知识的掌握，需要知识带动科技发展，从而推动社会进步。

在具体课程设计过程中，杜威非常强调能够代表社会问题的、关系人类生活最关键、最基本的“要素”，只有这类知识才对学生的生活有意义，才能引发学生的兴趣，提高学生对社会现象的洞察力和分析力。这种课程首先要承认教育的社会价值是承载社会价值的媒介。在这种课程观下，学科知识与社会才能相互作用、相互依存，学科知识和社会才能有效地作用于儿童，让儿童在一个真实的社会环境中，通过一系列的

---

① 张华：《经验课程论》，上海教育出版社 2000 年版，第 68—82 页。

② 同上书，第 54 页。

③ ［美］杜威：《民主主义与教育》，王承绪译，人民教育出版社 2001 年版，第 209、377 页。

活动，实现经验的不断再造，达到儿童对社会生活的深刻认识。

（二）经验课程的形态——“主动作业”

杜威推行的经验课程形态是“主动作业”。所谓“作业”即“活动”，是指复制现实社会生活中的某种工作或与之类似的活动方。[①]“主动作业”的目的是积累儿童的经验，为此杜威归纳提炼了社会中的一些典型职业，并将其转化成各种活动方式（比如烹饪、木工、商业等）作为儿童经验获得的途径。杜威认为这些活动形式可以激发儿童的兴趣，为儿童提供直接的经验，既满足儿童身心发展的需要，也满足社会的需要，还有助于儿童对事物形成完整的认识。[②]

“主动作业”的具体形式可以是工作，也可以是游戏。这二者在杜威的课程中形成了统一：游戏里赋予了生活的意义，游戏就变成了工作，更具价值；工作中增添了游戏的特质，工作也变得具有艺术性和趣味性，更能吸引儿童。“主动作业”具备三个特征：第一，满足儿童兴趣的需求，遵循儿童的生长规律。[③] 主动作业必须出于儿童的兴趣来设计并能够使儿童的兴趣获得不断的发展，主动作业内容的选择和实施必须建立在学生已有的经验之上，促使经验的持续发展。第二，主动作业内容源于社会生活，反映现实社会情景。主动作业将诸多代表人类基本劳作的活动内容引入课程中，加强了学校与社会之间的联系，同时学生也在操作中学会了合作精神，锻炼了他们的社交能力。第三，符合科学的发展逻辑。科技的发展与社会作业有着密不可分的关系，二者彼此相互推动，学校中的主动作业正是通过儿童对社会作业的体验，而获得了与之相关的科学事实和原理。[④]

（三）经验自然主义课程理论对义务教育阶段学校公民教育课程建构的意义

1. 参照儿童的身心发展规律建构课程

课程目标的规定和课程内容的组织都以儿童的身心发展规律作为依据，为儿童提供符合他们认知水平的课程。

---

① ［美］杜威：《民主主义与教育》，王承绪译，人民教育出版社 2001 年版，第 213 页。

② 靳玉乐：《课程论》，人民教育出版社 2012 年版，第 107 页。

③ 同上书，第 108 页。

④ 同上。

2. 强调思维训练

杜威强调将思维作为学习的方法，在课程中培养学生的思维能力，尤其是反思性思维能力。而公民教育课程需要培养学生参与社会的能力，在众多参与社会公共生活的能力中，例如，理性思维能力、反思性思维能力等都是一个公民必不可少的技能。

3. 以活动为主要形式

经验自然主义课程非常强调在活动中学习，课程的组织形式也以活动为主，这一点非常切合公民教育课程培养主动参与公民这一目标。主动参与的公民是无法依靠单纯传授知识而养成的，必须通过学生在实际的参与活动中体验这个过程，并获得经验。

4. 紧密联系社会

经验自然主义课程理论的内容离不开社会，学校培养的学生最后就是要在社会中生存。公民教育课程的核心就是要培养可以积极参与社会公共生活的“主动”公民，因此，公民教育课程的内容自然离不开社会，必须紧密与社会结合，在儿童时期就逐步地了解社会，而不是记忆一些脱离实际生活的知识点。

二 人本主义课程理论

（一）人本主义课程观的兴起

人本主义起源于文艺复兴中对人的觉醒、个体解放的研究，关注自然与人的情感的复杂性，重新解释了人的价值。① 人本主义相信人的力量与智慧，肯定人的价值与个性，强调人的自然本性、自由意志和世俗生活，一切以人为根本。

从课程理论的发展历程来看，人本主义课程思潮是对结构主义为中心的“学科中心课程”的反思。“学科中心课程”强调学习各个学科的结构化知识体系，重视基本概念和学问的逻辑结构，以致造成学生知识结构的分裂和片面化，忽略对学生进行价值观、人生观的培养。人本主义课程理论正是在这一背景下发展起来的。但必须要澄清的是，人本主义课程理论并不是对学科中心课程理论的全盘否定。人本主义课程理论

① Paul Nash, “Introduction: What is Humanistic Education?” *Journal of Education*, Vol. 157, No. 2, May 1975, pp. 5 - 7.

并不排斥具有逻辑性、强调系统知识的学术型课程，但同时它强调人格的整体塑造，主张课程以人为中心，着眼于人的全部能力的培养。

（二）人本主义课程观的基本观点

1. 课程价值取向："完整的人"的培养

人本主义课程的最大特点在于将个人的价值作为教育的终极目标。人本主义课程在价值取向上立足于"完人"的培养。这里的"完人"是指一个完整的人，一个身体、心智、情感、精神、心灵协调，知情合一的人。

人本主义课程观认为教育应该向学生强调人生意义、生活教育与理想人格的塑造，弘扬人的价值，捍卫人的尊严，实现人的潜能。从教育目标来看，人本主义课程观重视人的全面发展和自我实现，认为智力的发展只是人的全面发展中的一部分，道德和人格等有关人性的发展对全面发展更为重要。人本主义课程观的课程价值取向和课程目标主要体现在以下几点。

（1）重视人格的塑造。人本主义教育的宗旨是"以人为本"，促进人的自我实现，培养一个"完整的人"。一个"完整的人"不仅要在身心方面达到和谐发展，而且在认知与情谊，包括情绪、情感、态度、价值观方面也要达到和谐统一，具有完备、健康的人格。因此，人格教育是人本主义教育的核心问题，这种人格，人本主义者们称为"自我实现的人格"（self-actualizing person）。自我实现的人格是人本主义课程的核心，其中心课题就是"认知发展"（cognitive development）与"情谊发展"（effective development）的统一。

（2）重视创造性的培养。人本主义教育的目标是培养适应时代变化、积极乐观、富有创造性的人。人本主义思想认为教育目标的设置要关注教育的过程而不是静止的知识，以发展创造力为核心，以形成个性为归宿。

（3）重视自我概念的构建。人本主义思想最大化地强调自我，认为自我是决定人的行为的关键因素，可以决定人的智慧、适应能力、自我实现等。人本主义话语下的自我指的是个人的独特的思想价值观念、知觉以及对事物的态度。

2. 课程的本质：经验的运动过程

人本主义课程理论认为真正能够影响一个人行为的知识，是他自己发现并吸收知识。① 对学生来说，课程的体验过程要比知识更为重要，需要学生自己发现问题并解决问题以达到对经验意义的理解。由此可见，人本主义课程观将课程的本质理解为“经验的运动过程”。在人本主义课程理论看来，人的经验是人认识世界的重要途径。体验是经验获得的一个重要途径，通过对一些现象、事件、事实的体验获取经验。经验再引导人们认识真理，提高洞察能力，改变自我。福谢依（A. W. Foshay）认为课程是学习者在学校指导下的一切经验。② 学生的学习取决于他在学习过程中的体验，只有亲身体验后获得知识的过程才称得上是学习，才能把知识内化成学习者自身的经验，而课程就是学生各种经历的体验。

3. 课程内容：适切性和统合性相结合

人本主义课程理论主张课程内容中要纳入社会和个人课题，认为课程是一个动态发展的过程，不能只涵盖静止的知识体系，课程的内容需要随着时代的发展不断地充实和完善。人本主义主张以“人性为中心”培养人的智慧和人格的课程建构思想，并以此提出适切性课程和统合性课程内容的选择原则。

在课程内容的选择上，人本主义者坚持适切性原则，认为课程的内容要符合学习者的水平，满足学习者的需求，能够反映学习者的生活经验和社会现状，这样才能激发学习者的兴趣。对课程内容选择的评判标准不仅要依据各种知识的逻辑性、系统性，还需要考虑学习者的愿望和需求，看是否能满足学习者生活的需要，是否有助于解决现实问题。在课程内容的选择和组织上，既要尊重儿童身心发展的特点和课程自身的逻辑体系，又要兼顾个人的发展和社会问题的解决。

人本主义课程的统合性主要体现在三方面：①课程内容逻辑结构要与学习者的心理水平发展吻合；②强调情感领域的整合，注重人性化的情感目标的实现最大限度地体现以人为本，关注学生的发展③；③在经

① Carl Rogers, *On Becoming a Person*, Boston: Houghton Mifflin, 1961, pp. 275 – 277.

② Arthur Wellesley Foshay, *Curriculum*, In R. L. Ebel (Eds.). Encyclopedia of Educational Research: A Project of the American Educational Research Association, New York: Macmillan, 1969, p. 52.

③ ［美］威廉·F. 派纳、威廉·M. 雷诺兹、帕特里克·斯莱特里、彼得·M. 陶伯曼：《理解课程》，教育科学出版社2003年版，第186页。

验指导下统合相关学科，这意味着打破了固定的课程内容之间的限制和传统的逻辑关系体系，关心知识的应用而不是形式上的高分。如此的课程内容设置弥补了传统课程的不足，促进了知识与经验的相互渗透和相互作用。

4. 课程结构：并行课程

人本主义教育学家福谢依把课程分为两类：一类是教授系统知识的课程，另一类是探讨现实社会问题以及人类问题的课程，这两类课程称为并行课程（parallel curriculum）。并行课程顾名思义，是指这两类课程在学校课程类别中处于平行地位，两者同等重要。并行课程强调课程的人本化，是一个由多种课程类型构成的多层次结构，具体包括知识课程、情意课程、综合课程的学校课程体系。①

知识课程，也称学术性课程，主要为理解和掌握社会科学和人文科学的知识，旨在发展认知能力。培养人的课程不能背离高度的学问逻辑和科学知识。情意课程，主要目的在于发展非认知领域的能力，包括人的情绪、态度、价值观、判断力等，主要涉及的课程有音乐、体育、美术、思想品德、文学等，不仅传授知识，更重视学生人格的养成，培养学生的自律性，保证学生实现人格成长。综合课程，是知识课程与情意课程的综合，即把情感、价值观添加到常规知识类课程中，赋予课程内容更丰富的意义。综合课程是知识课程与情意课程相融通的课程。

5. 课程实施：以学习者为中心

人本主义课程观认为课程学习要以学生为中心，主张知行合一，首先关注学习者精神成长的过程，然后才是获得知识的过程，认为课程是师生共同参与探求知识的过程。在人本主义课程观里，主张建立新型的师生关系，教师不再是知识的权威，一个人控制着整个课堂的教学组织，而是一个指导者和协调者，指引和配合学生学习。同时，学生也不再是被动的接受者，而是一个参与者，积极参与课程实施的整个过程。人本主义课程观重视学生的个体经验，强调学习知识的自主态度，培养学生自主地发现和创造知识，而不是被动地积累知识。尊重学生的观点，鼓励发表多种不同的想法，承认价值观的多元性，在不同观点、观

① 徐辉：《课程改革论：比较与借鉴》，人民教育出版社 2011 年版，第 214—216 页。

念的相互碰撞的过程中寻找解决问题的方式方法和答案。[①]

（三）人本主义课程理论对义务教育阶段学校公民教育课程建构的意义

人本主义课程理论除了具有经验自然主义课程理论强调的按照儿童身心发展建构课程等观点以外，更强调以学生为中心组织课程，发挥学生的自主性，调动学生的主动性和积极性。在内容选择上和实施上强调对知识和技能的应用，注重经验的学习，在参与体验的过程中学习知识，提高能力。这些理论观点对公民教育课程建构尤为重要，公民教育课程就是对学生人格的养成，只有以学生为中心，发挥学生主动性和积极性的课程才有可能培养出主动的公民人格，同时强调在体验过程中学习，有助于学生公民行动能力的提高。

① 靳玉乐：《课程论》，人民教育出版社2012年版，第117页。

第三章　义务教育阶段学校公民教育课程的地位、属性及建构原则

第一节　义务教育阶段学校公民教育课程的地位

义务教育阶段学校公民教育课程的核心教育价值即促进公民的全面发展。从课程的价值追求来看，这是一门输导先进文化，追求民主、自由、公道和正义，并以社会主义核心价值观为导向的课程；从基本内容来看，这是一门提高公民素养、培养参与当代政治生活、社会生活能力的课程；从培养目标来看，这是一门培养现代社会公民的课程；从课程的灵魂来看，这是一门面向大众的基础性教育。因此，就课程地位而言，义务教育阶段学校公民教育课程在学校课程体系中的定位首先是一门必修课程，其次是一门核心课程。

一　必修课程

义务教育阶段学校公民教育课程首先是一门必修课程，是学生在义务教育阶段学习中必须学习掌握的课程，非常重要。公民教育课程关系到公民素养的水平，关系到国民整体的文明程度。在现代社会，若义务教育阶段学校里没有公民教育课程来落实公民教育，没有公民教育的深入来提高公民意识，那么公民的素质就无法保证，整个社会也就缺少了推动社会民主化和健全现代社会文明制度的力量。

必修课程体现了一门课程的基础性和重要性，保证了培养人才的基本规格。义务教育阶段学校公民教育课程的质量决定了未来公民的培养质量，关乎整个社会未来整体的公民素养水平。课程的内容可以满足未来公民的基本需求，提供必要的公民知识、公民技能，使学生成为一个

全面发展的人，一个对社会有价值的公民。体现了国家对学生所学课程的共同的基本要求，是整个课程体系的基石。

公民教育课程的必修课程性质也可以从世界其他国家的公民教育课程性质设置而窥探一番。国际教育成就评价协会2009年对全球38个国家及地区的学校公民教育课程进行了调查，调查发现有20个国家及地区将小学和初中的公民课程设置为必修课程，占53%，其中，包括英国、爱尔兰、俄罗斯、瑞士、韩国、墨西哥、新加坡、中国台湾等国家和地区。[①] 英国更是在2002年宣布将英格兰初中阶段的公民教育课程设置为国家法定的必修课程，要求小学必须将开展公民教育课程的情况接受教育评估的检验，并将这一课程改革作为英国宪法改革的一部分。[②]

二　核心课程

义务教育阶段学校公民教育课程是全面提高社会整体公民素养的根本举措，是培育未来公民的关键途径，是基础教育的核心。从这个高度理解和把握义务教育阶段学校公民教育课程的性质，公民教育课程必须是一门核心课程。

义务教育阶段学校公民教育课程是一门集公民理论、社会认识和公民社会生活实践于一体的课程。相对于其他课程，公民教育课程融汇多个学科的内容，有着宽泛的学科背景。在教育功能上，肩负着培养未来社会公民的重任，强调公民意识、公民道德、公民价值体系的养成，促进人格的完善，人的全面发展，关系一个国家的未来，全球的可持续发展。义务教育阶段学校公民教育课程的核心目标是培养有文化，遵守法律，具有权利义务意识、公共意识，主动参与社会公共生活，忠于国家和民族传统，尊重多元文化和价值观，具有批判精神和全球视野全面发展的公民。因此，义务教育阶段学校公民教育课程是所有学生都要学习的学科，是其他任何课程都无法替代的，也是其他学科课程不可类比

① John Ainley, Wolfram Schulz and Tim Friedman (Eds.), *ICCS 2009 Encyclopedia: Approaches to Civic and Citizenship Education around the World*, Amsterdam: IEA, 2013, pp. 21－22.

② ［英］奥德丽·奥斯勒、休·斯塔基：《民主公民的教育：1995—2005年公民教育的研究、政策与实践评述》，檀传宝译，转引自檀传宝等《公民教育引论：国际经验、历史变迁与中国公民教育的选择》，人民教育出版社2011年版，第347—386页。

的，是整个课程体系的核心和重心。

第二节　义务教育阶段学校公民教育课程的属性

一　教育性

义务教育阶段学习公民教育课程的一个重要特征是具有教育性，其教育性首先体现在公民教育课程促进人的全面发展上。联合国教科文组织一再重申："教育应当促进每个人的全面发展，即身心、智力……个人责任感、精神价值等方面的发展。"① 可见教育对人的全面发展起着重要的作用，而公民教育是每个公民都应该接受的教育，义务教育阶段公民教育课程是每个适龄儿童都应该学习的，具有一般课程不可替代的作用。义务教育阶段学校公民教育课程是一种特殊教育实践活动，它为所有义务教育阶段儿童提供最普遍要求的教育内容。义务教育阶段公民教育课程以培养未来公民为基本目标，帮助学生在学会公民知识、公民技能的同时形成正确的价值观，提高参与社会的自主性和实践能力，为人的全面发展提供精神动力以及知识和能力的支撑。

公民教育课程提供基本的公民知识和技能，培养学生具备完整的法律知识体系，形成健全的法律意识，树立法律权威效力，能够有效地行使权利、履行义务，养成良好的公共道德行为习惯，具有参与管理社会公共事务的意愿和能力。公民教育课程帮助学生形成正确的价值观体系，提高理性思考能力和分辨是非的能力，使学生面对复杂的社会现实时，不会人云亦云，甚至追随错误的价值观，而是能够冷静、客观、公正、全面地思考人生、认识社会。在当前的信息时代，青少年被"暴露"在各种信息面前，其中有正面的信息也有负面的信息，这些信息都需要青少年做出正确的判断和选择。公民教育课程可以弥补青少年在公民意识和公共道德以及公民责任等方面存在的不足，提高学生公民意识水平、培养公共精神和社会责任感，在参与公共生活的过程中，自觉遵守社会准则，培养主动参与公共生活的意识，形成独立的公民人格。

---

① 《教育——财富蕴藏其中》，联合国教科文组织总部中文科译，教育科学出版社 1996 年版，第 85 页。

二 公共性

公民在公共生活中成长。公共生活是公民教育的重要途径，它孕育着公民的公共精神、公共理性、公共道德和公共参与能力等。因此，学校公民教育课程具有公共性特征。

首先，义务教育阶段学校公民教育课程为学生提供了一种公共生活。公共生活是人们在公共领域与他人相互联系和相互影响的一种共同生活。[①] 学校公民教育课程为学生提供的是学校教育中的公共生活，是以学校作为公共空间展开的。这种公共生活在义务教育阶段学校公民教育课程中具体表现为：

（1）提供公共生活的平台。学校是一个准公共领域，[②] 是系统进行公民教育的重要阵地。学校是学生学习公民知识，具备一定公民能力后参与实践的首要场所和主要场所，无论是以班级为单位，还是以小组为单位组织参与的实践活动，都体现了公共生活的特点。学校公民教育课程的目的就是通过学校生活将个体塑造成未来的公民，课程内容的选择和组织也处处体现了公共的特征。比如，了解社会不平等现象和歧视问题，增强学生客观分析、理性看待问题的能力；讨论当前的社会热点问题，赋予学生话语权，培养学生参与社会事务的积极性和社会责任感；了解各种国际性议题，培养学生对不同文化的理解和宽容以及对待事物的开放态度；探讨道德两难问题，掌握价值判断和道德决策的技能，帮助学生形成正确的价值观体系。

（2）提供公共生活的文化。公民教育课程为学生提供一种平等、合作、交流的生活，无论是教授的内容还是课堂的氛围都强调民主和平等。公民教育课程在内容上强调所有公民一律平等。近年来，随着多元文化社会人口构成的变化，公民教育课程尤其关注被边缘化的少数族群及弱势群体的公民权利，以求改变这些特殊群体的地位，在教育内容上呈现弱势群体的真实现状，唤起民众对弱势群体的广泛关注，消除歧

---

① 刘铁芳：《公共生活与公民教育：学校公民教育的哲学探究》，教育科学出版社 2013 年版，第 22 页。

② 叶飞：《学校空间的“准公共领域”属性及其公民教育意蕴》，《教育科学》2013 年第 29 卷第 2 期。

视，消除不公平。公民教育课程的课堂上建立平等的师生关系，尤其强调师生的交流互动，给予学生足够的尊重以及表达自己想法和观点的机会，以培养学生追求自由、平等、民主的公民意识。

其次，义务教育阶段学校公民教育课程传播民主、平等、自由等公共价值观念。公民教育课程的一个重要目标即培养公民的公共道德，向学生传达公共价值观念。公民教育课程中所传达的核心价值观，诸如自由、公正、平等、人权、诚实、对他人的尊重、责任感、追求真理、正义等，反映了社会的基本定位和期望，是人类的价值追求。公民教育课程就是要培养学生这些社会公认的、具有一致共识的价值观念，向学生表明社会赞扬或喜欢哪类公民，并使学生内化这些公共价值观。

最后，义务教育阶段学校公民教育课程促进公共精神的养成。学校公民教育课程是培养学生公共精神的重要途径，承担着培养未来公民的重要任务。公共精神包括民主精神、法治精神、公正精神、公共服务精神等几个方面，公民教育课程的内容正是围绕这几个方面展开的。

三　体验性

公民教育课程是以公民生活中的问题为核心组织的课程。公民教育课程的目的是通过学习公民知识和技能实现公民行动能力的提升，公民的社会参与是公民教育课程的重要目的之一。为此，公民教育的课程建构需要围绕公民生活中的现实问题，课程的内容以儿童的生活为中心，反映社会生活的真实情景，不仅贴近儿童的实际生活，引起他们的兴趣，也可以帮助儿童清晰地认识他们生活的环境，体会到社会中的复杂情况。这种“身临其境”的体验在不脱离儿童现实生活的情况下，逐步扩展到他们周围的环境，熟悉世界其他地方的文化。

儿童青少年的生活是义务教育阶段学校公民教育课程的基础。公民素养的养成根植于生活之中，公民在适应社会、参与社会的过程中获得行动能力，在人与人的交往中体会公共道德的意义。对于义务教育阶段的儿童青少年来说，这一时期的实际生活体验对其公民意识、公民责任感、公民认同等的形成和社会性发展具有特殊的意义，儿童青少年时期的生活经验会留给个体深远的影响。因此，公民教育课程要关注儿童青少年的现实生活，让课程成为公民生活的缩影，将课程的内容转变为日常生活的形式，贴近他们的生活，反映他们的需求。儿童青少年的社会生活是课程组织的主线，将公民知识分散在与儿童青少年生活实际相关的情境中，注重课程与生活的联系。儿童青少年的亲身体验是公民教育课程的根本性路径，让儿童青少年用自己的眼睛去观察社会，用自己的心灵去感受社会，用自己的方式去探索社会，在体验中历练个体的公民品性，历练个体的公共行动能力。

四　开放性

义务教育阶段学校公民教育课程必须是一个开放的课程体系，是一个渗透多门学科领域、涉及多方面主题的立体课程体系。就学科领域而言，公民教育的课程内容不局限于一个学科，涉及多门学科，如法律、政治、历史、地理、语言、文化等多个学科领域。就课程内容而言，除公民教育的传统内容外，课程内容更有向跨学科主题方向发展的趋势，比如，环境教育、和平教育、多元文化教育、国际理解教育等。

义务教育阶段学校公民教育课程为学生提供的是一个开放的教育环境，在这一环境中必须使少数民族的文化价值得以体现，保障少数民族的文化和历史，帮助少数民族在差异文化的教育中得到承认。因此，义务教育阶段学校公民教育课程首先提供的是一个相互尊重的公民教育，培养学生对不同文化的了解和尊重，这里的尊重既包括对不同文化的尊重，还包括对不同性别、不同民族、不同肤色以及弱势群体的尊重。其次，要帮助儿童有能力应对并解决文化冲突产生的问题：一方面既了解西方等其他文化，另一方面又有自己的分析判断能力，不盲目崇洋媚外而贬低自己。同时，帮助学生协调好自我认同、民族认同、国家认同以及世界认同之间的关系。

五　时代性

公民从产生之日起就与民族国家紧密联系在一起，传统意义上的公民仅指具有某一国家国籍的公民。但自20世纪90年代以来，在全球化浪潮的影响下，社会组织的形态发生了翻天覆地的变化，导致以民族、国家为主的组织形态逐渐淡化，开始出现跨国公司、国际资本、世界企业、全球市场等新的经济形态。全球化推动了“地球村”的形成，公民的界定已经超出了国家、国籍的限制，无论哪个民族或哪个国家的人，都将从一国的“国家公民”变成地球村的“村民”或全球的“世界公民”。

与全球世界公民相适应，公民教育课程需要体现时代性，强调培养具有国际视野和全球意识的世界公民。在全球化时代，任何民族、国家的生存和发展都离不开其他国家公民、国家。全球问题已经超越了国界、民族、文化以及社会制度，已经无法单纯依靠一个国家的力量解决。这些反映在公民意识中，便要求公民具有国际视野、全球意识。因此，在全球化时代，义务教育阶段学校公民教育课程的重要任务就是培养儿童能够应对全球化时代的新变化，学习时代所需的知识、技能和价值观念，在儿童时期就培养孩子的全球意识，培养他们跨文化的理解能力和适应能力。

第三节　义务教育阶段学校公民教育课程的建构原则

一　目的性原则

在课程建构过程中，必须始终明确培养目标是课程结构设计的根本依据。培养目标的提出，不仅是整个课程建构必须遵循的统一的质量保证，也是课程建构过程中，各个要素之间以及要素与整体之间的根本参照。所以，义务教育阶段学校公民教育课程的建构必须具有目的性，有明确的指向性和培养目标，以符合中小学生身心发展规律、符合时代发展方向和适应社会需求的目标定位。具体可以从以下三点来把握义务教育阶段学校公民教育课程建构的目的性原则：一是依据国家的教育方针，把握国家的培养目标导向。二是依据一定的社会背景和形式的要求。中国当前处于社会转型时期，人们的价值观念发生变化，一切向“钱”看，利己主义、享乐主义、假冒伪劣、腐败等丑陋的现象深深影响了在校的学生，公民教育课程如何应对这些负面影响。三是依据学生的实际情况。不同年龄层次、文化背景的学生对问题的认识和关注程度不同，在课程内容安排上要做到有目的性。

二　针对性原则

课程建构必须具有针对性。课程涉及的目标、内容和组织形式必须针对义务教育阶段的学生，这一阶段的公民教育课程设置的原则要着眼于中小学生的发展和成才。公民教育课程的设置要以中小学生为主体，为他们服务。所以，在课程设置上，关注学生整体的主体性，同时也关注学生个体的主体性。在课程设置上，既要重视学生整体素质的提高，又要关注学生个性的发展，同时还要考虑到学生的需要、兴趣和能力，尽量与之相适应，以激发学生的学习热情、提高学习效果、提高教育质量。任何偏离该年龄阶段学生已有水平的课程要求都难以取得良好的效果。

三　科学性、系统性原则

科学性原则占据首要地位，发挥着至关重要的作用，也是绝对不可或缺的一部分。课程建构必须遵照科学原则，建构过程中必须遵照义务教育阶段中小学生的身心发展规律来设计课程，并且按照学生发展的需要，循序渐进地选择课程内容，难易程度适中，不能超出该年龄段能够接受的范围。坚持在科学理论的指导下，遵循教育教学规律，依照公民教育的相关理论以及课程理论，按规律建构课程，制定出既有联系又有侧重的课程目标和内容。义务教育阶段学校公民教育课程是一门学科，要在现代教育理论的指导下，建立在对客观规律的认识和把握上，这样建构出来的课程才能体现公民教育课程的合理性和切适性，真正地培养出社会所需要的公民。

系统性原则是指课程的建构必须运用系统的方法对课程的相关课程要素进行系统地分析和整合，以达到课程的最佳效果。主要涉及三点：

（1）课程设计的过程必须有组织、有计划、有步骤地进行。必须有一套系统的课程设计程序或方案，然后根据这个程序有条不紊地完成课程设计的各项任务。

（2）课程建构的各个课程要素之间也要具有系统性，是一个完整的系统。义务教育阶段学校公民教育课程首先需要完备性和规范化，依据中小学生的身心特征，以及本学科的知识体系结合相关的课程理论规范、系统地建构本课程的各个要素，形成完备的课程体系。在课程目标上，不仅重视公民知识的掌握，更注重公民行为能力的实践和情感的熏陶。课程内容系统化，内容选择上更鲜活、更能体现基础性、前瞻性、关联性、结构化和模块化。

（3）要考虑义务教育阶段各门课程之间的整体协同关系。公民教育课程作为其中的一门课程需要与其他课程组成有机整体，在建构课程时需要从整体出发，在整体性原则的指导下进行。

四 实践性原则

公民教育课程建构必须注重实践，唯有注重实践的课程才能培养出积极参与社会生活的主动公民。公民教育课程远不止学习一些公民知识，即便是学习知识，也必须体现出知识获得的探索过程，而不是对知识的死记硬背，学生在实践中获得的公民知识更加直接、有效。公民教育课程更要注重公民行为能力的培养，而各种能力的培养离不开实践的过程，唯有学生的亲身实践过程才能成就主动参与的公民。只有设计这样的公民教育课程，我们在实施公民教育课程的时候，才不至走灌输教育、重分数轻能力、脱离学生生活教育的错路。

义务教育阶段学校公民教育课程应该为学生创造更多的实践机会，更广阔的实践领域。学生公民意识的培养不仅得益于学校内、课堂中的公民教育学习，更得益于在社会中的实践。学校公民教育课程需要以学校为中心，尽可能地扩大学生实践的范畴，将家庭、社区、各类团体、非政府性组织等都容纳到课程体系中，建立多维度的、开放型的公民教育实践体系。其中，学校作为培养主动公民的主要场所，是开展公民教育课程的核心阵营。学校公民教育的课堂应以学生为中心，将实践活动作为重要的课程形式，鼓励学生积极参与各类实践活动。此外，学校并不是课程开展的唯一场所。公民教育课程也需要通过家庭、社区、各种社会场所让青少年运用公民知识、践行公民能力、形成公民道德。公民不是孤立的个体，而是生活在家庭、社区、学校、国家和全球之中。每个公民都必须学会处理与他人、与社会、与国家、与世界之间的关系，培养成为一个有独立人格，对他人、家庭、学校、社区、国家和世界负责任的公民。因此，要尽可能扩大实践的范围，增加参与实践的机会，使得学生可以深刻体会到自己在参与社会事务、变革社会中所发挥的作用，提高学生参与社会生活的热情，增强学生参与改造社会的责任感和使命感。在参与具体事务的过程中，学生会在行动中理解公共问题的复杂性，进而培养其公共精神、公共责任以及公民美德。①

---

① 檀传宝：《论“公民”概念的特殊性与普适性——兼论公民教育概念的基本内涵》，《教育研究》2010 年第 5 期。

五　开放性原则

建构义务教育阶段学校公民教育课程还要遵循开放性的原则。首先，课程的内容是开放的、动态的，要能反映时代的特征，满足社会的需求，及时调整更新，吸收能反映当前社会现实问题和公民教育相关学术成果的内容。要对当前社会的政治、经济、文化、知识、各种理论或思潮等因素做出回应，课程要主动适应全球一体化、社会转型对公民提出的新要求，具有鲜明的时代特点。公民教育课程的建构更需要密切关注社会发展所带来的新变化，及时吸纳时代的新特征，不断更新内容。课程的时代性反映了不同时代培养人的规格的差异，公民教育课程主要是为了培养当前社会需要的优秀公民，更需要及时回应社会的需要。因此，公民教育课程的内容不是僵化不变的，必须始终保持课程对社会环境变化的敏感度和对新事物、新情况的吸纳度。课程体系需要不断进行完善，及时选取社会环境中新的课程要素，融合进课程内容中来，增加能够反映公民教育研究的前沿问题，介绍国内外的新思想、新观点和新理论，帮助学生形成适应时代需要的知识结构。课程的建构还要注重前瞻性，注重与未来社会相关，帮助学生更好地觉察未来的各种选择以及后果，为学生的未来社会生活做准备。

其次，公民教育课程体系的结构是开放的，要注重课程结构的扩展性和关联性。课程中涉及的知识之间相互关联，知识安排由易到难，紧密贴近学生的生活并逐步往外延伸扩展，形成一个知识体系网络。从不同的角度呈现和解释同一个问题，为学生提供不同的思考角度，提高学生的分析能力和批判性思考能力。公民教育课程与其他课程之间也需要有较强的关联性，公民教育的内容必须同时渗透到其他所有课程中，才能够真正实现公民教育作为教育的基础目的，实现人的全面发展的终极目标。

第四章　义务教育阶段学校公民教育课程目标的建构

第一节　义务教育阶段学校公民教育课程目标体系建构的原则

一　构建体系适应性原则

（一）遵循学生身心发展规律

义务教育阶段学校公民教育课程在目标建构上要随学生年龄的增长逐渐加深，从基础目标的养成逐渐过渡到更高级别目标的培养，突出学生不同年龄阶段的目标养成，根据不同的年龄阶段，考虑学生认知能力的特点以及道德认知与道德行为能力的规律进行建构。在小学阶段注重具体目标的养成，从小学高年级到初中阶段逐渐过渡到抽象目标的养成。按照从低阶段到高阶段过渡、从容易到复杂、从具体到抽象、从单方面到多层次对公民教育课程的目标进行建构。在目标发展上，由具体的认知目标开始，到抽象的情感目标，最后到落实具体实践的公民参与行为目标的养成。

同时，在设置具体目标时要充分考虑到人的主体性原则，把学生的发展放在首位。目标的建立要贴合学生的生活，充分考虑到学校生活中学生会亲身体验到的情绪、道德、社会关系等因素。

（二）建构适合中国国情的公民教育课程目标体系

建构中国义务教育阶段学校公民教育课程目标体系时，需要充分考虑中国的国情，在引进西方公民教育理论之余，避免出现“全盘西化”“拿来主义”的问题，对国外的公民教育理论须进行本土适应性考察。公民理论来自西方，是西方社会发展的产物，其提倡的公民观念对其国家的民主化进程有很大的影响。一方面，其公民的权利义务观念、公民参与等理念，对当前的社会发展起到了积极的推动作用，有助于处理好国家与公民、社会与公民之间的关系，这些是任何社会都需要提倡的理念，有助于维护公民的个人权利、使社会机制得以更好地发挥，对政府起到了有效的监管作用，是我们值得借鉴的地方。但另一方面，西方社会所提倡的民主一元化标准，对其他文化、价值观的渗透和侵蚀使其他国家的公民教育陷入被动的局面。中国当前的社会正处于社会转型时期，建设法治社会，落实社会主义核心价值观都离不开公民教育对公民的培养。因此，中国在建构义务教育阶段学校公民教育课程目标体系时，需要考虑中国的基本国情，体现有中国特色的社会主义公民教育课程目标体系，注重培养公民的权利义务意识，在提高公民意识的基础上，注重公民参与能力与公民责任的养成。

（三）顺应全球化趋势，融入世界公民理念

随着全球化的进程，世界公民理念越来越受到各国的重视，众多国家的公民教育课程中不再只关注国家公民的培养，对世界公民培养理念的提出越来越多。因为全球化的发展为人类带来了很多共同的问题，在环境、生态、人口流动、经济、文化等各个领域间产生的问题，已经超越了传统国家的界限，成为世界性的、全人类共同的问题。同时，一些适用于全球的普遍伦理，对于人类基本权利的关注，也对众多国家产生了观念上的挑战和冲击。随着中国对外开放政策的深化，作为世界体系中的一员，无法避免地受到这一世界性趋势的影响。我们需要顺应公民教育国际化的趋势，不再局限于培养国家公民，而是要注重全球维度的世界公民养成。在目前义务教育阶段的现有课程中，培养世界公民的全球化意识的有关内容严重不足，有必要在目标中加重世界公民维度的培养内容，从原来的国家维度拓展到世界维度，培养学生学会由在本国社会环境中生活发展到积极参与全球社会生活，突出公民教育课程目标养成的世界性。

二 目标结构立体化原则

（一）知识、能力、态度与价值观的统一

义务教育阶段学校培养目标以及课程目标体系中，知识、能力、态度价值观都是根本构成要素。因此，无论从学校培养目标的角度考量，还是参考义务教育阶段学校课程目标体系的维度划分，公民教育课程的目标建构都应该具备这些要素。就公民教育课程本身而言，知识、能力、态度价值观的统一是基于公民教育课程对要培养公民素质这一根本任务的理解，公民素质本身就是知识、能力、态度价值观的统一体。公民应具备的这三方面素质，决定了公民教育课程目标的建构过程要以实现这三个方面为基础。

（二）个人、社会、时间、空间多向度的结合

多向度公民教育理论中，科根等人提出了现代公民教育应该培养公民的多向度公民素养，包含个人、社会、时间、空间四个向度。个人向度强调个人公民素养的养成；社会向度强调在多元文化环境中，人与人之间的交流和合作，共同处理公共事务的能力；时间向度强调结合过去的历史传统与未来的发展趋势，以可持续发展的理念解决当前面临的公民问题；空间向度强调在全球化一体化的背景中，承担作为地球一员的责任，共同致力于解决本土、国家、世界的问题。① 这四个向度代表了公民活动的共同领域，每一个向度都涵盖了与其价值观相对应的公民素养的目标要求。这四个向度相互联系形成一个统一的整体，要培养现代公民素质，这四个目标维度缺一不可，为构建义务教育阶段学校公民教育课程体系提供坚实的基点。

（三）多元公民身份的融合

认同实质上是个体对所属群体的一种认可和情感归宿。认同对群体的重要性不言而喻，它不仅是群体借以团结其他成员的核心力量，也是一个社会组织机构赖以证明其合法身份的依据。② 随着多元化成为一种世界潮流，个人在现实生活中往往归属于多重社会群体。随着全球化进程的加快，不同国家之间，个体之间的跨国交往也日益频繁，公民的身份不再单一地局限于传统的民族国家范围内，尤其是移民的大潮使我们必须承认人们的文化和国家的身份不可能仅仅同其居住国有联系，即使他们是这一国家的公民，也没办法断绝他们对原先国家的联系及对其的归属感。“人们的文化认同可能超越国家的界限而趋同于某一特定的族

① 赵晖：《社会转型与公民教育：中国公民教育目标与内容体系的建构》，人民教育出版社 2007 年版，第 158—164 页。

② 同上书，第 165 页。

群或社区。”① 文化的多样性和公民身份的复杂性使得人们必须重新审视公民身份。因此，全球化需要多元的成员身份，取代民族国家单一的成员身份。公民的认同也超越了民族国家的认同，而要求超越民族界限的身份认同。

多元化的公民身份培养模式逐渐被世界上众多国家所接受，这些国家纷纷把公民身份的单一培养目标发展成包括个人认同、社会认同、民族认同、国家认同以及世界认同等多元认同公民身份的培养。即使是韩国、日本这样的单一民族国家，也将培养“世界公民”作为其培养目标之一。多元化公民身份认同培养目标要求培养公民对待他人和周围事物持宽容和开放的态度以及具备能够与他人分享价值观的能力，尊重彼此不同的价值差异，并且能够适应不同的文化。义务教育阶段学校公民教育课程目标的规定要体现公民教育课程的时代性，体现当今公民教育领域的新理念——超越国界，将学生视为多种身份的个体，强调学生应对当今时代挑战的能力。

如图 4 - 1 所示，义务教育阶段学校公民教育课程目标应该呈现立体化的结构模式。这个立方体结构可以分割成若干个代表不同目标的小单元，这些小单元所代表的目标维度之间是紧密关联的。每个水平线上的维度是平衡、和谐的关系，彼此之间并不会因为夸大某方面的目标规定而削弱另一目标的分量。

三　价值内涵动态平衡原则

这是课程目标代表价值观在教育领域的具体体现。因此，课程中的一切要素都具有价值内涵。任何国家的课程都传达着国家的主流价值观，课程目标的建构必须蕴含由主流价值观念所包含的核心。就中国的现实而言，公民教育课程目标的价值内涵的动态平衡原则可以从以下三点来把握。

（一）公民权利和义务的平衡

公民是权利和义务的主体，权利和义务相伴而生，权利和义务之间必须保持一种平衡状态。如果公民的权利和义务之间缺少平衡，将影响

① Darren J. O'Byrne, *The Dimensions of Global Citizenship: Political Identity Beyond the Nation-state*, London: Frank Cass, 2003, pp. 211 - 235.

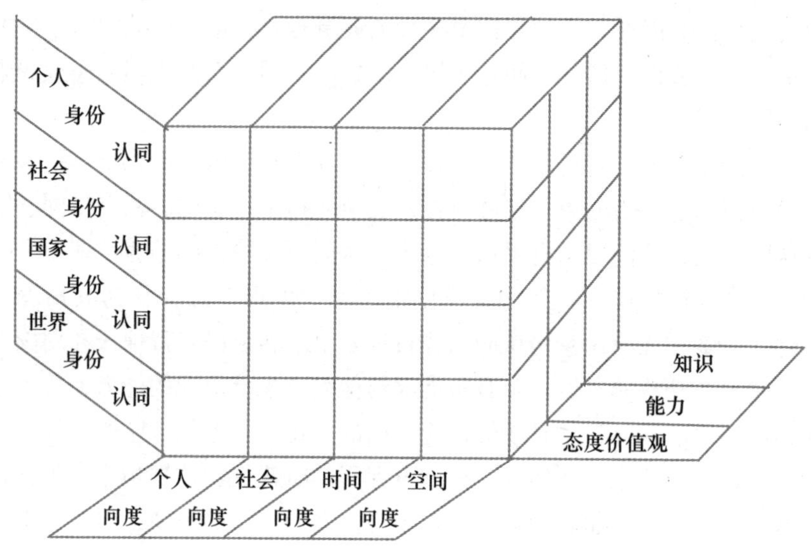

图4－1 义务教育阶段学校公民教育课程目标结构

民主制度的落实、社会法制化的进程。改革开放以来，中国越来越重视公民的权利和义务，中国宪法对公民权利和义务也有明确的规定，但这并不意味着中国公民的权利和义务处于平衡状态。中国长达几千年培养顺民的历史，使得人们普遍缺乏权利意识，人们通常只知道自己有履行义务的职责，而缺乏享受权利的愿望。在以往的教育中，涉及义务的教育目标一直占据重要位置，价值导向上倾向于“舍己为人”“牺牲”“奉献”等内容。在建构中国义务教育阶段学校公民教育课程目标时，必须坚持权利和义务相平衡的价值原则，消除传统文化的不良影响。因此，在建构具体目标规定时，不仅要向权利教育倾斜，注重公民权利意识的培养，也要注意权利教育与义务教育的平衡以符合当前社会的现状。

（二）私德与公德的平衡

私德指个人在处理自己事情时进行自我约束的德行要求，通常是指个人品德；公德是指公共领域中公民交往中体现出的德行。长久以来，中国的道德教育一直注重个人道德的培养，以儒家为核心的传统文化十分重视个人的品德修养，即重视私德。中国的传统伦理观是从有血缘关系的家庭出发的，孝顺父母、尊老爱幼等这些中华民族的传统美德都基于家庭这个纽带。一旦这些美德脱离了亲情、友情，进入一个陌生人的环境中，所表现出来的反应往往会是另外一种态度，表现为对他人的冷漠和自保。当发生的事情与自己无关时，往往表现出冷眼旁观的倾向。而中国传统社会的公共道德，则是对私德在公共领域的无限扩大，公共生活则是放大了的私人关系网。因此，早在一个世纪前，梁启超就指出“中国……偏于私德，而公德殆阙如”①，并极力主张培养国人的公德意识。英国哲学家罗素（B. Russel）曾在20世纪20年代初的时候访问中国。经过一系列的考察，他认为中国文化里更注重家族内部的私德，而对社会的公德、公益不加重视。② 有类似看法的梁漱溟也认为中国人缺乏团体生活习惯的训练，“社会”意识淡薄，普遍缺乏公德。③

现代社会强调社会分工，人与人之间的分工协作关系已经成为社会关系的核心。因而，遵守社会公德，提高公民的公德意识就显得尤为重要。现实生活中，缺乏社会公德意识的表现比比皆是，损人利己、假公济私、不遵守公共秩序、不爱护公共设施等。尽管我们今天的公德意识相比于百年前梁启超所处的时代已经有了很大的改观，但站在世界的高度来看，必须承认中国公民的公德意识水平还有很大的提升空间。中国的社会一直以一种“熟人圈”的模式存在，即从私人关系出发逐渐增加扩展，所谓的社会也是一个个私人联系所构成的人际网络，在这种格局中所谓的社会公德也只在私人关系中才有意义。因此，在教科书中才会出现“如果一个人连自己父母都不孝敬又怎么能爱他人、爱集体呢?”之类的论调。孝敬父母固然没错，但孝敬父母与热爱他人和热爱集体之间并没有必然的联系，这里的逻辑关系实际是模糊了公德与私德的界限，而类似从一己利益出发思考问题的逻辑方式又有很多。从这个角度而言，当前学校课程中对公民公德意识的培养依旧匮乏，需要加强对公民公德意识的培养力度，全面提升公民公德水平。

我们通常说的公德往往是遵纪守法、遵守交通规则等最基本的社会

---

① 梁启超：《新民说》，宋志明选注，辽宁人民出版社1994年版，第16—17页。

② ［英］罗素：《中国问题》，秦悦译，学林出版社2006年版，第1—10页。

③ 梁漱溟：《乡村建设理论》，载自中国文化书院学术委员会《梁漱溟全集（第二卷）》，山东人民出版社1990年版，第12—195页。

公德。但是公德的核心是指公民具有一种超出个人利益以外的、对公共领域事务的关心和参与，是对公共领域的关怀和责任。公德体现的是一种公共关怀、一种公共精神，它关系到一个国家、一个民族能否健康持续地发展。比如，公民对国家重大事件的关心程度、对社会公共生活的参与，这种关怀是公民出于对社会的责任感主动做出的决定，绝不是被迫的、被别人灌输的，这样的公共精神才是真正意义上的公德，是整个社会需要的公德。

今天我们进行公民道德建设，重点是要提高公民在公共领域的道德水准。在建构学校公民教育课程时，尤其要注重强调公民道德、公共精神、公益和团队合作等方面目标的养成。

（三）国家认同和世界认同的平衡

国家认同和世界认同并不矛盾，二者可以实现一种动态的平衡。国家内的所有成员都有意识地分享着一种对国家的归属感，所有人都有一个不可动摇的信念，那就是他们都是这个国家的公民。对任何国家而言，公民教育的首要任务就是培养公民对本国的认同感，提高公民的爱国意识，增强国家凝聚力，激发公民为国家建设做贡献的热情。随着全球化的影响，地球村的形成，作为“地球居民”的认同感日益增长，使得世界主义成为一种可能。全世界的人口中可以使用同一种语言（英语），使用现代化技术成果（电子）进行交流的比例越来越高。对于那些在跨国组织工作或移居海外的人来说，有很多与来自不同国家的人相处的机会，汲取多元的文化，使他们形成独特的世界认同感。尽管如此，民族国家在人类政治生活中始终扮演着重要的角色，在可预见的相当长一段时间内，民族国家仍然是世界上最重要的主体形式，其发挥的作用和功能是其他任何主体无法替代的。[①] 但另一方面，在面对全球化的浪潮时，传统国家处理各种事务时必须考虑全球化影响的分量和重要性。如果全球性的制度规范、全球化的运行秩序离开了有全球观念和世界意识的公民的支撑，如果人类在全球化进程中无法冲破国家主义的

---

① 褚松燕：《个体与共同体：公民资格的演变及其意义》，中国社会出版社 2003 年版，第 220 页。

藩篱，互相帮助，那么全球化将有可能加速人类的自我毁灭。① 要避免全球化为不同区域人类带来的生存危机，必须要推动全球化进程中人类社会的发展，使人类的个体精神与意识发展到能够应对全球化的挑战，这就要求每个公民在看待个人发展、国家发展与世界共同发展之间的动态关系时，可以本着一种更开放、更宏观的视野，重新审视本国与其他国家的关系，自己国家在世界舞台上的地位和作用。只有站在全球视野的高度，才能使我们更加清晰地了解自己的国家，才能更快速、更主动地融入全球一体化的进程中。在这一点上，美国的公民教育课程就为我们提供了很好的典范。美国自建国以来一直注重国家公民的培养，注重培养美利坚合众国公民的爱国热情。在 1969 年以前，美国的公民教育课程教材在“国家与地方事务”领域的重视程度一直呈上升趋势，在教材中的比例最高达到 19%。② 随着冷战的结束以及全球化浪潮的到来，1970 年以后，美国的公民教育冲破了原有单一的国家主义倾向，转而关注其他国家的文化、习俗，向培养具有全球观念的世界公民的方向发展。面对“9·11”的恐怖袭击，美国的基础教育战略重新做了调整，掀起了确保美国国家安全、同时促进世界理解的基础教育改革运动。至 2004 年，美国公民教育教科书中涉及“国际与地区事务”主题的内容比例达到 21%，公民教育课程目标也有了更明确的方向：促进公民教育冲破国家主义的藩篱，关注能够参与国际事务、理解其他国家、其他种族与文化的世界公民的培养。③

第二节　义务教育阶段学校公民教育课程目标体系

一　义务教育阶段学校公民教育课程总目标

教育的目的是对受教育者的教育结果和教育活动的总体要求，是所有教育活动的出发点和归宿。具体来说，就是教育活动所要培养的人的

---

① 付宏：《从国家公民到世界公民——美国公民教育目标的转向》，博士学位论文，华中师范大学，2011 年，第 121 页。

② Mary Rauner, *The Worldwide Globalization of Civics Education Topics from 1955 to 1995*, Unpublished doctoral dissertation, Stanford University, California, 1998, p. 168.

③ 付宏：《从国家公民到世界公民——美国公民教育目标的转向》，博士学位论文，华中师范大学，2011 年，第 122 页。

质量规格和标准，而所有的教育目的最终都需要课程目标来实现。因此，课程目标是达到教育目的的手段。一般来说，教育目的往往是抽象的、高度概括的、具有很强的原则性，要把这些目标落实于行动中，需要课程目标来实现。公民教育作为培养社会群体成员的教育，承载着国家、民族、社会的未来。学校公民教育课程目标是对公民教育预期结果设定的标准，它集中反映了公民教育的性质和方向，是公民教育的出发点和归宿，决定了公民教育的成效。因此，中国公民教育课程的规定在满足前文中所提及的必须遵守的依据原则之外，必须根据自身的特点和需求而有所侧重。

在全球化的大背景下，无论哪个国家的公民教育课程都要培养特定社会—政治共同体的合格成员。中国义务教育阶段学校公民教育课程的总目标就是培养中国社会发展所需要的合格公民。围绕培养社会主义合格公民的现实需要，当前的学校公民教育课程目标规定应该实现对传统目标的完善、超越与发展，以形成公民的国家认同前提和基础，以培养学生的权利和义务意识为基点，以养成公民核心价值观念为核心，以培养主动公民为最终目的，使学生具备理性处理个人与家庭、个人与社会、个人与国家、个人与世界之间的权利和义务关系的能力，成为具有强烈国家意识和世界情怀的公民个体、具有社会公德和道德自律的公民个体以及愿意积极主动承担社会责任的公民个体。

（一）形成国家认同感

国家认同是国家发展的重要保证，对现代公民来说是不可缺少的，任何国家的公民教育课程都必须以培养公民的国家意识为核心。同样，在中国的义务教育阶段学校公民教育课程中，国家认同应处于最基础的位置。国家认同是国家成员之间都认同属于一个国家的国家意识，是维系国家成员之间感情和精神的纽带。在国家意识的作用下，每个国家公民彼此之间存在一种强大的向心力和凝聚力。

就中国而言，中国人具备真正意义上的“公民”身份的时间不长，道路也很曲折。中国历史上经历了几千年的封建统治，当时的人只是“臣民”“子民”，到了近代又遭受了帝国主义的侵略，中国人成了被殖民被压迫的人，直到新中国成立才真正实现了人民当家做主，中国人才具有了公民身份，成为国家的“公民”。所以，作为中国公民应该珍惜自己的中华人民共和国公民身份，热爱自己的国家。当前，中国面临来自各方面的挑战与冲击，将国家认同感确立为义务教育阶段学校公民教育课程的一个培养目标是时代的要求。正如鲍伯·杰索普指出，在当前全球化的浪潮中，民族国家仍然重要，它并没有消亡，而是“正在被重新想象、重新设计、重新调整”来应对挑战。[①] 因此，国家认同仍然应该是最根本、最重要的认同，在全球化的时代更应加强国家认同，以捍卫国家的安全和统一。[②] 只有从小培养学生的国家认同感、爱国热情才能确保中国人团结一心，齐心协力推动国家的健康、稳定和持续地发展。公民教育课程中以培养国家认同感为目标，是国家团结一致，共同快速发展的精神动力。因此，义务教育阶段学校公民教育课程的首要目标是培养学生从小忠诚祖国，具备国家认同意识，能够继承中华民族优秀的文化传统。

（二）具有世界公民意识

在全球一体化的影响下，国家之间的交往合作更加密切。人口问题、环境问题、恐怖主义等众多问题已经成为全人类需要共同解决的问题，各个国家共同行动进行国际治理已经成为共识。每个国家都应当参与其中，每个国家的公民作为生活在地球上的人类更是责无旁贷。无论“世界公民”是作为一种理念的存在还是作为一种身份的存在，它都已经存在于我们的生活中，其影响不容低估。

就个体而言，不同国家、不同种族、不同民族、不同信仰的人们在交往过程中，难免出现各种文化、各种语言思维方式上的碰撞，大家常常会因为某个习惯或观点的差异而觉得如此的不可思议，更会为某种想法或某个现状的惊人相似而感到人性共通的奇妙。这时彼此之间已不再是不同语言、不同国家人民之间的交流那么简单，彼此已经跳出了国家和地域的限制，而是作为一个人，一个生活在这个世界上的人来思考。从这个角度而言，我们绝不仅仅是代表各自国家的公民，我们更是这个地球上的公民，世界的公民。我们寻找彼此文化、价值观的共同之处与不同之处，更开放地理解和接受彼此的文化和价值观。

---

① ［英］鲍伯·杰索普：《重构国家、重新引导国家权力》，何子英译，《求是学刊》2007 年第 4 期。

② 韩震：《论国家认同、民族认同及文化认同——一种基于历史哲学的分析与思考》，《北京师范大学学报》（社会科学版）2010 年第 1 期。

今天的中国社会正处在全球市场的经济环境下：跨国公司林立、大量国际资本注入、本国企业努力打开海外市场冲向世界。随着中国与其他国家和地区的政治、经济、文化往来日益增多，参与国际事务的机会越来越多，走出国门旅游、探亲、工作或学习的国人也越来越多，要求中国公民具有世界公民的形象和素质。中国培养的“公民”不仅是国家建设者的“国民”，更是区域社区、国际社会的建设者和成员。这些原因都使世界公民教育成为公民教育课程关注的焦点。

教育是培养人才、参与国际竞争与合作的重要手段。为应对全球化对当前经济、政治、文化、生态等多领域带来的挑战，各国政府纷纷改革本国的公民教育，公民教育的任务不再仅限于传统的“培养民族国家的建设者”，还必须培养出具有全球胸怀的人才。培养世界公民成为一种面向未来、面向全球化社会的公民教育理念和实践，其重要性已经获得了广泛的共识。

在这样的时代背景下，中国对培养世界公民意识不够重视，世界公民教育还未进入中国主流的教育形态。通过对当前公民课程现状的调查以及对中小学德育教科书中的内容分析显示，教师对培养世界公民的重视程度较低，目前德育课程标准中对世界公民的培养要求缺失。总的来说，世界公民的培养相对于中国来说还很陌生，目前的学校教育中并没有给世界公民的培养予以足够的重视。因此，在中国积极快速融入世界的过程中，特别有必要培养学生的“世界公民”意识，培养学生的世界情怀。

（三）形成权利和义务意识

公民教育的核心就是权利教育和义务教育，公民教育课程目标的核心即培养学生的权利意识和义务意识，这两个目标之间是平衡统一的关系。如果只重视前者，可能会走向普遍缺乏责任意识和社会责任感；如果只重视后者，则可能会使人们成为奴性的“臣民”。对中国而言，由于几千年来一直缺乏权利文化的传统，在现实生活中一直存在权利意识薄弱的问题，对公民的权利也往往从国家法律赋予权利这样一种被动、被给予的角度看待。对于提高中国公民的意识，也往往强调公民遵纪守法，但如果不从根本上提高公民的权利意识与主体意识，这些只能算作权宜之计，很难从根本上提高公民意识。因此，中国义务教育阶段学习公民教育课程的目标定位上尤其要侧重于主体权利意识的形成，培养健全自律的公民，具有捍卫自身权利的行动能力，以及勇于承担责任的意识。

公民权利一般分两种：一种是宪法即法律赋予的公民权利，这是公民权利的客观方面；另一种是公民通过自己行为捍卫这些权利，将这些法律法规的条款变成事实，这是公民权利的主观方面。就客观方面而言，中国法治社会建设为公民权利和义务意识的培养提供了绝佳的环境。随着中国建设法治社会进程的不断推进，各项法律法规得到了极大的完善，各项关于公民的权利和义务的条款也更加清晰细致，公民的客观权利已经具备了一定的保障条件。就主观方面而言，中国公民的权利意识还需要经过一段时间的培养。义务教育阶段学校公民教育课程就是要从小促进公民主体权利意识的形成，课程目标的规定必须立足于让公民清楚自己所享有的权利和自由，既要从小培养主动维护个人权利的意识，也要重视对公民自主履行义务的培养。鉴于中国一直以来都强调公民履行义务这一现实情况，公民教育课程中应该校正以往过于强调公民履行义务的倾向，摆正公民义务的位置，使公民清楚权利和义务之间的关系。

总之，义务教育阶段学校公民教育课程的目标规定中要充分培养学生的权利意识和义务意识，但就中国传统教育一直片面强调履行义务和责任教育的现实而言，根据权利和义务平等的价值内涵原则，应该在课程目标中侧重对公民权利意识的培养。虽然权利意识和义务意识同等重要，但无论是在理念上还是实践上，权利主体的明确都是履行义务、承担责任的前提和基础。因此，中国义务教育阶段学校公民教育课程目标的规定中只有加大对学生权利意识养成的力度，才能实现权利意识和义务意识的平衡发展。

（四）拥有社会核心价值观

维持并促进一个社会的健康持续发展需要有一套全体公民共同认同的核心价值观。核心价值观是一个社会维系其系统秩序，引领其发展的核心理念，是一个社会的公民需要长期普遍遵循的基本价值准则。它关系到培养怎样的公民，是引领社会风气的风向标，特别是在当前社会价值观混乱、不良社会风气倍出，同学之间炫富、拼爹、拜金主义、享乐主义思想滋生、学习投机取巧、考试作弊盛行等情况下，教育学生接受最基本的社会核心价值观是当前义务教育阶段学校公民教育课程目标的重要任务。

美国政治学家奥罗姆指出任何社会要持续地发展，都必须成功地向社会成员传递符合其国家政治制度的价值理念。[①] 而中国的社会核心价值理念——即社会主义核心价值观。2006 年党的十六届六中全会《关于建构社会主义和谐社会若干重大问题的决定》中首次提出了社会主义核心价值体系的概念。随后，2012 年党的十八大进一步提出了 24 个字的社会主义核心价值观："富强、民主、文明、和谐、自由、平等、公正、法治、爱国、敬业、诚信、友善"，概括了国家的价值目标、社会的价值取向和公民的价值准则。[②] 社会主义核心价值观为人们的价值观起着整体的定向作用，为人们的价值选择指明方向，引导人们选择正确的行为方式，是全体公民的价值规范和行为准则。当这些价值导向成为整个社会成员共同认同、一致遵守的价值理念时，个体成员也会自觉地将自己的选择与整个社会的共同取向联系起来。尤其是处于义务教育阶段的儿童以及青少年，受家长、教师以及同伴的影响巨大，希望得到家长和教师的认可以及同学的认同，因此，在这个阶段教授社会核心价值观事半功倍。其次，核心价值观有助于把分散的个体凝聚在一起，有助于社会成员之间达成共识并形成共同的价值追求，可以有效地将社会成员凝聚在社会主义价值体系之下，形成巨大的社会凝聚力和向心力。

（五）培养主动公民

分析近年来世界各国的公民教育课程标准变化趋势可以发现，当代公民教育课程目标在总体上具有一个突出的新特征，即培养主动公民。

美国公民教育中心制定的《公民与政治课程标准》中规定：美国公民与政治课程的目标是培养有能力、认同美国宪法民主制度规定的基本价值观和原则的合格公民，并使他们明智、负责任地参与政治生活。[③] 在其 2010 年修订的 K-12 国家课程标准中指出，公民教育课程的目的就是提高公民能力，并将"提高公民能力"这一总目标分解成十个主题目标进行详细阐述，将公民意识与实践作为最高层次的目标，认

---

① ［美］奥罗姆：《政治社会学导论》，浙江人民出版社 1989 年版，第 365 页。

② 吴潜涛：《深刻理解社会主义核心价值观的内涵和意义》，《人民日报》2013 年 5 月 22 日第 7 版。

③ Center for Civic Education, National Standards for Civics and Government. Center for Civic Education, 1994（http：//wwww. civiced. org/stds. html）.

为公民的意识与实践对于学生积极参与社会至关重要，是公民教育课程的核心目标。① 马萨诸塞州的公民课程标准中指出，要通过课程中系统的学习帮助学生聪明、公正、负责任地参与公民生活，参与地方、国家和国际问题的商讨。②

新西兰2003年新修订的基础教育改革目标规定为培养“自信”、“终身学习”及“积极、有效地参与一定范围的社会生活”的公民。这一新的国家课程标准关注学生的社会参与度和社会贡献程度，强调整个公民教育课程就是一个培养公民的实践过程，并在公民教育课程框架中明确指出所有的学生都有机会参与班级及学校的决策制定过程。③

在澳大利亚，早在1988年国家就提出培养主动参与型公民的公民教育目标，并把公民素质解释为在政治框架下的能动参与过程。澳大利亚教育评议会将公民教育课程的重要目标界定为培养学生作为在国际背景中参与民主社会的、能动的明智公民。④

1990年，英国国家教育课程审议会在其咨询报告中指出，在公民教育课程中，学校必须重点从两个方面培养学生成为积极的、参与型公民：第一是帮助学生获得并理解基本信息，第二是为学生参与学校生活的方方面面提供机会与激励。⑤

中国香港更是在1986年就强调公民教育课程目标就是要培养公民将民主、自由、公义及法制的精神付诸社会实践中，并强调培养公民的权利与责任，通过公民教育课程使公民积极建设社会并参与政治。⑥ 在2008年香港教育局颁布的《新修订德育及公民教育课程架构》中更是强调从社会生活中培养学生参与社会的责任感，以及未来在社会中可以

① NCSS, National Curriculum Standards for Social Studies（http://www.socialstudies.org/standards/execsummary/）.

② 赵亚夫：《学会行动——社会科课程公民教育的理论与实践》，高等教育出版社2004年版，第47页。

③ Julie Nelson and David Kerr, Active Citizenship in INCA Countries: Definitions, Policies, Practices and Outcomes, 2006（https://www.nfer.ac.uk/publications/QAC02/QAC02.pdf）.

④ Ian Mcallister, "Civic Education and Political Knowledge in Australia", *Australia Journal of Political Science*, Vol. 33, No. 1, 1998, pp. 7 – 23.

⑤ John J. Cogan and Ray Derricott, *Citizenship for the 21st Century: An International Perspective on Education*, London: Kogan Page, 1998, p. 26.

⑥ 李德仁：《公民教育：活动教材手册》，香港社会工作和总工会1988年版，第12—26页。

担当的角色。①

从以上各国及地区的公民教育课程目标中可以看出，虽然各个国家和地区的课程标准中对主动公民的含义和内容存在不同的理解，但对公民教育课程要培养主动参与型公民这一目标存在基本的共识。公民教育课程的目的，就是培养公民参与社会的动机，形成公民意识，通过个人的积极参与，建造一个更加美好、更加公正的社会。②

公民身份依据参与社会政治生活的方式存在主动与被动之分，主动公民强调的是“行动”（doing），而被动公民更侧重的是公民身份的“状态”（being）。③ 传统公民教育强调培养“好”公民，但好公民未必是主动公民。“好”公民可以做到服从法律并能够按照社会准则行动，可以成为一个国家的好公民，但却不一定成为主动参与社会政治生活并积极影响公共政策的公民。④ 因为传统公民教育所追求的是培养有利于民族国家团结稳定的好公民，对规则有习惯性的忠诚与本能的服从，批判性思想与民主实践并不是必需的。传统的“良民”教育往往培养出了解历史、法律和制度等相关知识的“知情的公民”。⑤ 显然，这种被动的培养良好公民的教育目标，已经无力应对当前众多的国内国际问题，新的全球形势需要主动参与社会、政治、经济事务的公民。公民教育课程需要实现从“良好”公民到“主动”公民的转变，培养积极主动的、负责任的、参与型的公民，将公民参与的行为与付诸行动的情感、态度和意愿结合起来，现代的“好公民”必须是能主动参与社会

---

① 香港教育局课程发展处：《新修订德育及公民教育课程架构》，香港教育局（http：//www. edb. gov. hk/tc/curriculum-development/4-key-tasks/moral-civic/revised-MCE-framework2008. html）。

② 金生鈜：《公民品质与公民社会》，2010 年 11 月 30 日，中国高校人文社会科学信息网（https：//www. baidu. com/link？url = tQX36ZTivGDNVcquemSc2iLILirHwxys CodAL1HWKPeXdKHsvrYFOGvy-rxqtcgQkU9cJ3G3VQfFFJezuZrXeEdqMK3Ykygjfw3fPaBygJy&wd = &eqid = bfaf6e820000624f0000000455aed5c6）。

③ Kerry J. Kennedy，Towards a Conceptual Framework for Understanding Active and Passive Citizenship（Unpublished report），2006（www. inca. org. uk/pdf/Active_ Citizenship_ Report. pdf）.

④ Bernard Crick，A Note on What is and What is not Active Citizenship，2005（http：//www. citizenshippost-16. isda. org. uk/files/033_ BernardCrick_ WHAT_ IS_ CITIZENSHIP. pdf）.

⑤ 饶从满：《主动公民教育：国际公民教育发展的新走向》，《比较教育研究》2006 年第 7 期。

生活及社会公共事务的公民。因此，在公民教育课程目标规定上要从重视公民知识学习的培养转变为关注培养学生的批判意识和参与意识，培养学生追求平等、民主的社会生活，参与民主社会中有意义的社会、政治、经济和文化生活。

公民的参与也有狭义和广义之分。通常提及的公民参与基本停留在狭义的理解上，即政治参与，主要是对政府的决策施加影响的参与行为，或是以此为目的的一系列行动，比如投票、选举、加入某一党派等。但在实际生活中，公民不只存在于政治生活中，毕竟能够参与国家管理决策的只是一小部分公民，大多数公民是在公共生活中表达自己的意愿。政治参与仅是公民参与的一小部分，还有对众多非政府机构、社会团体等众多形式的公共社会生活的参与。因此，义务教育阶段学校的公民教育课程要更多地为学生创造参与学校和社区活动的机会，通过学生在实践中的教育体验，获得知识与理解、技能与态度、价值与性向，培养学生的参与意识和能力，使他们在参与社会公共生活过程中能积极地履行公民的角色和责任。

总之，积极主动参与政治和公共生活是现代公民的基本素质要求。因此，培养具有参与意识的主动公民是义务教育阶段学校公民教育课程的重要目标之一。

二　义务教育阶段学校公民教育课程四维目标体系

义务教育阶段学校公民教育课程目标包含四个维度：知识维度、能力维度、情感态度价值观维度、公民行为维度①。

（一）设置公民教育课程四维目标体系的缘由

首先，社会需要的公民是“主动参与”的公民。以往的公民培养主要涉及个人与国家、政府之间的关系，将所谓的“好公民”界定为忠诚国家的人，认真履行公民义务的人。从这个层面上来讲的公民，是将公民视为被动的公民，而不是作为社会生活中的积极参与者，所以在教育目标上也往往以知识灌输和价值观传授为主。而在当代社会，人们开始从社会、国家，甚至全世界更广阔的公共领域理解公民教育，因

① James Banks and Cherry McGee Banks with contributions by Ambrose Clegg Jr. , *Teaching Strategies for the Social Studies*, New York: Longman, 1999, p. 6.

此，新兴的公民教育要培养的公民必须是参与型的，而且这种参与必须与付诸行动的情感、意愿和态度结合起来，强调“主动”地参与社会生活。公民的意愿要想被知晓，就必须成为政治生活和公共生活的主动参与者。在很大程度上，公民的个人成就与社会成就及公民主动参与政治生活和公共生活紧密相关，只有他们成为有责任的、主动的公民时，才更有可能取得个人或家庭的成就，同时取得社会甚至是国家的成就。

其次，公民教育课程是一门指导公民参与（civic engagement）① 的课程。如果课程还没有进入培养公民的行动能力这个层面的话，之前的知识、技能、价值观这些课程目标都会被架空。公民教育课程所包含的知识目标、情感态度价值观等目标最终都要落实到学生的公民行为上，只有学生践言践行了，公民教育课程的目标才能最终实现。公民教育课程的学习过程本身就是实践活动，其核心就是在实践中学习，在学习中培养学生的行动能力。在实践领域开展的服务学习热潮，也正是培养主动参与型公民教育课程目标的深刻体现。更重要的是，公民社会的实现有赖于公民维护个人尊严和社会福利的行为，而公民教育课程有建树的地方，恰恰是发展学生的社会行动能力。

再次，培养主动参与型公民已经是国际公民教育课程目标的共同趋势。公民教育作为培养合格社会公民的教育，担负着国家、民族、社会的众多希望，有很多错综复杂的因素作用其中。但在义务教育阶段不同国家的公民教育课程改革有一个共同趋势，那就是各个国家都不约而同地将课程目标定为培养主动公民②。这一国际趋势为我们的思考提供了空间和切入点，也为继续探讨制定合理的义务教育阶段学校公民教育课程目标提供了进一步讨论的依据。

最后，中国公民主动参与意识的整体水平不高。尽管中国的民主进程在不断深化，公民意识也随之觉醒，但总体水平仍然有很大的上升空间。有学者对中国公民参与意识进行了调查，结果发现在全国范围内，只有大约38%的公民对公共事务有强烈的参与意愿，其中30%左右的

---

① Mary Kirlin, The Role of Civic Skills in Fostering Civic Engagement. 2003 (http://www.civicyouth.org/PopUps/WorkingPapers/WP06Kirlin.pdf).

② Julie Nelson and David Kerr, Active Citizenship in INCA Countries: Definitions, Policies, Practices and Outcomes, 2006 (https://www.nfer.ac.uk/publications/QAC02/QAC02.pdf).

公民有意愿参与重要的政府决策，并希望“有更多的发言权”；16%的公民则希望在工作领域和社区事务中有更多的发言权[①]。可以看出，中国公民的主动参与意识仍然比较淡薄，并且主要集中在政治领域，而对社会公共事务领域的参与意识比较欠缺。

（二）四维目标体系之间的关系

知识维度是基础，能力维度是核心，情感态度价值观维度是课程的深层目标，公民行为维度则是课程的终极目标，是实现公民参与的最终表现（见图4－2）。

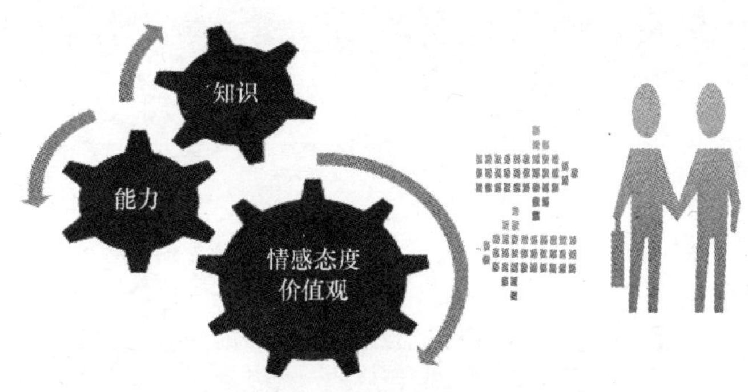

图4－2　公民教育课程四维度目标关系示意

其中的知识维度和能力维度互为动力，学生一旦积累了一定的公民知识就会进一步地内化成公民能力，公民能力的发展又会促进学生对知识有继续深入的了解，公民知识和公民能力两者共同构成了公民教育课程目标的基础。学生必须在掌握了公民知识和具备公民能力的基础上，才能生成公民的情感态度价值观，形成并增强公民意识。因此，情感态度价值观维度是公民教育课程目标的核心，应该占有重要的比例。以上的公民知识、公民能力、公民意识、公民价值观念等目标的形成最终都要通过公民的行为体现出来，只有公民在政治生活以及社会公共生活中的实际行动，才是公民教育课程目标得以落实的最好检验。因此，公民

① 孟天广、马全军：《社会资本与公民参与意识的关系研究——基于全国代表性样本的实证分析》，《中国行政管理》2011年第3期。

行为维度是义务教育阶段学校公民教育课程的终极目标和最终表现。

这四个维度共同构成公民教育课程目标体系，是一种立体、动态的框架结构，彼此之间互为补充、相互促进，作为一个整体影响着公民素养的养成。在目标的规定上，不能顾此失彼或偏重某一维度，不能单纯地传授知识，也不能脱离知识过分强调能力的培养，或是单纯抽象地进行情感价值观教育，更不能凭空地要求学生掌握并践行公民行为。作为结构支撑，这四个维度在这个体系中的地位不容忽视、不可替代。这四个维度彼此之间的联系就体现在它们之间的不断互动、彼此互为支撑的动态过程中。有关这四个目标维度的落实将在课程内容中做进一步说明。

第五章　义务教育阶段学校公民教育课程内容的建构

课程内容是课程的基本要素，是根据课程目标、有目的地选择一系列直接经验和间接经验，并按照一定的逻辑顺序组织而成的知识体系和经验体系。① 课程内容与课程目标是相互作用的关系，课程目标决定了课程内容的选择和组织，课程内容则是对课程目标规定的具体化呈现。在课程内容的选择上，"经验主义"课程理论和"人本主义"课程理论认为学习者的个人经验是课程的基础和依据，主张以学习者为本位选择课程内容，课程内容应该符合学习者的自身发展水平，并有助于促进学习者主体的发展。②

对于义务教育阶段学校公民教育课程而言，其课程内容的选择实际上是一种社会意识的选择，公民教育课程就是通过向学生提供一定的材料，使学生形成某种社会意识。总体来说，公民教育课程的内容的选择和组织要依据课程的四维目标，基本可以分为四个板块的内容——公民知识、公民道德与价值观、公民身份认同和公民行为能力。公民知识教育是向学生传播公民知识，培养知情的公民的过程；公民道德与价值观教育是向学生传递情感、态度和价值观，培养公民意识的过程；公民身份认同教育是教授学生公民身份资格、培养多层次身份认同感、归属感的过程；公民行为能力教育是向学生传授参与公民生活的能力和技巧，积累公民公共社会生活经验和政治生活经验的过程。这四方面的内容并不独立存在，而是有机体现在整个义务教育阶段学校公民教育课程中。

---

① 钟启泉：《课程论》，教育科学出版社 2014 年版，第 141 页。

② 靳玉乐：《课程论》，人民教育出版社 2012 年版，第 216—218 页。

第一节　公民知识教育

公民知识（civic knowledge）教育指公民应该知道什么，公民教育课程的开展必须以知识为支撑，是义务教育阶段学校公民教育课程内容的基础。针对德育教材中有关公民教育的内容分析的结果——当前中小学德育课程教材中存在的民主与法制内容薄弱、权利义务内容严重匮乏、环境教育未得到重视、内容单一等问题，着重提出以下三个方面的公民知识内容，分别是法律知识、政治知识和环境知识。值得说明的是，公民知识教育的内容并非只有这三个方面，还包括社会、历史、地理等方面的知识，随着全球化的发展，还要涉及有关其他国家的、世界的相关知识。

一　法律知识教育

依据公民教育的定义，公民教育首先是一个法律层面的概念。因此，公民教育课程首先要教授的是有关公民教育的法律知识。在公民教育课程的框架中，这里的法律知识教育并非是专业的教授法学知识，而是教授与法律法规相关的公民教育内容，包括公民的权利义务、学校内的规章制度、国家的法律法规、人权、法治、司法体系、契约关系的理解、法律的意义、遵守法律、尊重人权以及法律推理的能力等。这里的法律教育的目的是培养具有法律意识的公民，因此，内容的安排主要应该围绕提高公民的法律意识。

自1996年中共中央发出了“依法治国”的号召，到2014年中共十八大提出“全面推进依法治国”，法律在中国的地位不断上升，越来越成为人们与社会之间或者人们彼此之间调解普遍利益和特殊利益的依据和手段，而未来将实现国家生活和社会生活的法治化。同时，随着社会主义市场经济体制的不断推进，市场经济所追求的法制经济、公平竞争、自主自律的价值取向，需要依靠法律的制约和保障。因此，法律教育是公民教育课程中不可缺少的重要内容。

目前，中国经过了几轮的普法宣传教育，取得了一定的成效，但不足之处也很明显，主要表现在普法过程流于形式、急于求成，其目的和落脚点在于教育学生如何知法守法，主要还是守法教育，对公民法律意识的培养明显不足。因此，在义务教育阶段学校公民教育课程的安排上，不能只停留在知法和守法的层面上，只学习法律的具体条款，教育学生遵守法律法规，而是应引导和强化公民对国家制度、法律制度的合理性和合法性认同作为重要内容，突出和强调学生作为公民主体的民主、自由和权利，把培养公民的法治意识和对现代法律的信仰作为法律教育的根本目标；内容选择上，应侧重教育学生如何利用法律维护自己的合法权益和积极维护法律的权威和尊严。

在具体法律法规知识的内容安排上，可以依据学生的年龄特征由易到难、由具体到抽象逐渐推进。

（1）在小学低年级的法律知识内容安排上，侧重让学生清楚自己在家里、在班级里、在学校里享有哪些权利、需要履行哪些义务、承担哪些责任，班级内和学校内的规章制度的意义何在。

（2）小学中高年级可以将内容扩展到清楚社区内以及社会上自己的权利和责任，清楚当地政府的职责和相关的政策，初步了解国家的司法体系，理解公平、公正的意义，清楚自己的权利和义务以及与自身利益相关的法律法规（比如《中华人民共和国未成年人保护法》）。

（3）初中阶段可以开始更深入地学习一些法律法规的知识，比如历史上的法律制度，中国的法律体系及其变革，法律制度对中国社会的影响，集体和个人的权利及义务，政府的相关法律法规（比如了解社会的保障制度、税收制度等）以及一些国际法律（如《国际人权法》等）。

二　政治知识教育

公民教育的内容也应包含大部分的政治领域的知识。世界上大部分国家的公民教育内容都涵盖了政治秩序的基本概念与价值，培养公民的教育就是养成一个国家政治价值的系统性教育①。政治是公民教育课程内容的重要组成部分，政治知识教育是义务教育阶段学校公民教育课程中的重要内容，居于核心地位。政治知识教育是为了让学生从小学习政治理论知识，包括国家的政治制度、政府的职责、政治党派，并对国际政治事务有所了解，培养学生具备一定的政治素养和能力，为未来参与

① 张秀雄：《公民教育的理论与实践》，台湾师大书苑有限公司1998年版，第92页。

政治生活做准备。

改革开放以后，国民的生存状态、生活环境以及思维方式发生了翻天覆地的变化，以政治体制改革和经济体制改革为核心的社会转型，对传统的政治教育模式从目标、内容到途径、方法上都提出了巨大的挑战。在内容上，主要表现是政治理论更新不够及时。自20世纪80年代以来，中国的经济体制、政治关系和社会管理方式发生了变化。尤其是近几年来，“阶级斗争”已经成为历史，计划经济时代的整体单一的经济结构已经被打破，社会成员的经济活动呈现多样化趋势。开放的经济环境使得人的流动性更强，观念也越来越活跃，社会成员的生活方式变得越来越多样化。这里的政治知识教育要突破以往枯燥乏味的意识形态教育，融入社会主义民主政治知识，由意识形态的灌输式教育转向提倡参与的社会主义民主政治教育，这将是中国走向政治文明的必由之路。

在内容安排上，可以围绕以下五方面内容展开：政府的结构和职能、中国的政治体制和立宪原则、民主在政府中的体现、国家和世界公民以及世界事务的关系、公民的角色（见表5－1）。在具体年级安排上，从简单具体的知识入手，随着年级的增长将知识内容不断深化、扩展延伸。

表5－1　义务教育阶段学校公民教育课程内容中的政治知识教育

一、国家政治体制、立宪原则
了解政治体制的基础，清楚中国政治的主要原则。 （1）中国国体和政体； （2）立宪的基本原则，宪法的核心内容； （3）中国政治制度的原则和价值； （4）中国的政治文化特征。
二、政府的结构和职能
理解与公民参与政治有关的制度认知。 （1）政府的意义，它的目的、性质、服务内容； （2）政府的基本权利和职责； （3）国家政府、地方政府的组织结构和职能。

续表

三、民主在政府中的体现
知道民主在政府中是如何体现的，理解法律在中国政治体系中的地位。 （1）中国的宪法； （2）政府如何保护个人利益和促进公共福利； （3）国务院、地方政府对权力、权威和职责的分配、分享和限制； （4）公众政策的产生与发展。
四、本国与世界的关系
了解中国在当今世界中的地位和作用，了解本国与其他国家在世界范围内的合作及其影响。 （1）中国政府的外交政策； （2）国内政策和外交政策对其他国家或国际社会的影响； （3）世界上的政府组织、非政府组织的作用和影响； （4）国际治理的主要内容，中国发挥的作用和影响。
五、公民的角色
理解公民资格的本质和公民担任的角色。 （1）什么是公民资格，公民具有哪些角色和身份； （2）公民的权利和义务； （3）参与公共生活的意义。

第一方面即政府及其职能，这是常识性的公民知识。这部分主要包含什么是公民生活、什么是政府、为什么政治和政府是必需的、政府应该做什么、政府的权限在哪里、政府的特点是什么等问题，要求青少年对这些问题有所了解，并能认识到这些问题直接关系到公民对公民生活的本质及其重要性的认识和理解。对以上问题的清楚了解，有助于青少年知道政府的权威所在，政府的责任是什么以及政府的权利应该在什么地方止步、受到限制。对政府及其职能的相关知识的掌握，有可能在政府的权威和限制之间，公民的权利和义务之间保持平衡的关系，既可以维持社会秩序和法治，也能够保障个人的自由。

第二方面要学习中国的政治体制及其基本价值和原则。了解中国政治体制的基础，它的价值和原则是什么，中国公民对政府的信仰是什么，为什么我们必须共同拥有一些价值、原则和信仰。这些问题的学习和思考，有助于青少年公民更好地理解中国政治体系的历史、哲学和经济基础，了解中国社会和政治文化的特征。对中国人民民主专政、社会主义制度、一切权利属于人民、民主集中制等政治原则的学习，有助于公民理解政府行为，并用这些原则标准判断政府行为，同时也可以明确自己拥有的公民权利，并对国家产生归属感。

第三方面的政治知识是民主在政府中的体现。包含了中国的宪法是什么、宪法的重要性、国务院的职责是什么、国务院如何保护每个公民的权利和促进社会公共福利、地方政府的职责是什么、法律的地位是什么等。帮助青少年了解不同层级政府之间复杂的职责权限和权利分配体系，清楚权利的重要性，并理解权利没有绝对的，所以当权利与更重要的权利发生冲突时会受到限制，理解权利合理的限制的重要性。

第四方面是了解中国与世界事务之间的关系。包括中国的外交政策是什么，作为一个新崛起的大国，中国的外交政策如何影响世界，中国与其他国家之间是如何交往的，世界又是如何影响中国的。这些知识的学习帮助学生进一步了解中国在当今社会的角色，认识国际事务如何影响我们的生活以及我们所在的社区，了解中国的国家安全和利益。

第五方面关于中国公民在社会中扮演的角色，这方面的内容是为了让青少年了解公民在政治体制中的地位。它包含了作为一名中国公民意味着什么，中国公民有哪些权利和义务，公民的责任是什么，公民如何参与政府管理，公民参与社会服务的重要性，怎样才能成为一个有责任意识的公民等内容；清楚中国的公民身份意味着公民在法律面前人人平等，被赋予的基本权利和义务；清楚民主参与不仅仅包括选举、竞选和投票等形式，还包括对政治生活和公共生活的参与等。

三　环境知识教育

现有的德育教材中有关环境的内容并没有得到重视，内容过于陈旧简单，并没有反映出当前严峻的现实问题。环境问题已经成为中国当前亟待解决的重要问题之一，环境污染、气候变暖、水土流失、垃圾处理、土地荒漠化等一系列的环境问题每年为中国造成严重的人员伤害和重大的经济损失。中国的环境教育开展比较晚，在 1983 年召开的第二次全国环境保护会议上，中国政府才将“环境保护”明确为中国的一项基本国策。[①] 1996 年颁布了《全国环境宣传教育行动纲要（1996—2010 年）》，提出“环境保护，教育为本”的方针和理念，加强环境教育，提高环境意识。[②] 环境教育对于解决当前严峻的环境问题意义重大，是提高全民环境意识的重要手段，实现全民环保的关键途径。环境知识教育主要包含三方面的内容：环境科学知识、环境法律知识和环境伦理知识。

（一）环境科学知识

环境科学知识既包含自然环境也包括社会环境，主要为了加强对环境的理解，清楚环境系统的相关知识，以此提高对当前环境问题的关注度，理解人与自然的关系。具体包括了解自然环境，清楚构成生态系统的各个要素以及各个要素之间相互依存、相互制约的平衡关系；清楚造成环境问题的原因，不可超出大自然的负荷能力，知道如何保护和合理利用自然环境，传授解决环境问题的基本方式方法。人类是生态系统中的一部分，对生态系统的过度开发，反过来会破坏人类的生存环境，因此要懂得节制，善待动植物的生命，努力维护生态平衡。

国外公民教育课程中的环境教育为我们提供了很好的典范。以加拿大为例，在加拿大英属哥伦比亚省的公民教育课程中，环境教育的内容从幼儿园开始一直贯穿至中学毕业，是公民教育课程内容的重要组成部分之一，具体内容见表 5 - 2。

---

① 《第二次全国环境保护会议》，中华人民共和国环境保护部（http：//www. zhb. gov. cn/ztbd/gzhy/diqicihbdh/ljhbdh/201112/t20111221_ 221579. html）。

② 《全国环境宣传教育行动纲要（1996—2010 年）》，法律教育网（http：//www. chinalawedu. com/falvfagui/fg22598/19141. shtml）。

表5-2 加拿大英属哥伦比亚省公民教育课程内容中的相关环境科学知识①

一年级	认识加拿大地图；环境的特征；环境对人的日常生活有哪些影响；关心环境的方法
二年级	英属哥伦比亚省及加拿大的地形和水系；环境是如何影响人类活动的
三年级	省内的环境特征；历史上环境对加拿大人的影响
四年级	世界的大洋和大洲；世界上的国家；加拿大的地名；原住居民与土地的关系
五年级	加拿大的地区划分、各地的自然资源；环境对早期加拿大移民的影响
六年级	人口分布；人类定居方式的影响因素
七年级	环境对远古文明的影响；历史上人类活动对环境的影响
八年级	世界地理；人口分布和资源利用；人类的定居方式
九年级	北美的地理区域；环境对人类的定居方式的影响

可以看出，英属哥伦比亚省公民教育课程中的环境知识教育内容主要围绕人与环境之间的相互关系展开，包括过去和现在不同的环境，人类生活对环境的影响，环境对人类居住方式的影响。通过对本地、国家层面以及世界环境的了解，了解不同程度的生态问题和环境问题，理解环境与可持续发展的关系。

除了借鉴国外的环境知识体系，针对中国目前严峻的环境污染，还有必要让学生知道中国目前存在哪些方面的环境污染，提高学生的环境保护意识。教授学生相关的环境保护知识和方法，比如，垃圾分类与回收，如何低碳生活等，让学生在日常生活中身体力行地践行环保的理念，实践环保的生活方式。了解国际上与环保相关的各种节日，以此提高学生的关注度和参与度。

（二）环境法律知识

除了环境科学知识的学习以外，学生还有必要从小清楚相关的环境法律法规知识，普及环境法规，强化环境法律法规意识。学习《中华人民共和国环境保护法》，清楚哪些事情可以做，哪些不可以做，不能

① British Columbia Ministry of Education, Social Studies K to 7: Integrated Resource Package 2006 (https://www.bced.gov.bc.ca/irp/pdfs/social_ studies/2006ssk7.pdf), 2006, pp. 13 - 15. British Columbia Ministry of Education, Introduction to Social Studies 8 to 10 (https://www.bced.gov.bc.ca/irp/course.php? lang = en&subject = Social_ Studies&course = Social_ Studies_ 8_ to_ 10&year = 1997), 1997, p. 7.

因为法律上的无知肆意掠夺自然资源、破坏环境。更要通过对相关环境法律法规的学习，树立法律权威，杜绝投机取巧、钻法律空子、知法犯法。

（三）环境伦理知识

教育学生珍惜自然生态的和谐稳定，顺应自然规律。普及环保知识，养成良好的环保习惯，爱护动植物、节约能源，认识到自然资源的衰竭和环境退化将严重阻碍经济的持续发展，并威胁人类的生存与发展。通过对环境伦理知识的学习促使学生理解能够形成正确的环保理念，抵制人性的自私和贪婪，担负起一个公民对环境所承担的责任。

四　公民知识内容的组织与推进

公民知识教育内容在不同年级的分配比例上，必须遵循学生的身心发展规律，选择符合学生认知能力的知识范畴。尽可能地涵盖多个领域的公民知识，保证学生能够学到全面的公民教育知识。在内容的组织上，可以基于两个原则：①“同心圆扩大法”，知识要贴近学生的生活，并随着年龄的增长，逐步扩展范围；②“螺旋上升”原则，根据不同年龄学生的认知水平，不断加深知识的难度和深度。

（一）“同心圆扩大”的内容组织方式

同心圆扩大法是指按照“由近及远”的理念，基于生活范畴逐渐扩大学生的认知领域。将课程内容与学生的生活经验紧密结合起来，先从了解自己周边的事物开始，从学生的生活环境出发由近及远、逐渐扩展，逐渐了解和认识社会。教学内容循序渐进，有助于学生接受和掌握。[①] 在内容呈现方面由近及远、由熟悉到陌生、由具体到抽象、由具体人物和事务过渡到抽象的文化和理想。在公民知识内容的组织上可以按照学生个体、个体与家庭、个体与学校、个体与社会、个体与国家、个体与世界逐渐向外扩展的方式进行组织（见图5－1）。

在学生个人层面，学生需要了解自己在社会中担任的角色和承担的责任，清楚自己的权利和义务，懂得维护权利并履行义务。在学生与家

---

① 黄光雄、蔡清田：《课程发展与设计新论》，五南图书出版公司2015年版，第190—192页。

庭及学校的关系中，主要让学生清楚自己的家庭关系，了解学校的基本规则，在学习和生活中处理好彼此之间的关系。在学生与社会及国家的关系中，主要了解个人对社会、对国家的义务与责任，需要履行哪些义务，对政府以及社会有一定的了解，清楚政府是什么，在社会中的角色和作用，中国的政治体制是什么，有哪些政党，中国社会存在哪些问题等，这些培养目标着重在小学高年级阶段解决。到了初中阶段，在学生个体与国家的关系上，掌握权利义务的相关知识，懂得如何维护自己的权利，了解国家的法律，把握宪法赋予公民的权利，掌握政府的基本知识以及民主选举的过程和理念，清楚政府的基本构成，承担的职责，在社会中发挥的作用等。在世界视野的培养上，主要从有关世界其他地区、国家的常识知识入手，了解其他国家的政治、文化等特征，清楚世界的多样性特征，对世界一体化的发展趋势形成认识，逐渐增加世界知识在不同年级中的比重。同时，让学生知道当前社会存在的环境问题，清楚环境保护的重要性，并懂得一定的环保知识。

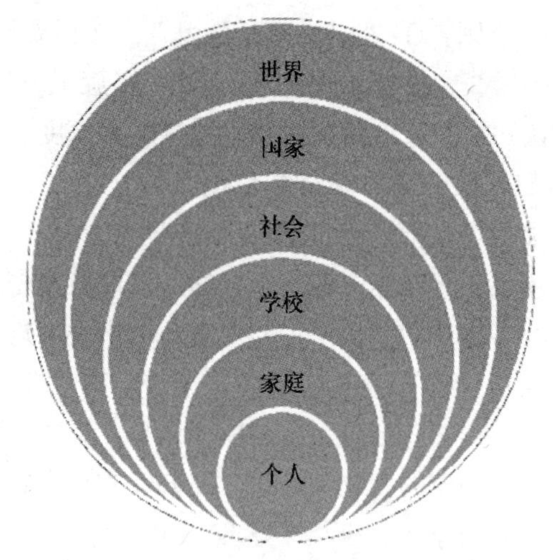

图5－1　义务教育阶段学校公民教育课程内容组织的“同心圆扩大”原则

在实际生活中，生活范畴只是一个相对的范围，学生的生活并不是一个封闭的状态，特别是受信息时代的影响，我们生活在一个开放的环境中，学生对事物的认知也不再仅仅按照由小及大的顺序发展。课程的内容虽然要与学生生活的时空及经验相关，但不能仅拘泥于此。在实际的学习过程中，学生的认知并非严格按照同心圆中由小到大的顺序逐渐提高，而是会有跨越式学习的情况存在。因此，在内容组织上也需要参考另外一个原则——螺旋上升原则。

（二）“螺旋上升”的内容组织方式

“螺旋式上升”原则指在不同学习阶段会重复出现某些特定的内容，但这种“重复”不是把同样的内容再一次原封不动地搬出来，而是依据学生日益增长的心理成熟性，将该内容不断拓展与加深。①

小学低年级是儿童开始适应学校学习生活的重要时期，也是儿童发展认知能力的重要时期。但这一阶段儿童的认知能力有限，对抽象概念的理解有一定的难度。因此，这一阶段的课程在知识的组织上着重于简单、有趣、具体的内容，从具体的常识入手逐渐增加其抽象性。到了小学中高年级，随着心智的不断成熟，抽象能力逐渐提高，开始过渡到社会化的培养阶段，可以逐渐增强知识的抽象性。

初中阶段的学生身心成熟度相对于小学阶段已经提升了不少，已经具备了学习抽象知识的能力，这个阶段可以学习较为抽象的知识，比如社会层面、国家层面以及世界层面的知识。主要围绕加强学生对社会身份的公民知识，学习与国家相关的政治知识、法律知识、权利义务知识以及有关世界其他国家的政治、法律等相关知识是本阶段的重点。

必须指出的是，这两种内容组织的方式并不仅仅适用于公民知识内容的组织与推进，也同样适用于公民教育课程中其他内容的设置，对公民道德与价值观、公民认同以及公民行为能力等课程内容具有同样重要的指导意义。并且，这两个原则之间不存在严格的界限，更多的时候是二者协同合作、共同发挥作用，这样才能保证课程内容组织的渐进性和统整性。

第二节　公民道德与价值观教育

公民教育课程中的公民的道德与价值观（civic morals and values）

① 靳玉乐：《课程论》，人民教育出版社2013年版，第226—227页。

主要包含公民所秉持的社会公共道德标准和信仰并践行的核心价值观念，这些都是维护和改善公民社会所必不可少的，是培养公民的重要内容之一。

一　社会公德教育

在目前的德育课程框架中，受中国传统道德哲学的影响，课程内容更偏重私德的培养，有关个人道德修养的内容占有很大比例。但伴随着三十多年的改革开放，中国的社会发生了广泛而深刻的变革，人们正迅速走出私人生活的狭小范围，进入广阔的公共生活领域，社会对公民的“公德”提出了更高的要求。因此，社会公德是公民教育课程不可或缺的一项重要内容。

高度的社会化使得人们之间彼此的依赖性增加，随着交往范围的不断扩大，我们的生活在影响他人的同时，也在广泛受到他人的影响，彼此之间的公共利益日益增长。随着社会公共领域的不断扩大，社会对公德的要求不断提高，社会公德已经成为公民个人道德修养和社会文明程度的重要表现。中国 2001 年颁布的《公民道德建设实施纲要》中指出：“社会公德是全体公民在社会交往和公共生活中应该遵循的行为准则”，社会公德对于维护社会公共秩序、保护公众利益有着不可替代的作用，是维护社会稳定，促进社会公平公正的重要保障。[①] 黄向阳将公德划分为“社会公德”和“国民公德”两项内容。他指出，社会公德是公民在社会公共生活领域应该共同遵守的最基本的道德准则，包括遵纪守法、维护社会正义、维护社会公共秩序、爱护公共设施、保护公共财物、维护公共卫生、保护环境、投身服务社会等。国民公德是指维护文明有序的公共生活，公民必须共同遵守的伦理底线，包括热爱祖国、捍卫宪法和民主制度、维护国家利益和安全、热爱人民、维护民族尊严和民族团结、热爱和维护和平等。[②] 随着社会进程的变迁，社会公德的内容也不断更新和充实。义务教育阶段学校公民教育课程中的公德教育

① 《公民道德建设实施纲要（附全文）》，中国网（http：//www. china. com. cn/policy/txt/2001 -10/25/content_ 5069881. htm）。

② 黄向阳：《德育内容分类框架——兼析中国公德教育的困境》，《全球教育展望》2008 年第 37 期。

可以主要包括三方面内容：

（一）维护公共权益

鲁迅曾经批评过国人对待公共物品的方式，他指出："中国公共的东西，实在不易保存"，要么糟蹋干净，要么纳为私有。[①] 鲁迅所描述的现象即使到了今天也仍然层出不穷：假期结束旅游景点一片狼藉，遍地垃圾，用于美化环境的公共物品悄然消失，文物古迹被刻上"到此一游"，以及最近频发的飞机上干扰飞机正常起飞等不文明行为。随着中国公民经济收入的不断提高，国人的物质生活有了巨大的提升，但对如何进行社会公共生活却并不十分清楚。要改变这种现状，必须从小开始教育，因此，学校有责任、更有必要教导学生理解和掌握现代公民的公共道德准则，维护公共权益，让学生清楚社会每个成员都有平等享用社会资源分配的权利，对公共利益的损害是对其他社会成员的不公平，侵犯了其他社会成员的合法权益。例如，破坏公共设施和浪费公共资源这种损人不利己的行为，不仅造成了社会资源的浪费，更是损害了其他社会成员使用公共资源的权利。公共设施和公共资源的使用体现了社会分配的公平和公正，面向所有成员，人们在使用的同时，更要承担爱护、管理和监督的责任和义务。教师在进行公德教育的时候，应该引导学生正确认识到为了个人的私利而妨害他人的正当权利就是对他人权利的侵害，引导学生超越自利的思维方式，站在他人的角度以及社会公共权益的层面来思考。

（二）尊重公共规则

公共规则以国家的宪法、法律法规为核心，包括依法制定的行政法规，各级各类社会组织和团体的行政规章制度以及人际交往过程中不成文的惯例、习俗和礼仪等。[②] 尊重公共规则主要是指对公共秩序的维护、公共安全的保障和公共卫生的保持等。在公民教育课程中，通过对公共规则的学习使学生认识到遵守公共规则有利于维护和保障自身的利益，更可以维系社会的基本秩序，保障社会生活的稳定和持续发展。对于公共规则而言，更重要的是每个公民的生命和尊严都具有至高无上的

① 张品兴：《国民性面面观——中国名人论中国人》，中国国际广播出版社 1999 年版，第 57 页。

② 王晓莉：《基于社会公德教育培养学生的公德观》，《教育科学研究》2013 年第 7 期。

价值，其基本任务就是保障每个公民的基本权利，一切公共规则都是基于这一宗旨制定的。让学生清楚公共规则的宗旨是保障每个社会成员的基本生活，因此，对公共规则的尊重，实际是在维护自己公共生活的权益，更是对其他人的尊重。

除了所有人都要遵守的公共规则以外，社会中还需要差异规则来维护整个社会的公平和平等。差异规则是指对于不同的人给予不同的对待，主要是针对那些在权利、地位、财富和生理等方面处于弱势的群体而给予的特殊考虑。这种差别的对待出于对社会中存在的不平等考虑，给予弱势人群以最大的利益，使他们可以享受到平等的社会生活。比如，公交、地铁专门为老弱病残等群体设置的“爱心专座”，医院里有“急诊优先”，公共交通中允许救护车、消防车先行等。让学生通过对现实生活中这些特殊情况的观察，理解差异规则实际是帮助这些弱势群体实现与其他公民平等的公共生活权益。

（三）志愿精神

在 2001 年的“国际志愿者年”启动仪式上，时任联合国秘书长安南指出：志愿精神的核心是怀揣服务、团结的理想，坚持让这个世界变得更美好的信念。① 志愿者精神是奉献、友爱、互助、进步。志愿者从事的是一种公益性活动，是一种无偿的劳动，需要高尚的境界、有爱心、有良知和奉献精神，而这种精神需要大力弘扬，让志愿者精神成为社会公共生活的一种常态。

中国目前处于社会转型期，地区间经济发展尚不平衡，贫富不均，生活困难的弱势群体大量存在。加之改革开放 30 年间，经济高速发展的同时精神文明建设没有得到很好的跟进，社会上一部分人的价值观发生偏移，人人奔波忙于赚钱，无暇顾及他人，很多人秉持着“处处为己”“事不关己高高挂起”的处世态度，有关人们对救死扶伤、扶危济困表现冷漠的报道在各种媒体上频频可见，社会精神生态不断恶化。在此情况下，社会迫切需要甘愿付出、奉献的志愿者。据中国志愿服务联合会 2015 年的公告，目前中国志愿者人数超过 1 亿人。尽管这是一个极大的数字，但相对中国的人口总数来说，仅有 7.3% 左右的人在做志

---

① 《志愿精神——社会责任与生命意义的融合》，中华人民共和国民政部中华志愿者协会（http：//cva. mca. gov. cn/article/zyyj/201110/20111000188003. shtml）。

愿者，这个比例仍然是非常小的，相对于其他发达国家而言，这个数字更是微乎其微。根据美国劳工部2014年的统计数据，美国2014年从事志愿者服务的人数达6280万人，占美国总人口的25.3%；[①] 在加拿大，2014年有44%的加拿大人在从事志愿者服务；[②] 2010年澳大利亚有36%的居民从事志愿者服务。[③] 中国大力弘扬志愿者精神，鼓励人们做志愿者是大势所趋，更是改善社会精神面貌的重要途径。

志愿精神体现的是一种责任和义务，是一种乐于付出的奉献精神，是社会公德的重要体现。志愿者在参与志愿服务过程中，不仅帮助需要帮助的人，也可以在自己付出劳动的过程中收获精神上的快乐和满足。志愿者精神不是“临时抱佛脚”，更不是刻意作秀，而是应该成为人们的生活习惯，以做志愿者为乐，持之以恒。

儿童青少年阶段是进行社会公德教育的最佳时期。在儿童青少年时期实施社会公德教育不仅直接关系到当前国家公民道德建设的成效，更对国家公民道德建设的未来有重要的影响。青少年时期是人生观、世界观、价值观开始形成的重要时期，可塑性极强，选择这个时期开展社会公德教育有助于他们形成正确的公共道德观念，增强遵守社会公德的自觉性。尤其是初中阶段，学生已经进入叛逆期，学校对其进行公德教育的时候尤其需要讲究方式方法，必须讲道理、勤沟通，在平等的氛围中进行，传统教育中命令的、灌输的、强迫的教育方式是绝对行不通的。

二　核心价值观教育

（一）社会主义核心价值观教育

核心价值观教育一直是世界各国公民教育课程的重要内容，中国也不例外。党的十八大首次提出了24个字的社会主义核心价值观：“富强、民主、文明、和谐、自由、平等、公正、法治、爱国、敬业、诚信、友善”（见图5－2）。社会主义核心价值观是义务教育阶段学校公

① United States Department of Labor. Volunteering in the United States, 2014 (http://www.bls.gov/news.release/volun.nr0.htm).

② Volunterismincanada Website, 12.7 Million Canadians Volunteer Each Year (http://www.volunteertoronto.ca/?VolunteerismCanada).

③ Ourcommunity, Given in Australia (http://www.ourcommunity.com.au/general/general_article.jsp?articleId=4381).

民教育课程的核心内容，必须从小抓起，从学校做起，贯穿整个义务教育阶段。

国家层面	社会层面	公民层面
• 富强 • 民主 • 文明 • 和谐	• 自由 • 平等 • 公正 • 法治	• 爱国 • 敬业 • 诚信 • 友善

图5－2　社会主义核心价值观

社会主义核心价值观对于中国国家建设具有重要意义，关系社会的和谐稳定，关系国家的长治久安。要增强全民族的精神纽带，铸就中国精神，必须要从小践行社会主义核心价值观。社会主义核心价值观既是公民的精神支柱，能提升公民的精神信仰和精神追求，也是公民的行动向导，是公民参与公共生活的行为准则和道德标准。要实现“两个一百年”的奋斗目标，实现中华民族伟大复兴的中国梦，全体公民必须达成广泛的价值共识，拥有共同的价值追求，这就要求我们把社会主义核心价值观作为义务教育阶段学校公民教育课程的重要内容。①

国家层面的“富强、民主、文明、和谐”四个价值观，蕴含了国家的发展方向，阐释了中国国家建设和社会发展的价值取向。了解国家发展的价值目标，有助于增强公民的自信心和自豪感，鼓舞民族士气，将个人的理想与国家的发展目标融为一体。社会层面的“自由、平等、公正、法治”四个价值观，体现了中国全面建设法治社会的决心，有助于进一步推进社会治理，促进社会的公平和公正，形成良好的社会氛围，建设充满活力、和谐有序、健康发展的现代社会。②

---

① 刘奇葆：《在全社会大力培育和践行社会主义核心价值观》（http：//cpc. people. com. cn/n/2014/0305/c64094－24529115. html）。

② 同上。

前两个层面的核心价值观代表着国家和社会的发展取向，而最后公民层面的价值准则则与我们每个公民息息相关。在“爱国、敬业、诚信、友善”的价值准则中，“爱国”是对祖国的认同感和归属感，对祖国的成就发自内心的自豪感以及发自内心的由衷热爱之情，但这种爱国并不是狭隘的爱国，是以爱国主义为核心，团结统一、爱好和平的精神和追求。“敬业”并非仅仅指对自己从事的工作的一种态度，就学生而言，对学习负责的态度也是学生时期培养“敬业”精神的一个方面，对学习投入的状态、对自己负责任的态度，以及对未来目标的设定和追求都是“敬业”在学生时代的表现。“诚信”和“友善”这两个核心价值观对于我们来说并不陌生，是中华民族的传统美德，中华传统文化讲仁爱、重民本、守诚信、崇正义。但面对激烈的社会竞争，有些人似乎忽视甚至舍弃了这两个传统美德，成为“无利不起早”“人不为己天诛地灭”的市侩小人。因此，在课程中要让学生清楚不讲诚信对社会及个人造成的危害，引导学生辨别“假恶丑”，追求“真善美”。

（二）中国香港及加拿大的核心价值观教育

1. 中国香港的核心价值观教育

中国香港自开设《德育及公民教育》课程以来，就把培养学生的核心价值观和态度作为公民教育课程的目标和内容。香港教育局在2002年《基础教育课程指引——各尽所能发挥所长（小一至中三）》中就明确公民教育课程应首要培养学生的五种价值观和态度，2008年修订公民教育课程框架时，将核心的价值观和态度增加至七种（见表5-3），推行至今已经取得了一定的成效。

表5-3　香港公民教育课程中首要培育的七种价值观和态度（小一至中三）

价值观和态度	内容
坚毅	拥有坚毅的心，面对压力、困难和挫折仍然能坚守原则，努力不懈，将正面的价值观和积极的人生态度实践和体现出来。
尊重他人	从小学习尊重和包容别人的态度，与不同的人相处时能互相尊重，接纳对方与自己的不同之处，创造和平友爱的关系，促进社会和谐。

续表

价值观和态度	内容
责任感	在不同的生活岗位上拥有不同的身份、角色和权利，并承担相应的责任。从小明白社会的福利是基于每个人的责任感，认识别人对各种身份和角色的要求及期望，培养他们关心他人、乐于助人和主动承担责任的生活态度。
国民身份认同	了解自己的家乡，提高对国家的认识，建立国民身份的认同，加深对《基本法》及“一国两制”的理解。培育彼此相互尊重的态度，建立和谐共同的社区。
承担精神	从小培养学生的承担精神，能主动思考如何将事情贯彻始终，办得更好，不怕困难，勇于接受挑战。犯错误时敢于承认，并积极改善。
诚信	信守诺言，言行一致，一旦许下承诺必定全力以赴，不会辜负别人期望。
关爱	关爱包含同情心，即从对方角度出发，将心比心去了解对方的处境和需要，并能适时施以援手，发扬互助互爱的精神。

资料来源：《基础教育课程指引》，香港教育局（http：//cd1. edb. hkedcity. net/cd/TC/Content_ 2909/html/index. html）。

2. 加拿大的核心价值观教育

加拿大在公民教育课程中总结出民主社会中学生需要接受的 12 个宏观价值，这 12 项内容组成了加拿大公民教育课程中的基本民主价值观（见图 5 -3）。

这 12 个价值观从中心圆出发，均是加拿大社会认为最具核心和代表力的民主价值，这些核心价值观之间相互联系、彼此促进。比如，“诚实”有助于对自我和他人的尊重，“重自由”有助于平等、团结的形成等。其中“归属感”和人的“尊严”被认为是公民的两大关键价值观，因为这两个价值观都是基于公民个体的价值取向，不仅将公民视为政治或法律实体，更主要的是承认人的社会性和文化性。[①] 归属感体现了群体、社区以及国家的存在，明确了集体中存在的责任，这种集体责任会促使公民在所属的集体中拉近彼此的关系，互相照顾，进而促进

① Jan Pouwels, Values Education in the Netherlands. In David Evans, Harald Grähler and Jan Pouwels (Eds.). *Human Rights and Values Education in Europe: Research in Educational Law, Curricula and Textbooks*, Freidburg: Fillibach Verlag, 1997, pp. 191 -202.

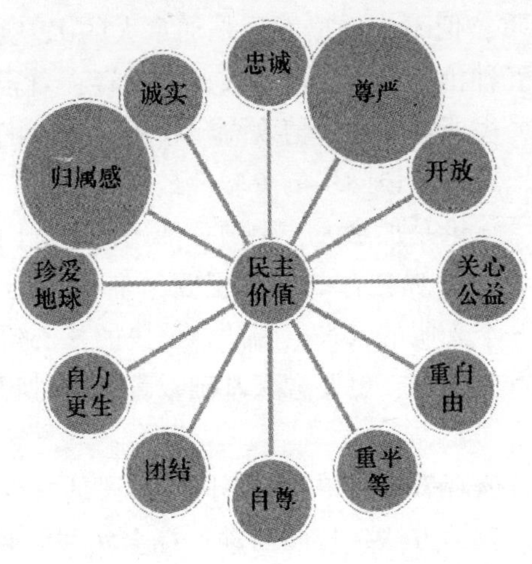

图 5－3　民主社会的 12 个宏观价值①

社会的团结。大家都互爱互助，社会就会变得更加强大。自力更生与集体责任这两种价值观乍看起来互相矛盾，其实是一种相生相伴的动态关系：人类的社会性使得个体不可能与世隔绝，彻底自力更生、自由自在，个人不可能脱离集体而存在。二者之间的动态关系既维护了大家的自由，又满足了大家希望归属于某个更大的团体的需要。将集体的责任具体化，公民就清楚自己作为集体中的一员需要承担的责任，出现问题时人们会主动寻找解决问题的办法并愿意做出妥协。人性对尊严的需求要求人们坚定不移地承认自我和他人的尊严，并且要求人们忠诚于集体，接受集体中的多元特征，这种忠诚是自我珍惜集体归属感的一种表现。集体又相应地对个人权利和集体权利进行了区分，这一区分是建立在社会的多元性的基础之上的。② 以上的 12 项民主价值观有利于承认和尊重当前加拿大社会多种族、多元文化的特征，并且有利于相互尊重和关心他人并回馈社会。

3. 启示和借鉴

从加拿大和中国香港的公民教育课程中所包含的核心价值观来看，

① ［加］乔治 · H. 理查森、大卫 · W. 布莱兹主编：《质疑公民教育的准则》，郭洋生、邓海译，教育科学出版社 2009 年版，第 29 页。

② 同上书，第 30—31 页。

虽然彼此各有侧重，但不难看出无论是加拿大的12项民主价值观还是中国香港地区的五种价值观和态度，彼此之间存在着很多交集，并且都是培养社会合格公民所需要的价值观念。中小学阶段的学生开始逐渐形成自己的价值观，这个阶段学生的可塑性最强，是进行公民核心价值观教育的最佳时期。无论是加拿大、中国香港还是中国内地，都可以看出政府对青少年核心价值观教育的重视程度，唯有从小培养正确的价值观，国家才能有一个光明的未来，因此，公民的核心价值观教育不仅是公民教育课程的重要内容，更要融入基础教育的全过程，贯穿学校教育的各个环节。①

在进行核心价值观教育时要针对不同年龄段的青少年的特征，采取不同的教育形式，教学方法、校园活动、社会实践多种方式相互配合，在课程中把增强全社会的价值判断力作为教育的重点。在全球化的大背景下，社会中存在多元价值观，我们在教育学生承认价值多元性的同时，还要把握住价值观体系方向的一致性，以社会主义核心价值观为标准，把价值多元性与价值一元性统一起来，形成一元主导、多元并存的良性互动局面，帮助学生形成正确的价值观，让学生主动坚持社会主义的核心价值体系。教师要树立正确导向，旗帜鲜明地弘扬真善美，引导学生做良好社会价值风尚的建设者，做社会文明进步的推动者。

学习的内容可以运用故事的方式，吸引学生的兴趣，通过榜样人物、身边典范的事例感染学生，用小故事阐述大道理，做到深入浅出、情理交融。在故事的选择上可以从中国源远流长、博大精深的中华优秀传统文化中汲取营养，并结合时代的新特征和新要求做延伸，深入挖掘和阐发故事的时代价值，使中华民族的传统价值观念实现时代性转化、创新性发展。通过讲述古典故事，结合故事中的历史渊源以及后世影响，从中汲取中华文化的思想精华、道德精髓，还可以增强我们的文化自信、民族自信。②

三　公共道德与核心价值观内容的组织与推进

针对小学低年级的学生的道德发展水平，在选择和组织有关公共道

---

① 刘云山：《着力培育和践行社会主义核心价值观》（http://cpc.people.com.cn/n/2014/0116/c64094-24136367.html）。

② 同上。

德与核心价值观的内容时，应从具体的公共道德观念开始，在公共场所养成良好的生活习惯，学会尊敬他人，尊重祖国的象征。小学3—4年级的学生公共道德的培养主要基于互利性考虑，你帮我，我就帮你，思考问题主要从自身利益的角度出发，满足自己的需求和意图。因此，这个阶段要帮助学生掌握合作的处世态度，明白合作就是在互相帮助，并引导学生将关心的领域从自身以及周围的家庭成员及朋友延伸到关心自己的家乡、关心周围社会发生的事情、关心国家的时事，让学生清楚个人不是独立存在的，个人与社会、国家之间联系密切，利益上息息相关。小学高年级的学生在价值观建立方面，都希望成为父母的好孩子和老师的好学生，达到成年人对他们的希望，获得社会的赞许。因此，这个阶段的学生要清楚自己作为公民对社会、对国家的责任，树立爱国主义观念，认识到每个公民都是国家的重要成员；拥有尊重法律的法律意识，着重加强对社会公德的培养，产生维护环境的责任心；形成民主意识，认同社会的多样性；进一步了解世界，形成全球整体意识。

初中阶段的学生，开始逐渐形成自己的人生观、价值观、世界观，因此，要着重培养学生价值观的全面养成。这个阶段的青少年，朋友发挥的影响力很大，甚至会大于家长及老师的影响。同学之间为了争取某个人或者某个小团体的认同，很容易接受周围朋友的价值观。在公共道德和核心价值观的建立方面，他们开始认识法律对于维持社会秩序的重要性，也开始思考一些抽象的概念，比如，家庭责任、国家福祉、环境保护、生命价值、世界观念等与自己的关系。这个阶段学生的道德动机是充当社会的角色，因此，要侧重培养学生维护社会秩序的义务感和责任感，培养对法律权威和社会秩序的认同感，帮助学生认识自己未来在社会中可能承担的角色和责任。这个阶段的学生已经可以接受较为抽象的概念，所以，应着重树立学生对祖国的归属感和责任感以及对世界的归属感，培养学生的世界情怀，并充分利用这阶段同伴之间的巨大影响力，引导学生相互之间的积极影响，树立参与改造社会的意愿。

第三节　公民认同教育

认同是一个心理学概念，袁娥指出“认同”是自我在情感上或信念上与他人或其他共同体联结为一体的心理过程，是在人与人、人与群体、群体与群体的交往中所发现的相同、差异、特征以及归属感。[①] 身份认同是个体对自我身份的确认和对所属群体的认知以及由此产生的情感体验和对自身行为方式进行整合的心理历程。[②] 对个体和共同体的认同意味着归属感、意味着责任、意味着对公共生活的参与，因此，公民认同是义务教育阶段学校公民教育不可缺少的内容之一。

一　个人认同

个人认同（self-identity），也称“自我认同”，是美国学者埃里克森（Erikson）在弗洛伊德“认同”概念的基础上提出的，既是一种重要的社会心理现象，也是一个与“自我”“人格”的形成和发展有密切关系的心理学概念。本质上，它是指人格发展的连续性、成熟性和综合性。[③] 自我认同强调自我如何在成长、变化的过程中保持对自身的肯定。自我认同并不是在封闭的状态下形成的，而是在与周围的人及环境的互动过程中逐步形成的，即不存在没有社会内容的自我认同。在很大程度上，自我认同是一种自我意识的体现。简单而言，自我认同就是自我对“我是谁”这个问题的回答，个体对这个问题的回答具有的概念或图像越清晰，个人的自我认同感就越强。个人认同感的形成代表着个人生长发展的程度，并支配着个人的行为，引导如何处理人与人之间的关系，如何对待自身社会角色与文化属性的关系。

义务教育阶段的儿童，其人格发展的基本任务是建立自我认同感。这个时期是个体形成主体意识、人生理想和文化价值观的关键时期，也是进行积极引导，产生正面影响的最佳时期。义务教育阶段学校公民教育课程的重要内容之一就是引领学生自我认同，促进学生生存与发展。自我认同是学生发展的内在动力，如果对自己没有清晰的认识，学生很难在未来有自由、自主、全面的发展。但就目前而言，教育中存在着大量不利于儿童形成自我认同的反作用。中国教育长期缺少让儿童自我反

---

① 袁娥：《民族认同与国家认同研究评述》，《民族研究》2011 年第 5 期。

② 冯建军：《公民身份认同与公民教育》，《中国人民大学教育学刊》2012 年第 3 期。

③ 张建平、刘强：《论大学生自我同一性的危机及其解除》，《当代教育论坛》2008 年第 11 期。

思的机会，课程的教学过程特别强调“标准化”，标准化的考试、标准化的答案，甚至培养出来的学生也都是标准化的思维方式。课堂中的学生仿佛工厂流水线中千篇一律的标准件，学生的个性被淡化，学生的自我认同被信仰权威所代替。在学生的成长过程中，很多学生惧怕失败，为了规避风险，放弃自己思考、自己选择的权利，依赖教师、依赖家长，让别人来主宰自己的未来。此外，中国社会“趋同”的生活方式也影响学生对外在价值过分趋同，社会、家庭、学校、长辈寄予学生的期望以及他们的价值观转嫁成学生的价值观，学生也在“随大流”的过程中迷失自我，压抑了个性，泯灭了创造力。此外，在由经济全球化带来剧烈变动的现代社会中，特别是随着信息时代的到来，人们开始有了更多的机遇和选择的机会。虚拟的网络空间给儿童带来了虚无感和自我分离感，传统组织形式的失范和人际关系的契约化给儿童带来了组织归属感的淡化和人际的疏离感，社会的不确定性给儿童带来了不安全感，多元文化的碰撞和传统文化的弱化给儿童带来了价值选择的迷失和文化分离。[①] 由于太过依赖于外在的物质世界以及互联网的虚拟世界，人们会由于找不到传统社会中那种统一的判断标准而无法做出令自己满意的判断，从而导致自我认同感丧失，甚至无法找到生活的意义和方向，这在某种程度上必然会引发自我认同危机。

青少年的自我认同教育有助于帮助青少年在未来社会中不迷失方向，形成独立的选择、判断和行为能力。在开展公民自我身份认同教育时，要“尊重个体选择的多样性，注意培养公民的独立意识和自我意识，充分发挥个体的创造性，力求实现人的自我价值和社会价值的统一人的自我发展和社会发展的统一”。[②] 自我认同包括人格的、意识形态的、职业的等诸多方面，公民教育课程内容的一大核心就是帮助青少年寻找自我、认识自我、认同自我，以形成独立、自主、主体的现代公民人格。

二　社会认同

社会认同是个体通过社会群体分类，对自己所属的群体产生认同，

① 周志辉：《青少年自我认同建构与公民人格的培养》，《人民论坛》2014 年第 32 期。

② 欧贤才：《网络对青少年自我同一性发展的影响极其对策》，《山东省团校学报》2011 年第 3 期。

认为自己属于某个特定的社会群体，同时体会到作为群体一员赋予他的情感和价值意义。① 人是社会性的动物，在不同的社会关系中印证自己的存在，离开社会，个人就无法生存和发展。社会认同不是自发产生的，它是社会互动过程的结果，是人们在社会交往互动中通过自我观照和规范的学习以及与其他外部社会的比较等方式所形成的对自己所在社会的认同。

改革开放以来，中国进入社会转型期，不同阶层收入差距拉大、生活方式各异、经济发展与环境问题、公平与效率、民族文化与外来文化、经济至上与人文关怀的问题凸显，社会公共生活衰落，人们更注重满足个人生活需要，关注私人领域和私人生活，社会责任与公共道德缺失，人际关系淡漠，因此，社会认同教育势在必行。社会认同包括个体对社会价值观体系的认同和对社会公德体系的认同，即个体遵从和适应社会规范、顺利实现社会认同的过程。② 社会认同的核心是公共精神，形成共同的价值观和集体意识，具备公共美德，可以很好地处理公民之间的公共交往关系和公共生活。

三　国家认同

国家认同是指个体在主观上认为自己是某一国家的一员，心理上承认自己具有该国公民的身份资格，国家认同是一种主观意识和态度。③ 人们只有对自己的国家产生归属感，对国家的政治体系、法律制度、道德规范等产生认同才会以一个主动参与者的姿态关心国家利益，愿意为国家的发展担负责任、贡献力量。在多元的公民身份认同教育中，从小培养学生的国家认同感应占义务教育阶段学校公民教育课程的核心地位。所有的国家都十分重视国家认同教育，因为它关系到能否将全体国家成员的力量聚集起来共同致力于国家建设，维护自身的国家主权统一，塑造国家的核心凝聚力。因此，义务教育阶段学校公民教育课程应该从以下几个方面培养学生对祖国和民族的归属感

---

① Henri Tajfel, *Differentiation Between Social Groups: Studies in the Social Psychology of Intergroup Relations*, London: Academic Press, 1978, pp. 27 – 60.

② 靳志高：《全球化背景下的认同危机与公民认同教育》，《教育探索》2005 年第6 期。

③ 杨妍：《地域主义国家认同：民国初期省籍意识的政治文化分析》，天津人民出版社 2007 年版，第 1—5 页。

和认同感。

（一）培养对国家的认同感、归属感和忠诚感

义务教育阶段学校公民教育课程应该通过国家认同教育使学生加强自己对祖国的文化、历史、政治和经济的认识和了解，形成自己对祖国的强烈认同感、归属感和忠诚感，培养学生对祖国的自信心和自豪感，教育他们始终把自身利益与国家利益联系在一起，视国家的利益高于一切，维护祖国的独立统一、国家的主权及领土完整，自觉遵守国家的宪法和法律权威，乐于为祖国效力、贡献自己的力量。通过爱国主义教育帮助学生树立对祖国的深厚感情，使学生具有强烈的国家观念，意识到自己是国家的一部分。只有所有公民都热爱自己的祖国，团结一心，才能保证国家的统一和繁荣发展。课程内容上，学习一切与国家相关的内容，了解国家的历史、文化，清楚国家的政治主张，培养公民参与意识，提高公民参与各类政治事务的兴趣和能力，知道国家在各个方面所取得的成就，清楚中国在国际上的地位及影响力，培养学生的自豪感和认同感。

公民是一个法律身份和政治身份。中国的公民具有中华人民共和国国籍并享有国家法律规定的基本权利和义务，作为国家政治社会成员，在地位上是国家的主人。因此，作为国家公民，应该从小培养公民的主人翁意识和态度，积极履行一国公民的基本权利，承担一定的社会责任和社会义务，积极参与国家的公共事务和其他社会事务。在课程内容上，应该把关于培养学生主人翁意识和参与意识的内容放在首要位置，让学生了解当前国家发生的大事小情，了解社会现状，从生活事件入手，让学生在参与过程中形成强烈的主人翁精神和社会责任感。

希特指出，儿童在4—7岁时开始形成清晰的国家认同感，但其认同的过程主要是通过符号、象征物等具体的形式获得的，比如，通过认识国家的旗帜认识到自己是这个国家的一员。① 因此，小学低年级阶段，培养学生的爱国情感主要通过对国家一些简单的特征的学习，包括认识祖国的象征，比如，国旗、国徽、国歌等，介绍祖国的美好山河，

① ［英］德里克·希特：《公民身份——世界史、政治学与教育学中的公民理想》，郭台辉、余慧元译，吉林出版集团有限公司2010年版，第190页。

用直观的知识帮助他们相信自己所属的国家是最好的，由此产生骄傲感。随着年龄的增长，到了小学高年级时期以及初中阶段时，青少年开始能够发自内心地理解爱国情感，这时要侧重对爱国情感的内化，以此培养学生的自信心和自豪感，并萌生建设祖国的责任感。

（二）培养对中华民族的认同

每个公民的身上都能找到对自己“民族”的认同，这种认同的基础就在于拥有共同的历史与文化资产。在中国悠久的历史长河中，中华民族形成了团结奋进、勤劳勇敢、爱好和平、自强不息的伟大民族精神。弘扬和培养民族精神，对于加强中国的民族凝聚力和确保国家安定统一有非常重要的意义。费孝通先生将中国的“民族”分了三个层次：第一层是整个中华民族作为一个整体；第二层是中华民族大家庭中的56个民族；第三层是每个民族内部具有各自特点的人。① 由此，民族认同也相应地具有层次性：第一层是对整个中华民族的认同；第二层是对本民族的认同。基于此，在进行民族认同教育的过程中，我们需要注意避免大汉族主义和地方民族主义两种极端，而应实行具有层次的公民认同教育：首先是对中华民族的认同，其次是对本民族的认同。

处理好公民国家认同和民族认同之间的和谐关系。面对多民族、多种族的多元文化社会所产生的诸多问题，加拿大在多元文化政策下运用差异公民身份观开展公民教育为我们提供了很好的借鉴模式。加拿大作为多民族、多种族的移民国家，加拿大学者开始从自身独特的多元文化社会现实入手，针对多元文化社会中个体的“差异”，提出一种基于多元文化理论的公民身份观——“差异性公民身份”，即所有的公民既是加拿大的国家公民，同时也允许并鼓励移民保持他们各自的民族文化传统。② 加拿大的“多元认同体系”反映了加拿大社会的多元化，公民身份的多样性。所有的社会成员都能找到自己作为加拿大公民这一共同的身份认同，其各自的特殊身份又使他们归属于不同的群体之中。这种建

① 费孝通：《边区民族社会经济发展思考》，《北京大学学报》（哲学社会科学版）1993年第1期。

② Irene Bloemraad, “The North American Naturalization Gap: An Institutional Approach to Citizenship Acquisition in the United States and Canada”, *International Migration Review*, Vol. 36, No. 1, March 2002, pp. 193 – 228.

立在群体权利基础之上的“多元公民身份认同”，形成了保护差异又不超越差异的多元文化社会氛围，使得加拿大的多元文化社会能够维持秩序并且朝着一个目标前进。

中国是一个多民族聚居的国家，如何兼顾多民族的普遍性和共同性，又保持各民族的特殊性和差异性，是中国公民教育关注的重心。对此，费孝通先生在《中华民族的多元一体格局》一文中指出，对中华民族整体的认同意识是56个民族多元认同和谐融合的前提和保障。①费孝通的“多元一体”的论述，其实与加拿大的“差异公民身份”如出一辙，即56个民族有各自的民族认同，每个民族都是中华民族不可或缺的成员，作为其中的一员，同时也在形成中华民族的整体认同。通过公民教育课程进行公民认同教育时，需要处理好普遍性与差异性的关系。一方面，公民教育课程的内容要注重公民身份的共同性，培养学生形成共同感和“我们感”（we-ness）；另一方面，课程内容也不能忽视每个民族的差异性和多样性。② 我们既要重视少数民族群体的差异性，尊重他们的这种差异性，也需要中华文化作为引领社会发展的文化力量，作为中国的核心凝聚文化，引领公民的国家认同，形成作为整个中华民族一员的自尊心和自豪感。

四　世界认同

（一）培养“世界公民”的世界认同教育

世界认同是公民身份认同在新时期的延伸，是全球化的产物，是将世界看作一个整体，自己作为在地球上生存的人类群体中的一员，对地球这个“共同体”产生的一种归属感。培养“世界公民”的世界认同教育对于解决当今世界各国众多的国际性问题有着重要的意义，然而中国对世界公民认同的培养却没有给予足够的重视。在公民教育课程现状调查中发现，当前义务教育阶段学校教师对“世界公民”以及与世界公民相关的意识、认同等理念都缺乏了解，也缺乏足够的重视，而在学生培养目标规定中也没有得到关注，德育教材中有关世界公民认同的内

---

① 费孝通：《中华民族多元一体格局》，中央民族大学版社1999年版，第2—4页。

② 刘丹：《全球化时代的公民身份变迁与国家认同的建构》，《思想理论教育》2012年第6期。

容也很匮乏，有关世界其他国家、地区的内容只占了很小的比例。因此，世界认同教育应该成为义务教育阶段学校公民教育课程内容的一个重要组成部分。

世界认同的核心内容就是培养公民对世界的关怀，认识到自己不仅是某个国家的公民，更是这个地球村的公民，即“世界公民”。关于什么是“世界公民”大致有三种观点：关注世界公民应该如何做的标准观点，关注世界现状的存在主义观点以及关注未来的发展性观点。标准观点认为，作为世界公民，世界各地的所有公民都有一些必须要承担的责任，所有公民都有一些必须要遵守的道德准则。存在主义的观点认为，作为世界公民，我们是世界这个大社区的成员，而并非是某个组织或某个经济—政治集团的一分子。发展的观点建立在标准观点和存在主义观点的基础之上，认为世界可以并且应该成为一个具有被普遍认同的核心价值观的整体，这需要社区、组织、法律条款等各种成分的共同努力。[①] 可以说，这一关于“世界公民”概念的界定比较宏观、抽象，但这个概念最大限度地容括了各种关于世界公民的侧重点。

依据“世界公民”的界定，世界认同教育主要从两个方面培养对世界的认同：①为学生提供丰富的全球化知识，加深学生对世界的认识，理解自己与世界的关系，培养学生的全球观念意识，着重培养学生的“全球关怀”，对世界事务的兴趣和关心；②培养履行“世界公民”职责的技能和能力，培养学生不仅仅履行作为本国公民的基本权利与义务，更要认识到自己作为生活在地球上的人类，也是世界的一员，要积极主动地承担世界公民的责任和义务。

（二）培养世界认同的国际理解教育及相关课程内容

培养公民世界认同的国际理解教育最先由联合国教科文组织（UNESCO）于第二次世界大战结束后所倡导。1974 年联合国教科文组织发表了《关于教育促进国际理解、合作与和平及教育与人权和基本自由相联系的建议》（简称 1974 年建议），明确了国际理解教育的任

① Nigel Dower, *An Introduction to Global Citizenship*, Edinburgh: Edinburgh University Press, 2003, p. 7.

务，并建议联合国成员国参考这份文件推行国际理解教育。① 随后，联合国教科文组织于1994年举办了以“国际理解教育的总结和展望”为主题的第44届国际教育大会并通过了《为和平、人权和民主的教育综合行动纲领》(简称《纲领》)。《纲领》指出，国际理解教育的目的是使青少年在认同本国文化的基础上，了解其他国家的情况，培养青少年具有关心人类的共同发展的情怀、担负起“世界公民”的责任。②

国际理解教育的学习内容主要通过传播世界历史、地理、文化、宗教、种族等方面的知识，学习与其他国家人们交往的行为规范；通过了解其他国家的政治、社会、文化等状况，分析其对本国发展的影响；通过探讨当前生态环境、多元文化、和平与发展等各方面的全球问题，寻求共同解决的途径等。美国和加拿大的全球教育和多元文化教育、俄罗斯的族际教育以及日本培养具有国际视野的日本人教育，这些都是国际理解教育在各国公民教育中的具体表现。其中，加拿大的国际教育围绕增长国际知识和开阔国际视野组织课程内容，具体包括国际和平与发展、国际关系、国际理解、国际责任感等，特别关注发达国家和发展中国家之间的关系，鼓励他们相互合作而不是以恶化世界问题的方式生活和行动。③

几个主要的西方发达国家在世界公民教育课程的开发和实施方面都有较丰富的经验，各国均出台了推行世界公民教育实践的相关政策。早在1979年，美国国家社会研究委员会就明确地把社会学科的教学目的确定为“培养学生成为有理性、有人性、积极参与社会的公民，以适应目前越来越相互依存的社会”。至1984年，该委员会的主席卡罗尔·哈恩（Carole Hahn）更是要求在教育机构里开设世界公民教育的课程。在各层级学校里，也均有相应的课程以及特别教学活动项目。美国、加拿大、澳大利亚等国主要通过社会科进行世界公民教育，就主题而言，

---

① United Nations Educational Scientific and Cultural Organization, Recommendation Concerning Education for International Understanding, Co-operation and Peace and Education Relating to Human Rights and Fundamental Freedoms, 1974 (http://portal.unesco.org/en/ev.php-URL_ID=13088&URL_DO=DO_TOPIC&URL_SECTION=201.html).

② 《全球教育发展的历史轨迹：联合国教科文组织国际教育大会建议书专集》，赵中建译，教育科学出版社2005年版，第450—462页。

③ 赵晖：《社会转型与公民教育——中国公民教育目标与内容体系的建构》，人民教育出版社2007年版，第156页。

均涉及世界政治、多元文化、全球环境、国际治理等世界性的主题。①汉斯·史加图（Hans Schattle）对美国六所学校进行案例分析后，总结了美国各层级学校的世界公民教育教学侧重点：在小学阶段，侧重语言知识和地理知识，启发学生从“全球相互依存”以及“跨文化移情”的方面考虑事情；在中学阶段，侧重世界历史和世界文学，让学生了解未来职业生涯中可能会面对的来自世界经济的挑战。②

五 多元身份认同之间的关系

上述四种认同是一个相互联系、相互促进的统一整体（见图5-4）。

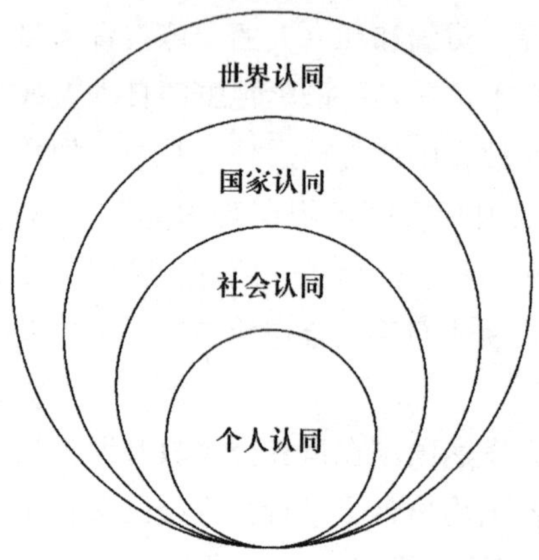

图5-4 个人认同、社会认同、国家认同与世界认同

在这个体系中，公民的自我认同是形成公民人格的基础，也是公民认同教育的基础。公民只有形成积极健康的自我认同，才能对自己所在的社会共同体包括民族、国家等组织形态形成强烈的认同感和归属感，对自己所生活的环境和社区包括自然事物形成强烈的责任感。国家认同是公民认同教育的核心，居于统领的地位，尤其在处理国家认同与民族

---

① John, J. Cogan, Multidimensional Citizenship: A Conceptual Policy Model, 2000 (http://international.metropolis.net/events/washington/John_Cogan.html).

② Hans Schattle, *The Practices of Global Citizenship.* Lanham, Maryland, Rowman & Little Field Publishers Inc, 2008, p. 93.

认同的关系时，“需要将国家认同置于高于民族认同的地位”①。世界认同是公民认同教育在新时期顺应时代发展的延伸，是从地球村、全人类的角度建立的归属感和认同感，而世界的认同有利于各国公民看清国与国之间的共同问题与协作关系以及本国在全球中的位置，看清在地球村中人与社会之间的关系、人与人之间的关系，可以反过来促进公民对祖国的热爱与认同，对社会的责任感与归属感以及对自己的清晰认识。

在内容的组织与推进上，要充分考虑儿童的生活环境和经验，依据“同心圆扩大法”，由个体与外界的关系入手，从学生认识自我开始，培养儿童的个人认同。随着年纪的增长逐渐扩大认同的范围，从对家庭、学校、生活的社区的认同，逐步扩大到社会认同、国家认同，最后扩展到更广的世界认同。并在不同阶段反复重复有关这四种认同的内容，强化学生对不同公民身份的认同，最终实现多元身份认同。国家认同是公民身份认同教育的核心，应该贯穿在整个公民教育课程中，根据学生的认知水平从具体形式到抽象形式，逐渐加深学生的国家认同感和责任感。可以说义务教育阶段的公民教育课程是从重视个体公民知识的养成，培养个人品质，并逐步扩展到社会品质的养成、世界品质的养成。

第四节　公民行为能力教育

在传授公民知识的基础上，公民课程还要教授学生基本的公民能力(skills of civic actions)。公民作为社会共同体的一员，要想行使权利和履行义务，不仅需要具备丰富的公民知识，还需要具有良好的公民能力。公民能力不仅是衡量公民素养的重要考核标准，更是影响公民参与社会、培养主动公民的基本因素。公民需要具备多种能力，这里侧重关注对中国青少年公民比较欠缺的几种能力。

一　公民“自治”能力

（一）公民“自治”能力的重要性

公民“自治”能力是公民自我管理的能力，是个体在没有外界监

---

①　韩震：《论国家认同、民族认同及文化认同——一种基于历史哲学的分析与思考》，《北京师范大学学报》（社会科学版）2010年第1期。

督的情况下，控制、调节自己行为的能力，包括独立的能力，生活上不依赖父母，自己的事情自己做，还包括自制能力，可以自己调节控制自己的行为，自主学习，抵制外来诱惑等。小学阶段的自治能力培养更直接决定了小学生学习效果的好坏以及良好行为习惯的养成与道德品质的形成。在义务教育阶段，主要培养学生在生活、学习上的自我约束、控制能力，能够主动学习，有效管理时间，不痴迷于虚拟世界、沉迷于网络游戏等。

自我控制能力和自主精神是现代公民必备的素质，是公民健全人格的重要构成，是立足社会、发挥潜力的基础。中国儿童自主能力较弱，往往对父母有较严重的依赖，在生活中，离不开父母的督促，缺乏自控能力。在过度保护下成长的孩子，依赖性只会越来越大，小学生不会剥鸡蛋、吃饭要喂等现象很多，令人担忧。此外自我控制能力还是公民自我监督、自我遵循公共行为规范的重要保证。各种法律法规只是外部保障，只有公民的自我监督控制才能实现公民行为的内化。

（二）学校公民教育课程培养学生公民“自治”能力的途径

学校是培养学生自治能力的主要场所。学校的公民教育课程可以从以下几个方面培养学生的自治能力：

首先，培养孩子的责任意识。责任感很大程度上影响了一个人的自我控制能力。树立强烈的责任感，会激励学生对自己的人生负责任，从而激发更强的自我管理能力、独立意识，用于面对生活中的各种挑战，并能够独立承担责任。在课程中，注意培养学生的责任意识，包括对自己、对家人的责任，更要注重培养对社会的责任感，培养他们能够承担一定的社会责任。

其次，培养学生的动手能力。通过自己动手解决问题是培养学生自主、独立的重要方式，因为自己动手不只是一种态度、一种习惯，更是一种重要的能力。学生通过自己动手尝试、实践，可以照顾自己、帮助他人，乃至将来为社会做贡献。中国传统的教育一直被批评为“高分低能”“学生动手能力差”，但实际上，我们的学生绝非天生动手能力差，家长和教师的“不放手”是造成这一状况的重要原因之一。因此，我们要放手给学生充分的机会，动手做力所能及的事，自己能做的事情自己做。

最后，培养学生顽强的意志力。不怕困难、坚持不懈是培养“自治”能力并持之以恒的基础，如果没有顽强的意志力，“自治”能力很难培养形成。在学习生活中经常会碰到困难，对于儿童来说，寒冷的早晨起床、学习的内容有难度、新出了一款玩具等任何困难或是分神都可能会让人半途而废。唯有从小培养学生顽强的意志力，遇到困难不放弃，想办法迎头解决问题，拿出不达目的绝不罢休的劲头和干劲才会最终养成自我控制、自我管理的能力。在具体方式上，可以通过古今中外杰出人物的成长经历启迪学生，也可以通过身边同龄人的案例鼓舞大家。另外，教师和家长的鼓励更是学生坚持下去的动力。可以从小事做起，循序渐进，逐步培养学生的意志力。

二 公共理性思维能力

公共理性（public reason）最早由康德提出，后经罗尔斯的完善逐渐被广泛接受。公共理性是指非个人领域的，有关公共事务的理性，是一个民主国家的主要特征，最突出的表现为公民的理性。[①] 只有公民养成公共理性的思考能力，才能够实现公民的理性，公共理性思维能力是实现公民理性的必要条件。理性思维（rational thinking）是一种逻辑和推理指导下的思考过程。[②] 公共理性思维是指依据一定的逻辑和推理对非个人领域的公共事务进行思考的过程。石中英教授认为理性是一切教育的最终目的，教育必须要促进理性的发展，[③] 公民的公共理性思维能力应该是公民教育课程的重要目的之一。

公共理性思维是一个国家现代化的基础。现代化的建立，必须要求广大公民具有公共理性思维能力，这非常重要。公共理性思维督促公民思考社会发展的最佳模式，最合适的社会制度架构、法律体系、社会行为准则规范等，促进社会的最优化发展。然而，目前中国大部分的公民缺乏公共理性思维能力，对当前的很多社会问题缺乏理性的思考和判断能力。方舟子指出如果公民普遍缺乏理性思维的能力，人们遇事就容易

---

① Lawrence B. Solum，“Constructing an Ideal of Public Reason”，*San Diego Law Review*，Vol. 30，1993，转引自谭安奎编《公共理性》，浙江大学出版社 2010 年版，第 38—44 页。

② 冯雪、彭凯平：《技能和风格：理性思维的两种测量途径》，《心理科学进展》2015 年第 3 期。

③ 石中英：《教育哲学》，北京师范大学出版社 2007 年版，第 179 页。

轻信、跟风、盲从。[①] 缺少了公共理性思维能力，社会上容易滋生诸多的问题，比如，当前网络中谣言层出不穷，影响着网络乃至现实社会秩序，以讹传讹的虚假消息往往会瞬间引起广大群众的信任和共识，而一些科学宣传或是理性分析却会招致怀疑甚至诟病；或是某些错误的信息，或者断章取义的消息，很多网民不分青红皂白地盲目跟从，甚至引发人肉搜索等网络暴力，肆意践踏着个人权利；以及现在骗子横行，各类诈骗手段层出不穷等社会问题，很多人缺乏理性思考能力屡屡上当，轻则损失财物，重则遭到人身攻击，甚至失去宝贵的生命。人们倘若都有怀疑和求证的精神，养成冷静分析、理性思考的行为习惯，类似的问题都可能会避免。上海市著名特级教师毛荣富认为：就目前而言，理性思维比以往任何历史时期都重要，它在某种意义上决定了一代人的能力，关系着民族的兴衰。[②] 因此，培育理性思维的能力，帮助人们明辨是非，独立思考才是真正解决诸多社会问题的途径。现代公民应该是一个积极、理智、有自我思考能力、判断能力的思考者。公共理性思维能力正是针对上述问题提出的。

理性思维不是与生俱来的，它需要后天的培养。理性思维能力的培养应该从基础教育抓起。义务教育阶段的学生年龄较小，认知能力还处于不断发展的过程中，尤其是低年级的学生，认知能力较低，往往采用简单的两分法看待事物，习惯对事物得出一个确定的结论，对或错、好或坏。当这种思维方式被习惯化之后，学生思考问题的方式会不由自主地想到是与非、对与错，没有意识到现实生活中大多数情况下是非对错只是事物的两个极端的方面，两者间还存在多种中间形态。除此以外，这一阶段主要侧重学生对信息收集、处理能力的培养，为日后理性思维能力的形成做铺垫。在教学中应该更多地通过科学知识的普及、现代知识的普及，增强理性分析能力，而不是像传统教学中那样将知识点“喂”给学生，一味地教育学生尊重权威、尊重已有的结论和知识，而不给学生任何思考、分析、辨别、总结以及归纳的机会。

---

① 周怀宗：《靠敬畏还是靠理性?》，《北京晨报》2012 年 2 月 26 日第 A17—A18 版。

② 毛荣富：《文学少年败于高考的警示》，《中学生阅读（高中版）》2004 年第 1 期。

三　批判性思维能力

美国批判性思维的重要代表人罗伯特·恩尼斯（Robert H. Ennis）对批判思维做出了界定。他认为批判性思维是“针对相信什么或做什么的决定而进行的合理的反省思维”①。批判性思维能力强调对信息的处理，尤其是对信息的分析和解释。这种分析和解释包括对事例的比较、推断、假设、评估，做出合理的推论，并得出结论或进行归纳总结。② 批判思维能力与理性思维能力不可分割，互相促进。

在信息爆炸的时代，培养批判性思维能力受到了世界各国的广泛重视。1998 年，在联合国教科文组织发布的《面向二十一世纪高等教育世界宣言：观念与行动（草案）》中，第一条就提到了批判性思维的培养。③ 美国学者多拉·豪维尔也强调：“批判性思维是推动未来知识社会前进的主要动力。”④ 美国自 1991 年以来便将批判性思维能力作为教育的重要培养目标，写入课程标准中。美国《公民学与政府全国标准》中列出了两种公民能力训练，其中一种就是“批判性思考技能”。⑤ 而在中国，批判性思维在教育中的重要性多年来一直被严重忽视。2010 年 5 月，耶鲁大学校长理查德·查尔斯·莱文（Richard Charles Levin）在南京举办的校长论坛上发言时说道，他所了解的中国留学生虽然对知识的掌握有一定的广度，但缺乏批判性思维能力。他甚至将独立的批判性思维能力认为是评价一个人是否受教育的标准。⑥

批判性思维能力的培养应该从小开始，这个时期，儿童还没有形成固定的思维模式。批判思维是一种反思和质疑的方法和精神气质，这种

---

① ［美］罗伯特·恩尼斯：《批判性思维：反思与展望》，仲海霞译，《工业和信息化教育》2014 年第 3 期。

② ［美］大卫·威尔顿：《美国中小学社会课教学实践》，吴玉军等译，华夏出版社 2003 年版，第 321 页。

③ 《面向二十一世纪高等教育宣言：观念与行动（草案）》，中华人民共和国教育部（http：//www. moe. edu. cn/publicfiles/business/htmlfiles/moe/moe_ 236/200409/712. html）。

④ ［美］多拉·豪维尔：《批判性思维和创造性思维——推动知识社会前进的主要动力》，王爽译，《全球教育展望》2001 年第 2 期。

⑤ 王琪：《美国青少年公民教育理论与实践研究》，北京理工大学出版社 2011 年版，第 123 页。

⑥ 赵晓霞：《大学：如何打造顶尖人才?》，《人民日报》（海外版）2010 年 5 月 7 日第 6 版。

能力不是一蹴而就就可以掌握的，需要从小开始，一点一滴逐渐地培养。培养学生的批判性思维能力需要注重三个方面的培养：一是尊重事实，学生要有对问题质疑和反思的能力，基于事实做判断，不主观臆断，也不盲目从众，有自己独立的判断；二是分析和辨别信息，冷静思考，知道如何利用和选择信息；三是反对偏见，我们的思维往往会因为一些刻板印象的影响而对某个事例给出偏颇的结论，因此，课程中要把公平、公正、科学、民主作为培养社会认识能力的基本原则。

四　价值判断能力

价值判断，即关于价值的判断，是人们对某一事物有无价值、有何价值、有多大价值的判断。价值判断是个体在处理人与人、人与社会、人与环境的关系时，对值得做与不值得做的看法。价值判断能力就是人们对价值判断与选择的能力，一个人的价值判断能力直接影响着其行为方式及目的的选择。

当前现代社会生活的复杂性、变化性与多元性使中国社会的价值观发生了巨大的变迁，加之互联网的出现，各种信息纷繁复杂，很容易使尚未形成稳定价值观的中小学生们产生困惑而无所适从，甚至选择错误的价值观念。在现代社会，从小培养学生的价值判断能力显得尤为重要。新一代的学生处在改革开放以后思想解放、价值多元、物质生活丰富的新时期，全球化带来的多元文化互相碰撞，互联网上大量信息真假难辨，容易使学生迷失自我。中小学生尚未形成良好的价值判断能力，在媒体宣传诱导和身边同学的影响下，容易造成道德失范、价值失态，甚至以丑为美、以耻为荣。不少学生片面地认为“勤俭节约”已经过时，部分学生存在注重物质享乐、攀比消费的行为，拜金主义、物质主义价值观风行，对某些吸毒、嫖娼等有劣迹的艺人盲目追崇，甚至效仿等。这些社会现象充分说明，越是纷繁复杂、众声喧哗，越需要有分清是非对错的价值判断能力。

义务教育阶段的学生，尤其是小学生认知能力发展水平不高，接触的环境和获取的知识信息也有限，因此对周围形象的、具体的、看得见摸得着的直观事物感受较深。对这个阶段的儿童和青少年来说，能够反映儿童生活的道德两难问题在培养儿童的价值判断能力方面就发挥了很大的作用。道德两难的故事会将读者带入一个特定的、具体的情景中，让读者能够通过阅读产生一种设身处地的处境，引起思考，也能调动兴趣。培养学生的价值判断能力，需要学生在两难问题中思辨和反思，而前提必须是与我们的生活息息相关的、能产生共鸣的内容，这样我们才会从由问题引发的震撼和警醒中获得帮助和启迪，才能真正地锻炼学生的价值判断能力。科尔伯格的道德发展理论中就使用了很多发人深省的两难故事。中国的传统经典里也有很多优秀的道德两难问题，同样可以作为学生学习和讨论的素材。以中国文化中的普世价值观为基础构建道德规范体系，更容易获得社会成员的认可。

五　社会参与能力

义务教育阶段学校公民教育课程目标最后要落实到公民行为上，使受教育者可以有效地、负责任地参与政治生活和公共生活。因此，社会参与能力是公民教育课程的一个重要内容。社会参与能力是指公民参与政治生活和公共生活所具备的能力，包括处理信息、协商、讨论、交流、合作、说服、决策、解决冲突等方面的能力。社会参与能力是青少年公民教育必不可少的内容，是青少年成为公民的必要条件。

美国的公民教育课程特别重视公民社会参与能力的培养，甚至整个公民教育课程的目标都是为了培养公民的社会参与能力，养成参与公民生活的技能，提升公民能力，使所有参与公民生活的人都能感受到由于自己的参与而产生的影响。① 美国的《公民学与政府全国标准》文件中将公民社会参与能力具体为三项技能：①合作能力。指公民与他人沟通并共同协作完成一件事情的能力。这是获取信息和传递信息必须具备的技能，也是对同伴做出回应的一项技能，要求每个人都要通过礼貌的方式协商和讨论问题，以一种公平、平等、和平的处理方式结成同盟，并通过友好的方式解决问题、处理冲突。②监督能力。指公民密切关注和追踪时事政治以及政府处理的问题、了解当前事态发展状况的能力。具备这项能力意味着公民可以对政治生活、公共生活实施监督，公民监督能力的有效发挥可以完善并促进政府的管理。③影响能力。指公民通过正式途径或非正式途径影响某一政治事件或管理过程的事态发展，表达自我意愿的能力。公民要影响政治生活的过程以及公共政策的出台或完

① ［美］富兰克·布朗：《美国的公民教育》，东大图书公司1988年版，第45页。

善，就必须要扩大自己的参与能力，通过诸如投票、发表自己的观点看法等发挥自己在社会中的影响力。①

中国公民的社会参与意识不够，其中一个重要原因还是由于公民的社会参与能力不够，因此，在义务教育阶段学校要从一年级开始就培养儿童的社会参与能力，并要一直贯穿于整个学校教育过程中。小学生可以以小组的形式或在班级委员会中学习采集信息、交换意见、互相影响，最后形成行动计划，这些学习经验会随着年龄的成熟而不断增长。学生通过参与投票或参选班级委员会、参与班级和学校集体活动过程中学习倾听他人想法，有效询问，通过调停、协商或妥协的办法学习解决争端。小学高年级的学生以及初中生可以逐渐培养其监督和影响公共政策的能力。

对公民参与能力的培养可以考虑从以下四个方面入手（见表 5－4）：

（1）参与自治活动。这里的“自治”是指自我管理和自我约束，能够在生活上自立，力所能及地完成自己可以完成的事情，不依赖父母，愿意帮助父母，做父母的帮手；学习上能够主动学习，面对问题时，不逃避、不拖延，愿意主动解决问题。

（2）参与约定的政治活动。从小培养学生参与政治活动的积极性，积极开展小组推选队长的民主选举，班级干部的投票与竞选，鼓励学生积极加入少先队组织，参与班级以及学校的各种集体活动，并鼓励学生积极参选班级干部，积极争取担当服务同学和校园的工作。

（3）参与可以改变社会或政治现状的活动。从小教育学生从自己做起，以身作则才能更好地影响他人，培养学生主动宣传好的文明习惯和积极的价值观念，面对不文明的行为、现象或错误的价值导向，愿意主动站出来纠正。

（4）参与志愿活动。鼓励学生从小参加志愿活动，无论活动的大小，可以是班级里的、学校里的，还可以走出去参加社区里组织的志愿活动，体验帮助别人的乐趣，并在帮助别人的过程中锻炼自己的能力，实现自身的价值，积极参加帮助他人的捐赠活动，愿意帮助他人筹集善

---

① 王琪：《美国青少年公民教育理论与实践研究》，北京理工大学出版社 2011 年版，第 124 页。

款或是筹集物资用品。

表5－4　义务教育阶段学校公民教育课程“公民行为”能力内容

1. 参与自治活动	2. 参与约定的政治活动
生活上自立，不依赖父母 自主学习 主动解决问题	投票及/或竞选 加入少先队组织 参与班级/学校集体活动 做班级干部，为老师及同学服务
3. 参与可以改变社会或政治现状的活动	**4. 参与志愿活动**
以身作则 宣传好的文明习惯及价值观念等 愿意站出来纠正不文明的行为和现象 参与改善环境	参与学校或社区的志愿服务活动 募捐、帮助筹集善款（物品）

学生在参与诸如以上活动的过程中实施自己的监督作用，表达自己的意愿，发挥自己的影响力。这些实际的参与经历中所锻炼的能力本身就是学生需要学习的内容，也是他们进行思考的过程，更是公民参与行为的落实。

六　公民行为能力内容的组织与推进

对于小学低年级的学生而言，因为他们刚升上小学的新环境，更需要教师的指导去解决学习的困难和建立社交圈子，因此，这个阶段的公民教育课程在能力的培养上侧重自我生活能力和交流沟通能力的培养。

小学3—4年级着重学生自律和自我约束能力的培养，加强培养学生自律和自我管理的习惯，懂得管理自己的时间，能够专注地完成事情，可以根据实际情况适当调节进度和时间分配。这个阶段的学生可以初步掌握一些较抽象的概念，学校课程应提供更多机会，让学生通过同伴交流和互动合作，学习积极参与、沟通、分享及贡献。在学习过程中，可提示学生持开放的态度，接纳多样化的观点，学习尊重和欣赏别人，支持及关怀同伴。

到了小学高年级阶段的学生已经初步具备抽象思维的能力，在能力培养方面开始注重提升学生独立思考和理性分析的能力，从而愿意接受挑战和追求卓越，为成长发展和学习带来正面影响。学生也应该开始培养自我反思和理性思考的能力，有自己的判断能力，为自己的言行负责。

初中阶段的学生已经具备了进行抽象思维方式的能力，因此，在能力目标的规定上更加侧重培养学生的价值判断能力以及批判性思考能力，培养学生能够认识和理解社会生活的复杂性。在面对两难的道德问题以及复杂的社会现象时，能够具备基本的道德判断和辨别是非的能力；面对社会上不良的价值观念的冲击时，不至于人云亦云，甚至被不良的价值观念所摆布，丢掉应该坚守的价值观念；并希望学生在此基础上，提高沟通能力，了解多元文化，能够初步具备解决矛盾冲突的能力。

第六章 义务教育阶段学校公民教育课程的组织形式

对于公民教育，没有什么比采用学校公民教育课程这种载体更加重要。要更好地落实义务教育阶段学校公民教育课程的目标和内容，必须形成完备的课程组织体系，利用多种课程组织形式，关注多种课程资源。要采用学科课程，将相关知识系统组织，帮助学生形成完整的公民知识体系，还需要活动课程调动学生的学习积极性，关注培养学生的公民行为。学科课程与活动课程是学校教育中的两种基本课程类型，二者相互补充，相得益彰。[①] 这两种课程形式在学校教育中发挥的重要作用，同样得到了教师们的普遍认可。[②] 然而，任何一种课程组织形式都存在局限性，还需要显性与隐性课程等多种组织形式相结合，彼此相互协调合作形成一个全方位、立体化的课程组织形态。

第一节 义务教育阶段学校公民教育的学科课程

一 公民教育学科课程的重要性

学科课程（discipline curriculum）是以学科为中心编制的课程。公民教育学科课程是指开设一门课程专门介绍公民知识、公民技能、公民品性及公民身份认同等公民教育相关内容，提高学生参与社会公共生活的能力，将学生培养成主动参与型公民的课程。公民教育的学科课程是公民教育课程的最基本组织形态，具有重要的意义。

---

① 施良方：《课程理论——课程的基础、原理与问题》，教育科学出版社 2013 年版，第 273—279 页。

② 在调查义务教育阶段学校公民教育课程现状及认识的过程中，在征询教师们关于何种课程组织形式对公民教育课程而言更有效的意见时发现：72.3% 的教师选择学科课程，70.8% 选择活动课程。

（一）是学生系统学习公民知识的最佳载体

学科课程考察了人类教育历史的发展，并在课程中概括了千百万人的“种族经验”和“文化遗产”。这些经验和遗产可以帮助学生超越时空的限制，了解整个世界。[①] 就公民教育而言，其学科课程可以最高效地将有关公民教育的相关知识加以组织和系统化，这是其他类型课程无法办到的。公民教育学科课程为学生提供了专门化的公民知识、公民技能、公民品性以及公民身份认同相关方面的理论及知识，可以最为系统地涵盖义务教育阶段学生需要掌握的公民知识。

国际教育成就评价协会 2009 年对全球 38 个国家及地区进行了一项国际公民教育与素养调查研究，报告指出，38 个被抽样国家的小学及初中阶段均在学校中开设了公民教育课程，其中，38 个国家的小学阶段的公民教育课程都主要采用了学科课程的形式，到了初中阶段，有 19 个国家开设了单独的公民教育学科课程。[②]

（二）是提高义务教育阶段学校公民教育课程教学效率的重要手段

公民教育的学科课程中所涵盖的知识体系主要由间接经验构成，可以让学生在有限的时间内高效率地掌握系统的公民教育的相关知识。实际上，一个人所接受的知识，往往都是间接知识，我们所学的知识都是建立在前人的认识基础上的，把前人的知识作为自己认识的起点，再通过自己的认识丰富某一领域的知识体系，作为后人认识的基础。公民教育的学科课程可以最快速地吸收当前已有的公民教育相关知识与理论，并通过课程的不断延伸，集中、高效地教授给学生。

公民教育学科课程在提高公民教育教学效率方面起到了不可替代的作用，并已经得到了国际上的证实。英国自 2002 年将公民课程独立设科并纳入国家课程以来，收到了积极的效果。在 IEA1999 年的中学生公民素养国籍调查中，英格兰在 28 个国家中排名 17，学生得分低于平均水平；而在 IEA 于 2009 年的调查中，英格兰在 38 个国家中排名 13，学生得分高于平均分数。[③] 就中国目前的现实情况而言，青少年对政治

---

① 靳玉乐：《课程论》，人民教育出版社 2013 年版，第 244 页。

② John Ainley, Wolfram Schulz and Tim Friedman（Eds.），*ICCS 2009 Encyclopedia：Approaches to Civic and Citizenship Education around the World*，Amsterdam：IEA，2013，pp. 21 – 22.

③ 刘争先：《有效性与正当性：作为国家课程的公民科——基于对英格兰公民科国家课程危机的考察》，《外国教育研究》2015 年第 1 期。

疏离、对公共生活冷漠的问题严重，因此，中国义务教育阶段学校公民教育尤为需要设置公民教育的学科课程。

二　义务教育阶段学校公民教育学科课程结构与设计

（一）学科课程的综合化发展

靳玉乐指出学科课程以学科知识为基础，依照学科知识的逻辑体系组织课程，强调本学科知识体系的系统性。分科课程有其鲜明的特点：①课程体系强调逻辑性和连续性，有助于学生更系统、更有效地学习该学科知识。②强调学科的专业性、学术性和结构性，能够有效地吸收新的知识内容。③可以集中地组织本学科教学，提高教学效率。但学科课程也容易造成学科间界限过于分明，割裂不同学科之间联系，可能限制学生的视野，束缚学生思维的广度。[①] 特别是在当代，几个主要的发达国家都采用综合课程（integrated curriculum）的形式组织公民教育课程[②]，为中国建构公民教育课程组织形式提供了重要的借鉴意义。

综合课程虽然与学科课程相对应，但却并非完全站在对立的立场上。综合课程是将双学科或多学科内容组合在一起的课程形式，强调学科之间的内在关联，将彼此有联系的不同学科整合在一起。[③] 综合课程可以就某个主题从多个学科角度综合分析，有利于学生在复杂的生活背景下理解真实的公民教育理论与实践中的问题，也有利于整体把握知识，节约教学实践，节省学生精力。

总的来说，学科课程能够使课程内容更加系统集中，却有可能造成课程范围过于狭窄，或产生与其他科目内容重叠的现象。综合课程有利于添加跨学科的主题，使学生获得系统全面的公民教育，但同时也面临着在多学科融合环境中淡化公民教育主题的问题。因此，笔者认为公民教育课程的设计不能在分科课程与综合课程之间简单地做加法或减法，或是简单地二选一，而是立足于义务教育阶段学生的学习特点以及公民

① 靳玉乐：《课程论》，人民教育出版社2013年版，第245—247页。

② 以美国、加拿大等国为典型，设置“社会科”的综合课程进行公民教育。

③ 靳玉乐：《课程论》，人民教育出版社2013年版，第245—249页。

教育的特殊性质和内容。笔者建议在组织公民教育课程时采取将学科课程综合化的方式，充分利用好以上两种课程的优势。

在课程目标上，强调知识、能力、情感态度与价值观、公民行为四个课程目标的整合，形成立体的课程目标体系，摒弃以往过分强调知识学习的倾向，改变知识本位的课程目标，转向重视学生公民行动能力的发展。在课程内容的选择和组织上，注重体现课程的教育性、公共性、体验性、开放性和时代性，课程的主干内容力求精选能促进终身学习的相关公民知识和公民能力。课程内容紧密联系时代，不断更新课程内容，增加反映时代特色的内容；注重联系现实社会生活，贴近生活实际，反映当前的社会现实，帮助学生把书本所学的内容迁移到现实生活中，使课程内容与社会生活实践形成互动的关系；发挥综合课程的优势弥补单一学科课程的不足，统整跨学科的主题，与相关学科相互融合，将有联系的跨学科内容综合起来，使课程内容的组织结构跨越学科之间的鸿沟，最大限度地体现公民教育课程的“整体”面貌。

（二）公民教育学科课程框架

义务教育阶段学校公民教育课程框架是一个开放循环，是各要素之间、课程内容与课程目标之间彼此联系的一个立体结构（见图6－1）。课程以学生为主体，从学生的生活环境出发与家庭、学校、社会、国家以及世界建立联系，围绕主动参与、身份认同、权利与义务、公民道德这四个公民教育的关注焦点开展。主动参与主要是致力于地区、国家、世界层面的公共利益；身份认同是指形成多元公民身份；权利与义务是指维护并履行公民权利与义务，并致力于社会系统的良性发展；公民道德主要是形成公民人格、价值观，具有社会公德。将这些联系与关注焦点逻辑按照义务教育阶段学生的认知发展由简到难的特点，逐级规定在公民教育课程的四个课程目标中，分散在公民知识、公民身份认同、公民道德与价值观以及公民行为能力这四个内容板块展开。

（三）与其他领域及学科建立广泛联系

虽然公民教育课程是一个独立的学科课程，但在设计的结构上需要与其他领域和课程建立广泛联系，确保课程结构的开放性与统整性（见图6－2）。

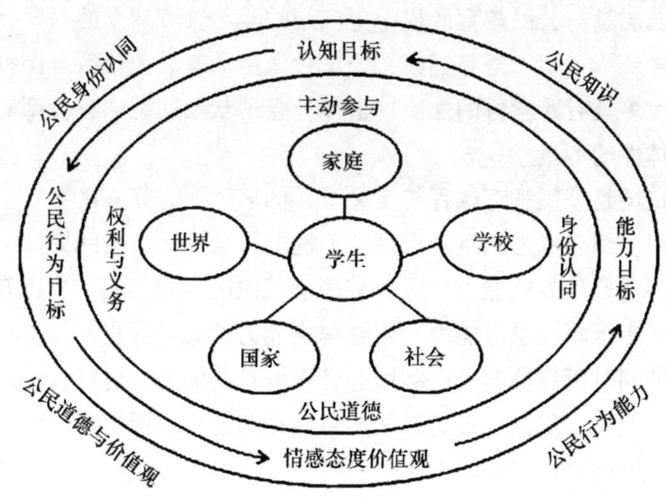

图6－1　义务教育阶段学校公民教育课程框架

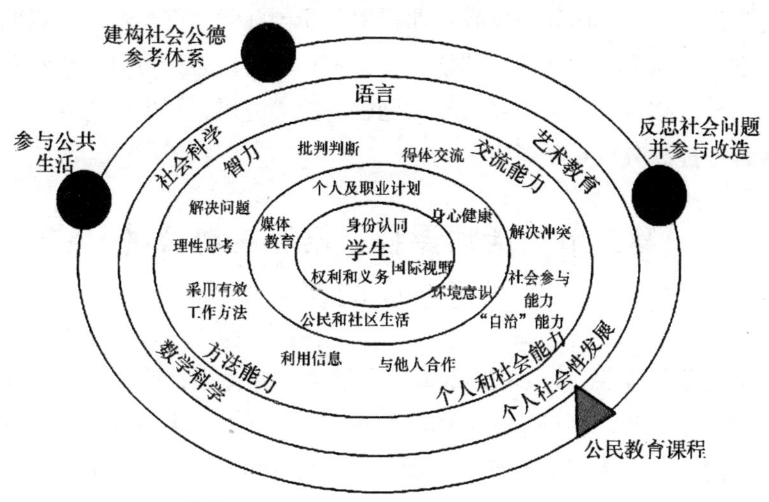

图6－2　义务教育阶段学校公民教育课程与其他领域及学科之间的联系

图6－2中将义务教育阶段学校公民教育课程分为由内到外，逐步与其他领域及课程建立联系的发散的四个层次：

第一层（最内圈）代表义务教育阶段学校公民教育课程要实现的重要目标，即培养学生的多元身份认同，清晰权利和义务并能行使权利并履行义务，具备国际意识。

第二层是与公民教育课程中更广阔的学习领域建立的联系，包括媒体教育、环境意识、身心健康、公民社区生活等。公民教育课程中涉及的主题大多具有跨学科的性质，很多社会现状及问题的分析都需要多角度、整体性的考量。

第三层是公民教育课程与交叉学科的多种能力建立联系。公民教育课程为很多综合能力的培养提供了关键的机会，而这些能力基本上也是其他学科需要培养的能力，或者有助于其他能力的养成。公民教育课程是培养学生批判性思考能力、问题解决能力的关键课程，学生在掌握这些能力的同时可以培养自己利用并分析信息的能力，也可以提高自己的价值判断能力，掌握一定的方法能力，在与他人沟通合作的同时，也促进了个人的社会性发展。

第四层是与其他学科课程之间建立的联系。公民教育课程不仅可以通过在其他学科课程中渗透完成，也可以与其他学科课程联系起来共同促进学生的成长，比如公民教育课程中关于国际问题的学习，可以同时促进学生对地理和历史学科的学习，有关环境的内容又可以与生物及化学相结合，结合数学课中养成的问题解决能力，可以帮助学生在公民教育课程中提高分析判断能力。

第二节　活动课程：培养主动公民不可缺少的课程类型

活动课程（activity curriculum）源于美国教育家杜威的经验主义课程理论，是以儿童参与某项活动的动机与经验为中心组织的课程。[①] 活动课程对于公民教育十分重要。就公民教育的培养目标以及公民教育课程的性质、目的和内容而言，活动课程是公民教育最关键、最重要的课程形式，是培养主动公民不可缺少的课程类型，是其他课程形式无法替代的。义务教育阶段学校公民教育活动课程关注的是儿童青少年本身的社会活动，是为他们将来进入社会公共生活的提前“预演”与准备。公民教育活动课程为学生提供参与实践的机会，在活动中锻炼公民行为

① 施良方：《课程理论——课程的基础、原理与问题》，教育科学出版社 2013 年版，第 275—276 页。

能力，养成参与意识，是造就主动公民的重要途径，其中应用最为广泛的活动课程是“服务—学习”活动课程（service-learning curriculum）（以下简称“服务—学习”课程）。

一　公民教育“服务—学习”课程的意义

“服务—学习”是经验学习的一种，是对课堂知识的系统整理并将其应用于社会服务中，同时对社会服务的过程进行学习反思。① “服务—学习”课程不同于一般的志愿者服务计划，也不是参观活动，更不是课外活动。“服务—学习”课程最重要的环节是让学生反思社会现象的成因及影响。“服务—学习”课程重视学生的真实社会经历，结合课程上知识的学习和课堂外积累的经验，了解和反思各种社会现象，以此提高学生的批判性思维能力，培养他们的社会公德及公民责任。

“服务—学习”课程将学生的学习经历不再局限于课堂中的学习，禁锢在“单向”的课本中。“服务—学习”课程扩充了传统课时和教室的条条框框，结合多种学习经历，不仅可以提升学生的自信、沟通能力、自我管理能力、批判思考能力，还可以培养学生的积极态度，使他们学会关心他人，体会生命的神圣。

“服务—学习”课程是西方国家公民教育的重要方式，在学校的教育计划中把“服务—学习”作为一种课程形式，规定了相应的学时和学分，只有完成了相关的“服务—学习”内容，本课程的考核才能合格。对当前中国学校来讲，“服务—学习”还不普遍，更没有作为一种课程形式固定下来，基本上由课外活动替代，分散进行、自愿参与。对于公民教育而言，“服务—学习”课程应该纳入公民教育课程系统，由学校统一组织服务社会的公益活动，学生自愿参加。另外，也可以参与一些重大活动的服务工作，如积极参与奥运会、世博会、亚运会等大型活动，做优秀的志愿者等；或者参与其他形式的民主生活会、座谈会等。通过参与各种服务培养学生的公民意识，增强学生主动参与社会的兴趣，提高学生的公民行动能力，形成学生对政治事务和社会公共事务的责任感和参与意识。

---

① 赵希斌、邹泓：《美国服务学习实践及研究综述》，《比较教育研究》2001 年第 8 期。

二 “服务—学习”课程的实施

“服务—学习”课程一般有四个步骤：训练、服务、反思、认同。

学生在进行服务前，首先要进行适当的培训，具备一定相关领域的知识、技能、态度以及由社区团体提供的如何提供服务的相关训练课程。例如，学生在服务失明人士之前，需要事先讲解失明人士生活中碰到的困难，如何为他们提供服务等。

第二步运用公民教育课程中积累的相关知识和能力以及服务培训里学到的内容，应用到服务中，开始亲身体验服务社会，参与社会生活的历程。

第三步是反思，要在服务前以及服务后，给学生充分的时间和充足的机会反思学习的过程，了解有关服务过程中涉及的知识和技能，评估总结经验，形成自己的认识和理解，并对自己的服务过程进行反思总结。比如，教师可以利用日记或书面作业的形式让学生反思在服务前后，对服务对象或某一项服务工作的想法，从而比较他们的转变；或者由参与服务的学生及教师向其他人分享服务的经历和体会，并借助这些实践体验，探讨个人及政府的角色和责任，个人与社会的关系，提升他们的思考能力和行动能力。

最后还需要得到社区、学校、家长、同学等的认同。借此机会让这次“服务—学习”得到大家的认同，并借着学生的服务经历进行“专题讨论”，鼓励学生多阅读、多探索、多发问、多思考，开阔学生的学习空间。

三 “服务—学习”活动课程案例：以加拿大为例

加拿大的公民教育尤其重视“服务—学习”活动课程的实施，认为学生公民意识的培养不仅来源于课堂中学习的公民知识，更来源于实践过程的见证。加拿大的公民教育以学校为中心把学生所有可能的实践场所——家庭、社区、NGO等纳入活动课程的实践领域中，形成了多维度的公民教育“服务—学习”课程实践途径。

（一）校内“服务—学习”课程

学校作为公民教育和培养良好公民意识的重要场所，是学生首先进行公民实践的地方。在平时的学校公民教育课程教学过程中，为学生创造充分的学习实践的机会，开展引起小组思考的实践活动，以学生为中心、以活动为基础，营造民主、平等的课堂氛围，允许学生在课堂决策制定过程中拥有话语权。同时，学校也在校园内为学生提供很多“服务—学习”的机会，比如，很多小学—中学一贯制的学校中，都会鼓励高年级的同学为低年级的同学提供帮助，比如，新生刚入学，会有高年级的同学带领参观校园；辅导低年级学生学习；帮助低年级的学生开展体育训练，提供一定的指导；提供护送回家的服务等；还会定期组织一些美化校园的活动，组织学生志愿者在校园内向其他学生宣传垃圾如何分类，亲自参与校园内的垃圾分类活动等。让学生结合课程的内容做些力所能及的服务活动，亲身体会服务他人所产生的积极影响。

（二）校外“服务—学习”课程

学校并不是实施“服务—学习”课程的唯一场所。各类社会场所为“服务—学习”课程提供了更广阔的实践机会。在现实社会中直接参与各类“服务”项目，有利于直接向青少年传授公民身份和良好公民意识概念，比通过学校课程获得的公民知识和公民能力更加直接、有效。这些校外的“服务—学习”机会，使得学生可以深刻体会到自己在参与社会事务、变革社会中所发挥的作用，提高学生参与社会生活的热情。

为了培养学生更好参与社会的能力，加拿大形成了一套颇具成效的社会联动的公民教育实践模式，将学校、家庭、社区、各类团体和组织的资源整合在一起。学校通过志愿者、学生团体以及与非政府性组织合作等多种组织方式广泛开展公民教育“服务—学习”项目，让学生广泛参与社会活动，把公民教育从教室转到现实社会中，并有很多成功的典范。例如，曼尼托巴省组织学生志愿者帮助省内的儿童、老人、残疾人等，参与解决社区问题，然后回到课堂中让学生思考亲眼所见的社会问题，并给出可能的改进建议；安大略省在全省范围内的所有学校开展了一系列的“服务—学习”项目，要求学生在学校、家中或社区范围内进行一次服务并对此进行评估，参与一项与全球化或环境问题相关的活动并评估该问题的影响。①

① Alan M. Sears and Andrew S. Hughes, “Citizenship Education and Current Educational Reform”, *Canadian Journal of Education*, Vol. 21, No. 2, April 1996, pp. 123 – 142.

成功借助学生社团以及各类公益组织的力量广泛开展公民教育实践是加拿大公民教育“服务—学习”课程的亮点。学校与学生团体、各类非营利性组织合作的“服务—学习”方式灵活多样，组织规范，学生在参与各类慈善组织的服务过程中还可以获得相应的学分。例如，加拿大的各级各类学校每年都会鼓励学生自发到各大超市、周围社区为食品银行筹集食物，为有需要帮助的人发放食物；安大略省一个名为“学生共同行动”的校内团体组织学生帮助加拿大战火儿童组织（War Child Canada）筹集善款资助战争中的儿童；安大略省的几所学校联合与加拿大国际发展署合作举办一个名为 FORAY 的全国少年论坛，举办研讨会，探讨少年对全球未来的看法，并将学生的看法和建议汇集成刊物公开发行①；一些私立学校与一些公益组织合作为学生提供海外的志愿者服务机会，学生完成海外志愿者服务工作后，回到学校参加一系列的宣传活动，让更多未参与的学生了解他们的经历。②

安大略省的“学生今日行动”项目是加拿大众多公民教育“服务—学习”课程中比较出色的一个。尼亚加拉校董会自 2010 年开始在辖区内的中小学校中实施该项目至今，已有五年的历史，取得了一定成绩。每一年的服务活动均由一次“学生今日行动”会议作为行动动员的开始，每年会安排不同的课程服务内容。“学生今日行动”项目一般通过几个步骤完成（见表 6－1）。以 2014 年的项目为例，首先召开了 2014 年的年度会议，辖区内约 1000 名中小学生参加，会议邀请了解放儿童（Free the Children）组织的工作人员做动员演讲，并邀请了上一年参与 NGO 组织合作的服务项目的同学分享他们在服务中的感想和收获。“服务—学习”课程的内容是在学生所在地区范围内支持当地的食品银行，每个学生会发一些与此相关的材料，让学生回家阅读，并开始“服务”之旅。随后，各个学校会组织一系列的“研讨会”，跟学生一

① Michele Schweisfurth，“Education for Global Citizenship：Teacher Agency and Curricular Structure in Ontario Schools”，*Educational Review*. Vol. 58，No. 1，February 2006，pp. 41－50.

② Eva Aboagye，Global Citizenship and Social Justice Education in the Canadian Post-secondary System，2009（http：//www. centennialcollege. ca/citizenshipandequity/postsecondarysystem）.

起讨论在“服务”过程中的收获。①

表6-1 加拿大“学生今日行动”项目模式

阶段一	“学生今日行动”动员大会： ①动员演讲；②上一年参加“服务—学习”项目的同学分享经验；③布置本年度服务内容
阶段二	学生参与服务
阶段三	反思研讨会

（三）新媒体“服务—学习”课程

随着新媒体在教育领域的广泛应用，新媒体也在“服务—学习”课程中发挥了重要的作用，成为课程中重要的辅助资源。在加拿大的一些学校中，教师会在学生参与服务前，利用网络资源对学生进行相应的培训，学生也可以在一些资源网站上探索自己感兴趣的服务领域以及与公民教育相关的议题。② 除此以外，教学游戏也成为学生寓教于乐的好去处，这些虚拟世界里模拟出的社会问题和公民行为给学生提供了一个身临其境的好机会。一款叫“文明”的游戏就被成功地运用在课程中，让学生在游戏中体会社会的结构以及不同社会部门之间的关系。③ “城市命运”（Fate of the World）是一款有关环保的教学游戏，它可以让玩家在游戏中制定一系列的政策来体会他们的行动是如何影响环境变化的。

新媒体可以最直观地为学生展现很多生活中很难碰到的复杂情景，并可以最大限度地吸引学生的兴趣，让学生在玩中获得丰富的经验。这为某些很难在现实中操作的服务项目提供了一个新的解决方案。

学校公民教育课程必须要强调培养公民积极参与公共事务、服务社

---

① District School Board of Niagara Project, Students Taking Action Today Conference（www. dsbn. edu. on. ca）.

② 例如 www. dosomething. org，还有 www. generationon. org 都会在网站上为学生提供一些工具包，让学生可以一步步地探索他们想参与的活动。

③ Kurt Squire, Open-ended Video Games: A Model for Developing Learning for the Interactive Age. In Katie Salen（Ed.）, *The Ecology of Games: Connecting Youth, Games and Learning*. Cambridge, MA: The MIT Press, 2008, pp. 167 – 198.

会、具有社会责任意识并勇于承担社会责任，而这一目标的实现，离不开大量的实践活动。因此，在课程组织上，要重视活动课程的建构，发挥活动课程的作用，使学生有机会将学到的公民知识、技能运用到实际操练中。这既注重了公民教育课程四维度课程培养目标的实现，又体现了公民教育课程实践性、综合性的特征，符合当代社会对公民的根本要求。

第三节　义务教育阶段学校公民教育课程中不可忽视的潜在课程

一　潜在课程的含义

潜在课程（hidden curriculum）是一种非正式课程（informal curriculum），是指一些在学校政策、课程计划上并没有明确规定的教育实践或成果，然而又是学校教学过程中非常有效的一部分。潜在课程经常被看作是随意的、隐含的或根本不被承认的。[①] 简单地说，潜在课程其实是通过非学术的环境对学生产生的一种潜移默化的影响，是在学校情境中，以简洁的、内隐的方式呈现的课程[②]。潜在课程与公民教育有着天然的关系，因为潜在课程本身就是一种价值观的影响，很大程度上赋予了所有参与者的价值感和责任感，这些都是正式的公民教育课程所办不到的。因此，对公民教育来说，潜在课程的作用非常大。

二　公民教育潜在课程的设计

虽然潜在课程是对学生施加潜移默化的影响，但潜在课程并非不可计划。因此，在教学中完全可以对潜在课程进行设计，使其发挥更积极有效的作用。公民教育的潜在课程主要体现在学校组织特征、学校文化以及师生关系这三个方面。因此，对公民教育潜在课程的设计主要是对这三个方面的设计。

---

① 威特罗克（M. C. Wittrock）语。转引自《简明国际教育百科全书·课程》，江山野主编译，教育科学出版社 1991 年版，第 92 页。

② 施良方：《课程理论——课程的基础、原理与问题》，教育科学出版社 2013 年版，第 272—273 页。

（一）学校组织特征

学校组织特征方面的公民教育潜在课程是指学校、班级教育中领导体制、规章制度、领导风格、管理模式、教学组织等存在的非预期的公民教育影响。不同的学校组织特征潜移默化地影响着学生接受的社会价值，对学生的学业成就和学习态度影响显著，并极大地影响着学生的品质和个性。其中最明显的差异来自教师“专制”的领导方式和“民主”的领导方式下的学生态度。在教师专制的领导方式下，班里的学生彼此之间是竞争的关系，一旦出现问题，学生首先想到的是寻找替罪羊，逃避责任，对学习的态度也是冷淡的，甚至具有反抗性，表面上很顺从老师，但只要教师一离开即马上停止学习，班级中团结程度低。相比而言，在教师民主的领导方式下，班里的学生彼此之间关系融洽，互相友爱合作，面对问题会有组织地去解决问题，勇于承担责任，对学习充满兴趣，与教师是一种友好的关系，即使没有教师监督也会继续学习。[①] 民主的学校组织机制不仅可以提高管理效率，最为重要的是增加了学生的参与程度，有助于积极主动公民人格的形成。

（二）学校文化

学校文化方面的公民教育潜在课程主要是指学校的精神文化环境对塑造公民发挥的潜在影响。学校的精神文化环境包括校风、班风、人际关系、心理气氛等。学校的文化氛围和班级的文化氛围会影响学生，公平、公正、民主的学校氛围和班级气氛会造就出具有公平、公正、民主价值认同的学生。学校和班级的文化氛围直接影响了学生的思维方式和价值观念，在宽松民主的文化氛围中学生耳濡目染，容易形成积极健康的价值观念，自觉遵守必要的行为准则。所以，校园文化建设是学校公民教育潜在课程建设的一个重要方面。

（三）师生关系

师生关系也是公民教育潜在课程的一个重要方面。融洽的师生关系，是塑造公民人格，提升公民品性的一把钥匙。师生关系的状况制约着一切教学活动的进行，不夸张地说，没有良好的师生关系，公民教育课程中规定的一切课程目标都会落空，课程的内容也变成“灌输”式

---

① 魏贤超：《现代德育原理》，浙江大学出版社1993年版，第111页。

的说教，让学生产生抵触情绪。融洽的师生关系容易增强公民教育的可接受性，民主地对待学生，尊重学生的权利可以使学生在与教师的交往中学习到公民教育的核心价值，并感同身受地接受并认同公民教育课程中所学习的内容。

可以说，公民教育如果不发挥潜在课程的作用，就无法完全得到期望的效果。因此，建构义务教育阶段学校公民课程，必须要将隐性课程和显性课程结合在一起，发挥各自的优势，构成公民教育课程的整体。

第七章　义务教育阶段学校公民教育课程走向实践的若干建议

一　加强对义务教育阶段学校公民教育课程的重视

中国要成为文明大国、责任大国必须重视义务教育阶段学校公民教育课程，从小抓起，培养未来的合格公民。随着中国经济的高速发展，中国社会正步入向现代化转型的重要时期，对公民素养的要求越来越高。但与此同时，社会中普遍存在公民意识淡薄、公民素养欠缺、公民参与积极性差等种种问题。这些矛盾需要我们必须在学校中推进公民教育课程，将公民教育课程作为教育领域中的核心。学校公民教育课程的顺利推进离不开各方力量的支持和通力合作，因此，在各个层面，从政府、组织到个人都要提高对学校公民教育课程的重视程度。

（一）加强各级政府对公民教育课程的重视

1. 设置公民教育的国家课程

公民教育应该是一种国家行为，公民教育课程应该是一门国家课程，由国家组织课程开发和推广。公民教育是现代国家的产物，与国家的建设和发展有着极为密切的关系。一方面，国家发展过程中对公民提出的新要求为公民教育提供动力和空间，国家建设的具体任务决定了公民教育的目标和内容；另一方面，公民教育培养公民素养及形成国民的国家认同，这些都是为了建设一个凝聚、延续、稳定的国家。作为普及公民教育、落实公民教育的学校公民教育课程是培养现代公民的重要手段。义务教育是中国培养民主社会公民最重要的阶段，为更深入地学习公民教育奠定基础。学校是青少年系统接受教育的重要场所，学校通过公民教育课程系统地教授青少年公民知识、态度和技能，激发学生参与公共事务的兴趣，提升青少年参与公共生活的态度和意愿。

公民教育作为一个国家课程能够强调统一的国家意志和整体利益，

反映了一个国家的教育标准，保证所有受教育者能够掌握公民教育的基本深度和广度，确保人人都能接受完整、有效的公民教育。[①] 此外，作为国家课程更可以有国家政策作为课程实施的保障，确保课程的标准、内容、实施和评估等方面都得到国家政策的支持。一套清晰的国家公民教育政策框架可以最大限度地保证公民教育课程的成效，为制定公民教育课程规划，健全对公民教育课程的投入和保障机制，完善公民教育课程标准，而所有这一切的完善机制都需要在国家课程的前提下才能得以顺利实现。从国际公民教育的发展趋势来看，越来越多的国家将公民教育课程定为国家课程，颁布统一的课程标准。比较世界各国的公民教育课程实施的经验，比如前文提到的英国、美国、新加坡、日本等国，均在政府统领下开设国家公民教育课程，并参与到课程的标准制定、内容选择、实施、评估以及师资培训的各个环节中，公民教育课程也取得了一定成效。因此，不断强化国家行为，加强相关教育行政部门对公民教育课程的积极干预已成为世界公民教育发展的基本趋势。[②] 尽管在不同的国家，公民教育课程的理念不同、方式不同、方法不一，但所有国家都深刻地认识到公民教育课程对培养公民的重要作用。要培养出知性的、负责的、主动的公民，国家必须重视公民教育国家课程的设计开发和实施推广，发挥好对公民教育课程的指挥和协调作用，使学校公民教育课程发挥其最大的作用。

公民教育的国家课程集中体现国家对培养高素质公民的意愿和决心，对于义务教育的质量有重要的影响，对人才培养的水平和规格起着决定性的作用。[③] 因此，将义务教育阶段学校公民教育课程设置为国家课程，对保障学校公民教育课程质量、未来公民素养以及国家的持续发展都具有特殊意义。

2. 地方政府特别是地方教育主管单位要高度重视公民教育课程

公民教育课程的顺利推进，必须通过政府行为。地方政府在义务教育阶段学校公民教育课程的具体推进过程中起着重要的作用，发挥着组

---

① 钟启泉：《课程论》，教育科学出版社 2014 年版，第 273—274 页。

② 蓝维：《公民教育：理论、历史与实践探索》，人民教育出版社 2007 年版，第 393 页。

③ 许洁英：《国家课程、地方课程和校本课程的涵义、目的及地位》，《教育研究》2005 年第 8 期。

织领导、落实政策的重要作用，是公民教育课程向前推进过程中至关重要的一个环节。可行性的行政管理方案、有效的管理和监督、正确合理的政策导向以及恰当的推进策略对学校公民教育课程的顺利推进十分重要。地方教育行政部门必须采取有效的方法和策略，贯彻中央教育行政单位的政策，保证学校公民教育课程的顺利推进与发展。在具体操作过程中，各级教育行政管理者应时刻了解学校及教师的实际问题和切实需要，帮助学校和教师解决遇到的困难和难题，及时提供政策上的保障和专业上的支持。组织相应的培训，帮助一线教师解决教学方面面临的问题、协助教师专业化发展，确保公民教育课程在学校顺利开展。

在推进义务教育阶段学校公民教育课程的过程中可以考虑先建构地方课程。目前，中国中小学的公民教育校本课程已经有了一定的进展。比如，晋中市榆次第五中学、四川省温江中学、杭州市风帆中学等全国多所学校①都开设了公民教育校本课程，在提高学生公民素养方面取得了一定的成绩。公民教育校本课程有利于结合本地区的需求，因地制宜地结合地方的实际社会状况和学生的公民素养有针对性地设计公民教育课程，并且可以在地方教育行政部门的牵头组织下编写地方公民教育课程教材，将地方的特殊性融进课程中。同时，这些地方课程推进经验也可以为国家课程提供宝贵的经验。

（二）重视学校在公民教育课程建设中的使命和职责

1. 学校在公民教育课程建设中的重要使命

学校是学生系统接受教育的重要场所，是学生成长的地方。学校的使命是培养人，帮助学生树立完整的人格，成为积极参与社会公共生活的主动公民。学校在公民教育课程建设中发挥着重要的作用。通过对公民教育课程现状的调查研究发现，学校（校长）对公民教育的重视程度直接影响着教师的认知水平和关注程度、学生的参与热情以及整个学校的民主氛围。必须充分发挥学校的作用，加深校长在公民教育课程建设中的领导导向作用。

公民教育是学校教育的核心，培养现代公民是学校教育的基本目

---

① 《加强公民教育，奠基幸福人生——2013 年全国公民教育经验交流会侧记》，《素质教育大参考（A 版）》2013 年第 12 期。张向瑜：《公民教育成了初中校本课程》，《杭州日报》2010 年 3 月 26 日第 B03 版。

的，统领整个学校教育。中小学校的公民教育是提高全民公民素养的奠基性教育，是培养造就公民的起点。义务教育阶段学校中的公民教育课程为每一个学生提供了未来踏入社会所需的知识、技能和价值观。因此，学校不仅是开展公民教育课程的核心场所，也是组织并推进公民教育课程的重要组织机构。

2. 学校在公民教育推进中的职责

（1）努力推进和落实公民教育课程。公民教育课程的顺利开展需要发挥学校管理系统的重要作用，提高管理效能，保证学校公民教育课程的顺利实施。从校长、教导处、班主任到每位任课教师，形成垂直联系和横向沟通的组织结构，明确分工，清晰职责，充分发挥学校的课程管理效能。

（2）重视促进教师公民教育的专业化发展。首先要重视教师的公民教育专业化发展，为教师提供专业的公民教育培训，提高教师的专业素养。由学校组织，对教师开展公民教育培训更有针对性，可以根据本学校教师的水平，有的放矢地开展培训，提高培训效率。

此外，也要发挥学校的作用，调动教师开展公民教育课程的积极性。任课教师在公民教育课程中有举足轻重的作用，教师的积极配合和参与才能保证课程顺利、有效实施。

（3）为公民教育课程提供更好的平台。学校可以通过自身的特点和优势为公民教育课程搭建良好的平台。创造民主的学校氛围是公民教育课程顺利开展的保障。民主、关爱、和谐的校园氛围为教师和学生创设了一个良好的公民教育环境，有助于学生顺利地将课程中所学的内容迁移到校园的生活中，对待老师、对待同学，参与班级管理、参与学校事务。让学生在一个向上的教育环境中，陶冶情操、健全人格，加强学生的参与热情，提高学生的参与能力。

其次，学校可以提供更多的学习和参与机会，协助公民教育课程的开展。比如，健全的公民教育阵地，如宣传栏、海报板、广播站、阅览室等都可以成为公民教育课堂的延伸地，扩大公民教育课程的教学场所，丰富学生学习的途径，学校也要多组织相关公民教育活动，组织相关主题的系列活动，在校内为学生提供公民教育的实践机会，帮助教师联系校外实践场所等。

最后，学校是联系社会和家庭的纽带，是联系学生、教师、家长的

重要环节。光靠学校教育难以完成培养优秀公民的重任，需要所有力量的参与，关注每个环节的教育。学校教育、家庭教育、社会教育是一个整体，要协调一致，学校是其中的关键一环。因此，学校还要将家庭和社会紧密联系在一起，三方密切配合，形成学校、家庭、社会相结合的一致性教育。

（三）提高教师对公民教育课程的认识

要实现学校公民教育课程的目标，落实公民教育课程的内容，使公民教育课程的组织形式顺利实施，最大限度地发挥学校公民教育课程培养未来公民的使命，教师是关键，这一切都离不开教师对公民教育课程的认识。笔者对辽宁省三个城市（包含县级市）的调研结果显示，义务教育阶段学校公民教育课程缺失、公民教育开展不力、师资队伍专业化水平低是重要的制约因素。教师们尤其缺乏公民教育的理论知识、教育观念。绝大多数人并不清楚公民教育的含义，对公民意识、公民应具有的权利义务没有清晰的认识，对公民教育课程的内容更是不甚了解，甚至绝大部分的教师认为公民教育课程和目前学校里开设的德育课程是一回事。这些问题是公民教育课程顺利实施的巨大阻力。

公民教育课程强调知行合一，注重活动课程的应用，突出教师组织课程、管理课堂的能力，这些都对教师的专业发展提出了挑战和要求。如何将教授的公民知识转化为学生参与公民行为的动力，如何组织活动课程并让学生在活动中思考反省，这都要求教师必须清楚公民教育课程的特性、目标、内容以及课程组织形式，清楚公民教育的相关理论知识。因此，必须加强对教师的公民教育知识培训，提高对公民教育的认识，并针对公民教育课程的特殊性，有效地结合教育学、心理学方面的知识提高教师的教学策略。

如何加强全体教师的公民教育教学专业化培训，包括学科教师要清楚如何有效地进行公民教育课程教学，其他学科教师知道如何将公民教育内容与自己的学科相联系，在其他学科中渗透公民教育内容。因此，在继续完善义务教育阶段学校公民教育课程的目标和内容体系及课程组织的基础上，探索公民教育课程教师的专业化问题是后续研究的重点。

（四）提高家长对公民教育课程的重视，发挥家长的参与作用

家长们对公民教育课程的重视会为任课教师以及学校提供有力的支持，更会对学生公民素养产生重要的积极影响。在访谈过程中发现，目

前部分家长并不十分重视学生公民素养的培养，过分关注学生的学业成绩，一切与分数无关的事情都被认为是“浪费时间”。学生学习的第一个场所是家庭，学生的学习来源于他们的日常生活经验，家庭教育对他们有重要的影响。孩子会将他们从家长那里获得的理想、价值观和态度带到他们的学习中。家长们对公民教育课程的重视程度会直接影响孩子对课程学习的重视，是孩子认真学习公民教育、积极参与公民教育课程学习、提高公民素养必不可少的动力。提高家长对公民教育课程的重视，会帮助家长提高自身的公民教育知识、公民素养，这些都会在家庭中潜移默化地影响孩子的思维和行为。

此外，提高家长对公民教育课程的重视，会促进家长对学校事务的参与程度，积极了解学校在公民教育课程中提供了哪些内容，加强家长与教师之间关于公民教育的平等对话，这些都有利于学校民主校风的形成，帮助教师有效了解学生在校外的学习情况以及心理动态，保证学校顺利开展公民教育课程。

二　义务教育阶段学校公民教育课程推进的步骤

（一）公民教育课程推进的准备阶段

在正式启动义务教育阶段学校公民教育课程之前，需要有充分的准备，才能保证课程推进的顺利进行。具体的准备包括以下几个方面：

1. 制定公民教育课程标准及教学大纲

组织研究公民教育的学者专家、中小学课程专家制定公民教育课程标准及教学大纲。在制定课程标准时，要根据公民教育理论、公民教育课程理论、中小学生身心发展特点以及中国的现实情况，制定义务教育阶段学校公民教育课程大纲。重视公民教育课程目标的设定，在具体目标规定中要依照公民教育课程目标建构的几点原则，对不同年级的学生有针对性地规定课程目标，并以此为教师编写教学大纲，让教师在教学过程中有规可循，对教师的教学起到指导和引导作用。

2. 编写公民教育课程教材

组织专家学者和一线教师编写公民教育课程教材。根据公民教育课程的特征以及课程培养目标编写教材。在教材编写过程中注意区分公民教育与道德教育的界限，突出公民教育课程独有的内容维度，并注意不同内容维度之间的协调。在教材内容和插图方面对性别歧视零容忍，并增加外国人物的分量，重视公民教育的国际视野。此外，也要留有一定的空间，可以让每个省份结合自己的情况添加或减少相应的内容。

3. 课程预热阶段

在全国范围内宣传义务教育阶段学校公民教育课程的重要作用，宣传先进的公民教育课程改革理念和方法，让各级教育行政单位、中小学校以及一线教师知道即将推行的公民教育课程的一些理念和方法。

（二）公民教育课程推进的启动阶段

1. 启动国家级公民教育课程实验区

在全国范围内选择试点区，可以根据每个省的具体情况，在每个省选择一到两所学校或区域进行试点，率先在这些试点区进行公民教育课程实验。组织专家学者对这些实验区的校长、相关教育管理者、教研人员以及教师进行不同类型、不同层次的培训。在具体操作上，对教育管理人员以及试点学校校长进行公民教育课程管理以及公民教育知识方面的培训，组织任课教师以及教研人员学习公民教育的相关理论知识、公民教育课程的性质和属性、公民教育课程的教学理念和教学方法。

2. 启动省级公民教育课程实验区

进一步启动省级试点区推进公民教育课程，具体操作可以由省级（市级）教育主管部门负责选择、组织和落实。在具体操作过程中可以依据每个城市的具体情况分次分批进行。可以在条件好的城市率先设置第一批省级实验区，依次展开，逐步在省内的每个城市开设实验区。在推进过程中，第一批省级实验区的公民教育课程可以率先使用省内和国家的资源，集中力量组织教师培训，由省里出面协助试点学校联络可以开展公民教育活动课程的社会资源，并在推进的过程中不断总结经验，对公民教育课程进行调适，帮助任课教师解决教学过程中遇到的难题。随后，把这些成功的经验推广到第二批试点区中，实现省内所有城市均有公民教育课程试点区。

3. 大面积推进公民教育课程

随着省内第二批公民教育课程试点区的启动和运行，接下来要开始大面积地推进公民教育课程，这就意味着以前没有开设公民教育课程的中小学校要开始进行公民教育课程的教学。除个别存在切实困难的区域外，在这个阶段要快速推广公民教育课程。

（三）公民教育课程常态化发展阶段

推进义务教育阶段学校公民教育课程的最后一个阶段是促使公民教育课程的常态化发展。国家级实验区和省级实验区的公民教育课程实验过程中，这些试点学校及实验区能积累丰富的经验，摸索出一些切实可行的课程策略和教学方法。可以在一些教育发达的省份率先实现课程的常态化，并逐渐扩展到全国范围，确保全国所有的中小学校都开设公民教育课程，成为所有中小学校的固定课程。

与此同时，也要组织课程专家和一线教师对课程实施过程中存在的问题进行深入的探讨，发现并提出课程中存在的问题，在课程推进过程中不断更新对课程理论和教学实践的理解和认识，并组织公民教育领域专家和有经验的一线教师对课程的标准、教材进行修订，并推广有效的教学策略和方法，对课程进行总结和调适。扩大培训范围，动用国家、省、市、区、校各级资源为所有任课教师提供专业支持和资源，让教师清楚专家们总结的课程经验和研究的新问题，确保公民教育课程健康持续发展。

结　语

随着中国改革开放，国家经济实力的不断增强，我们深刻地体验到了物质文明与精神文明发展的不均衡而造成的种种社会问题，提高公民素养已经达成共识，更是迫切需要解决的问题。这些现实问题对中国当代公民教育的发展带来了挑战和动力，而提高公民素养，发展公民教育的最终归结点都落在了公民教育课程上，尤其是肩负基础教育重任的义务教育阶段学校公民教育课程。与此同时，与西方发展较早的公民教育以及完善的公民教育课程体系相比，中国的公民教育还刚刚起步，中国的公民教育课程更是处于万事开头难，亟待“拔地而起”的阶段。因此，无论从现实的需求、国家的政策、中国公民教育课程的现状还是国际发展趋势而言，中国学校公民教育课程的实施都应该提上日程。

本书调查了义务教育阶段学校公民教育课程现状以及中小学教师对公民教育课程的认识和需求，研究发现中国当前义务教育阶段学校公民教育课程缺失，教师对公民教育课程的认识匮乏，迫切需要在学校里建设一门专门的公民教育课程。在义务教育阶段学校开设公民教育课程不仅可以专注培养公民素养，还可以丰富现有的课程体系，更可以促进学校民主校风的形成，帮助学校提供更为民主的教育。本书梳理了学校公民教育课程理论和实践的研究成果，借鉴国外公民教育理论及公民教育课程实践的成功经验，作为建构中国义务教育阶段学校公民教育课程体系的理论指导和依据，以此对义务教育阶段学校公民教育课程的目标和内容进行规划、选择和组织，具体包括兼顾知识、技能、价值观和行为的四维立体课程目标体系，强调培养具有参与公民社会生活行为能力的主动公民，选择公民知识、公民道德与价值观、公民认同以及公民行为能力四个板块的课程内容，既注重国家公民的培养又强调培养公民的国际视野，并形成以学科课程和活动课程为主要课程组织形式，重视潜在课程在多学科领域渗透的公民教育课程体系。

总而言之，在全球化的背景下，中国义务教育阶段学校公民教育课程既要植根于中国现实国情，又要具有开放的国际视野和洞察国际公民教育课程的发展趋势，借鉴国外成熟公民教育课程体系的优秀经验与成果。与此同时，还要能够秉持理性的文化自觉意识，坚守并传承中国的民族传统文化，从而建构出一套具有时代特征、本土特色、民族气质与中国模式的义务教育阶段学校公民教育课程。而这一宏大的时代课题绝非仅仅是简单的一个公民教育课程设计的问题，它需要我们在公民教育课程的理论探讨、制度保障、课程改革、社会实践等诸多层面探索创新与联动推进，而本书仅仅是这一切努力的开始。鉴于笔者研究条件有限，本书的研究仅仅是在义务教育阶段学校公民教育课程建构方面打开了一扇门，提供了粗浅的观点和看法，要建构一个完整的公民教育课程体系还包括对该课程实施和课程评价的设计，仍然需要后续的深入研究。

附　录

义务教育阶段学校公民教育课程现状及认识的调查问卷

尊敬的老师：您好！

非常感谢您参与本次问卷调查。本次调查的目的在于从整体上了解义务教育阶段学校公民教育课程的现状以及教师对公民教育及公民教育课程的认识与需求等。本次调查仅为研究所用，调查采取无记名形式，不对外公开，问题的答案均无好坏之分，请您根据自己实际情况和真实想法填写问卷和回答。

由衷感谢您的支持和合作！

第一部分 基本情况调查（请在所选项上打“√”）

请根据您的自身情况做选择：

性别：A. 男　　B. 女

教龄：A. 1 年以内　　B. 2—4 年　　C. 5—9 年　　D. 10—19 年　　E. 20 年以上

任职：A. 校长　　B. 政教主任　　C. 班主任　　D. 学科教师

学历：A. 中专以下　　B. 专科　　C. 本科　　D. 硕士以上

职称：A. 三级教师　　B. 二级教师　　C. 一级教师　　D. 高级教师　　E. 特级教师

所在学校：A. 小学　　B. 初中

所在地区：A. 乡镇　　B. 县（县级市）　　C. 城市

第二部分 现状及认识调查（请在所选项上打“√”，或者填写相应的选项或内容）（如无说明，均为单选）

1. 您所在的学校是否开设公民教育课程？（　　）

A. 是　　　　B. 否

2. 您所在的学校是否开展过公民教育主题的相关活动？（　　）

A. 是　　　　B. 否

3. ★如果第 2 题您选择“是”，请回答此题，否则跳过。您所在的学校以何种形式开展公民教育的活动？（可以多选）（　　）

A. 主题班会　　B. 校内活动　　C. 校外社会实践

D. 其他（请举例）

4. 您在教学过程中是否遇到过关于公民教育的话题？（　　）

A. 是　　　　B. 否

5. ★如果第 4 题您选择“是”，请回答此题，否则跳过。您在教学过程中涉及公民教育话题的频繁程度是什么？（　　）

A. 经常涉及　　B. 偶尔涉及　　C. 不太涉及

D. 基本不涉及

6. 请根据您的实际认识和感受，在合适的选项下打“√”。

对公民教育和公民教育课程的认识和了解程度	非常了解	基本了解	说不清楚	基本不了解	完全不了解
A. 公民的概念是什么					
B. 公民意识的含义是什么					
C. 公民具有哪些权利和义务					
D. 公民教育包含什么内容					
E. 公民教育课程教些什么					

7. 您是否接受过公民教育理论方面的学习培训？（　　）

A. 是　　　　B. 否

8. 您对学习公民教育理论知识的需求程度是什么？（　　）

A. 急切需要　　B. 比较需要　　C. 说不清楚

D. 基本不需要　　E. 完全不需要

9. 您对国家和社会大事的关心程度是什么？(　　)

A. 非常关心　　B. 一般关心　　C. 说不清楚

D. 基本不关心　　E. 完全不关心

10. 您对学校中各项事务的组织和管理的关心程度是什么？(　　)

A. 非常关心　　B. 一般关心　　C. 说不清楚

D. 基本不关心　　E. 完全不关心

11. 您对班里学生的公民素养的评价是什么？(　　)

A. 非常满意　　B. 基本满意　　C. 说不清楚

D. 基本不满意　　E. 完全不满意

12. 您认为有必要对学生进行公民教育吗？(　　)

A. 有必要　　B. 没有必要

13. 您认为目前的品德（思想政治）课程能承担公民教育的任务吗？

A. 能承担　　B. 不能承担　　C. 说不清

14. 您认为是否可以通过课程建设对学生进行公民意识培养？

A. 是　　B. 否

15. 您认为是否需要开设公民教育课程？(　　)

A. 需要　　B. 不需要

16. 您是否愿意开展公民教育课程？(　　)

A. 愿意　　B. 不愿意

17. 您认为何种公民教育课程的组织形式更为有效？（可以多选）(　　)

A. 学科课程　　B. 活动课程　　C. 隐性课程

D. 其他（请举例）

18. 下列公民意识中，您认为哪些是应该在公民教育课程中重点向学生传授的？(可多选)

A. 国家意识　　B. 政治意识　　C. 道德意识

D. 法律意识　　E. 国际意识　　F. 生态意识

G. 平等意识　　H. 权利意识　　I. 义务意识

J. 参与意识　　K. 主体意识　　L. 责任意识

M. 合作意识　　N. 文明意识　　O. 民主意识

19. 您认为贵校有哪些做法和特色值得推广到公民教育课程建构中？

20. 您对建构公民教育课程有哪些建议？

参考文献

一　中文文献

（一）著作

［1］［英］奥德丽·奥斯勒、［英］休·斯塔基：《变革中的公民身份：教育中的民主与包容》，王啸、黄玮珊译，教育科学出版社2012年版。

［2］［英］奥特费利德·赫费：《经济公民、国家公民和世界公民——全球化时代中的政治伦理学》，沈国琴、尤岚岚、励洁丹译，上海译文出版社2010年版。

［3］［美］丹尼·罗德里克：《全球化的悖论》，廖丽华译，中国人民大学出版社2011年版。

［4］［英］德里克·希特：《公民身份——世界史、政治学与教育学中的公民理想》，郭台辉、余慧元译，吉林出版社2010年版。

［5］冯俊、龚群：《东西方公民道德研究》，中国人民大学出版社2011年版。

［6］［美］弗雷斯特·W. 帕克、埃里克·J. 安科帝尔、戈兰·哈斯：《当代课程规划（第八版）》，孙德芳译，中国人民大学出版社2010年版。

［7］［美］哈里·P. 贾德森：《美国公民读本》，洪友译，天津人民出版社2012年版。

［8］郝文武、龙宝新：《教育学原理》，北京师范大学出版社2012年版。

［9］黄晓婷：《中小学公民教育政策——变迁与展望》，社会科学文献出版社2013年版。

[10] 教育部基础教育课程教材专家工作委员会：《义务教育〈品德与生活〉课程标准（2011 年版）解读》，高等教育出版社 2013 年版。
[11] [美] 柯尔伯格：《道德教育的哲学》，魏贤超译，浙江教育出版社 2000 年版。
[12] 孔锴：《美国公民教育模式研究》，中国社会科学出版社 2013 年版。
[13] [美] 奎迈·安东尼·阿皮亚：《世界主义：陌生人世界里的道德规范》，苗华建译，中央编译出版社 2012 年版。
[14] 梁金霞：《中国德育向公民教育转型研究》，知识产权出版社 2009 年版。
[15] 林治金、张茂聪：《小学品德与社会课程标准研究与实践》，山东教育出版社 2005 年版。
[16] [日] 岭井明子：《全球化时代的公民教育》，姜英敏译，广东教育出版社 2012 年版。
[17] 刘铁芳：《公共生活与公民教育：学校公民教育的哲学探究》，教育科学出版社 2013 年版。
[18] [美] 罗伯特·J. 马诺伊、约翰·S. 肯德尔：《教育目标的新分类学》，高凌飚、吴有昌、苏峻译，教育科学出版社 2013 年版。
[19] [美] 马克威克、史密斯：《公民的诞生：美国公民培养读本》，戚成炎、袁利丹译，天津人民出版社 2012 年版。
[20] [加] 乔治·H. 理查森、大卫·W. 布莱兹：《质疑公民教育的准则》，郭洋生、邓海译，教育科学出版社 2009 年版。
[21] 沈晓敏：《社会科的使命与魅力：日本社会科教育文选》，教育科学出版社 2006 年版。
[22] 檀传宝等：《公民教育引论——国际经验、历史变迁与中国公民教育的选择》，人民出版社 2011 年版。
[23] 王琪：《美国青少年公民教育理论与实践研究》，北京理工大学出版社 2012 年版。
[24] 王文岚：《社会科课程中的公民教育研究》，中国社会科学出版社 2004 年版。
[25] [加] 威尔·金利卡：《多元文化的公民身份——一种自由主义的

少数群体权利理论》，马莉、张昌耀译，中央民族大学出版社2010年版。

[26] [美] 威廉·F. 派纳、威廉·M. 雷诺兹、帕特里克·斯莱特里、彼得·M. 陶伯曼：《理解课程（上）》，钟启泉、张华译，教育科学出版社2003年版。

[27] 香港特别行政区民政事务局、香港公民教育委员会、郑州大学公民教育研究中心：《21世纪中国公民教育的机遇与挑战》，郑州大学出版社2008年版。

[28] 肖川等：《义务教育品德与生活（社会）课程标准（2011年版）解读》，湖北教育出版社2012年版。

[29] 徐辉：《课程改革论比较与借鉴》，人民教育出版社2011年版。

[30] [英] 约翰·基恩：《全球公民社会?》，李勇刚译，中国人民大学出版社2012年版。

[31] 赵可金：《全球公民社会与民族国家》，上海三联书店2008年版。

[32] 赵亚夫：《学会行动——社会科课程公民教育的理论与实践》，高等教育出版社2004年版。

[33] 周俊：《全球公民社会引论》，浙江大学出版社2010年版。

(二) 期刊文章

[1] 班建武、檀传宝：《“公民”还是“私民”——现代化转型中的中国大陆中学生公民德性调查与分析》，《教育科学》2015年第6期。

[2] 班建武：《公民教育研究的新进展》，《中国德育》2007年第6期。

[3] 卜玉华：《西方道德教育、品格教育与公民教育关系初探》，《教育学报》2009年第3期。

[4] 邓恢祯：《全球视野下的多元文化课程目标追求》，《现代教育论丛》2008年第3期。

[5] 段晓明：《国际级视野下的公民教育趋向——基于ICCS调查研究的分析》，《外国中小学教育》2010年第2期。

[6] 饶从满：《主动公民教育：国际公民教育发展的新走向》，《比较教育研究》2006年第7期。

[7] 富兵：《公民教育的知与行》，《全球教育展望》2009年第11期。

[8] 冯建军：《公民教育课程及其设计》，《东北师大学报》（哲学社会

科学版）2015 年第 1 期。
[9] 冯建军：《公民身份的国家认同：时代挑战与教育应答》，《社会科学战线》2012 年第 1 期。
[10] 冯建军：《论学校教育作为公共生活》，《华东师范大学学报》2014 年第 3 期。
[11] 付轶男：《公民教育与道德教育关系研究的现代化视角》，《外国教育研究》2009 年第 12 期。
[12] 付轶男：《现代化进程中公民教育与道德教育的关系》，《外国教育研究》2009 年第 6 期。
[13] 郭道晖：《公民权与全球公民社会的构建》，《社会科学》2006 年第 6 期。
[14] 高峡：《美国公民教育课程的设计与内涵——美国社会科课程标准主体探析》，《全球教育展望》2008 年第 9 期。
[15] 高振宇：《全球视野下的世界公民教育及对中国的启示》，《全球教育展望》2010 年第 8 期。
[16] 韩芳：《“发现民主”计划：澳大利亚公民教育的课程改革》，《外国中小学教育》2010 年第 4 期。
[17] 黄崴、黄晓婷：《近十年公民教育研究的回顾与展望》，《清华大学教育研究》2009 年第 1 期。
[18] 何晓芳：《艾丽斯・杨的多元文化主义公民资格观与公民教育观探析》，《比较教育研究》2005 年第 2 期。
[19] 刘丹：《全球视野下中国公民教育研究应把握的三个维度》，《教育理论与实践》2009 年第 5 期。
[20] 刘国永：《公民教育：为现代社会奠基》，《思想理论教育》2008 年第 1 期。
[21] 李俊卿：《全球化视野下的公民意识内涵探究》，《贵州师范大学学报》2008 年第 5 期。
[22] 乐先莲：《多元文化境遇中的公民资格观与公民教育观——加拿大公民教育实践探析》，《比较教育研究》2009 年第 9 期。
[23] 卢丽华、姜俊：《“全球公民”教育：基本内涵、价值诉求与实践模式》，《比较教育研究》2013 年第 1 期。
[24] 李娜、冯秀珍：《全球化背景下的西方国家公民教育及对中国公

民教育的思考》，《北京科技大学学报》2008 年第 3 期。

[25] 刘世慧：《当前中国公民教育面临的困难及出路》，《陕西师范大学学报》2005 年第 3 期。

[26] 刘志山、李卫英：《当代中国公民教育的时代背景和体系建构》，《华南师范大学学报》2008 年第 2 期。

[27] 马文琴：《IEA 跨国公民教育研究分析及启示》，《外国教育研究》2009 年第 8 期。

[28] 马晓燕：《群体差异的公民资格与政治正义的实现》，《哲学动态》2008 年第 7 期。

[29] 钱扑、李明丽：《中英公民教育教材比较研究》，《教育科学》2009 年第 3 期。

[30] 饶从满、陈一藏：《全球化与公民教育：挑战与回应》，《外国教育研究》2006 年第 1 期。

[31] 饶从满：《主动公民教育：国际公民教育发展的新走向》，《比较教育研究》2006 年第 7 期。

[32] 孙峰：《全球化与本土化视野下公民教育的价值追求》，《西北大学学报》2007 年第 1 期。

[33] 宋建丽：《差异公民资格与正义：艾丽斯·马瑞恩·杨政治哲学微探》，《妇女研究论丛》2007 年第 5 期。

[34] 孙兰芝：《爱蒙·凯伦“公民教育与道德政治”观评析》，《国家高级教育行政学院学报》2002 年第 4 期。

[35] 斯志高：《全球化背景下的认同危机与公民认同教育》，《教育探索》2005 年第 6 期。

[36] 檀传宝：《论“公民”概念的特殊性与普适性——兼论公民教育概念的基本内涵》，《教育研究》2010 年第 5 期。

[37] 檀传宝：《论公民教育是全部教育的转型——公民教育意义的现代化视角分析》，《安徽师范大学学报》2010 年第 9 期。

[38] 唐克军、陈华洲：《国家认同与公民教育——美国公民教育中有关统一性和多样性的论争》，《马克思主义与现实》2009 年第 4 期。

[39] 魏海苓：《从权利公民到责任公民：加拿大公民教育的价值演变与实践模式》，《高教探索》2015 年第 1 期。

[40] 王静：《试论公民教育课程化与学校公民教育》，《经济研究导刊》2010 年第 6 期。

[41] 万明钢、安静：《全球化与多元文化张力下公民教育的变革——班克斯公民教育思想评述》，《教育科学》2010 年第 5 期。

[42] 万明刚、安静：《全球化与多元文化张力下公民教育的变革》，《教育科学》2010 年第 5 期。

[43] 王淑芹、王爱霞：《美国中小学公民教育课程渗透》，《教育实践与研究》2005 年第 13 期。

[44] 王淑芹、何晓娜：《新加坡中小学公民教育课程透析》，《基础教育研究》2005 年第 4 期。

[45] 王淑芹、王爱霞：《英国中小学公民教育课程之管窥》，《现代中小学教育》2005 年第 9 期。

[46] 王文岚：《当代西方公民教育理论微探》，《兰州大学学报》2005 年第 6 期。

[47] 王文岚、黄甫泉：《中国公民教育课程发展的回顾与展望》，《学术研究》2008 年第 11 期。

[48] 王啸：《全球化时代公民教育的定位与选择》，《思想理论教育》2008 年第 16 期。

[49] 王小飞、檀传宝：《转型社会的公民教育选择：欧美国家的变革与经验分析》，《中国德育》2007 年第 12 期。

[50] 吴遵民：《倡导“成才之路”还是培养“合格公民”——兼评国家中长期教育改革和发展规划纲要的核心理念》，《现代远程教育研究》2010 年第 6 期。

[51] 王宗妍：《论全球化时代公民教育的内涵及遭受的挑战》，《法治社会》2009 年第 2 期。

[52] 袁长青：《美国现代公民教育的核心理念与方法》，《高校教育管理》2010 年第 1 期。

[53] 杨少琳：《美国公民服务课程在中国推行的价值基础及现实困境》，《社会科学家》2010 年第 9 期。

[54] 梁金霞：《公民教育的国际发展与基本理念》，《国家教育行政学院学报》2007 年第 6 期。

[55] 袁祖社：《“全球公民社会”的生成及文化意义——兼论“世界

公民人格”与全球“公共价值”意义的内蕴》，《北京大学学报》（哲学社会科学版）2004 年第 4 期。

[56] 赵晖：《当代世界公民教育的理念考察》，《外国教育研究》2003 年第 9 期。

[57] 郑建芸：《从社会课课程标准看中国公民教育的追求》，《当代教育论坛》2006 年第 12 期。

[58] 张立新、夏惠贤：《当代东西方国家的公民教育及其价值取向研究》，《全球教育展望》2006 年第 8 期。

[59] 朱小蔓、冯秀军：《中国公民教育观发展脉络探析》，《教育研究》2006 年第 12 期。

（三）学位论文

[1] 曹婧：《个体发展与公民生长：公民教育的实践逻辑研究》，博士学位论文，湖南师范大学，2013 年。

[2] 陈以藏：《全球公民教育思潮研究》，硕士学位论文，东北师范大学，2006 年。

[3] 程德慧：《当代中国学校公民意识教育研究》，博士学位论文，华东师范大学，2012 年。

[4] 郭艳芬：《国外小学社会科课程与公民教育初探》，硕士学位论文，首都师范大学，2004 年。

[5] 姜元涛：《世界公民教育思想研究》，博士学位论文，辽宁师范大学，2012 年。

[6] 李薇：《构建社会主义和谐社会中的公民教育》，博士学位论文，复旦大学，2005 年。

[7] 芦雷：《中国中小学公民教育目标与内容重构研究》，博士学位论文，辽宁师范大学，2012 年。

[8] 聂迎娉：《美国中小学公民学课程标准研究》，博士学位论文，中国地质大学，2014 年。

[9] 任京民：《社会科课程综合化的意蕴与追求——关于〈历史与社会〉课程结构的探讨》，博士学位论文，上海师范大学，2010 年。

[10] 王洪雷：《公民教育中服务学习的实施方略与意义探新》，硕士学位论文，华东师范大学，2007 年。

[11] 王文岚：《社会科课程中的公民教育研究》，博士学位论文，西北

师范大学，2004 年。
[12] 王小飞：《公共价值的教养与民主教化的图式：国际公民教育范型比较研究》，博士学位论文，北京师范大学，2008 年。
[13] 严书宇：《社会科课程研究：反思与建构》，博士学位论文，华东师范大学，2004 年。
[14] 翟艳芳：《全球教育的理念及实践》，博士学位论文，华中科技大学，2010 年。
[15] 张婷：《成长中的中国公民社会与公民道德教育研究》，博士学位论文，山东师范大学，2013 年。
[16] 张颖：《中国学校公民教育内容体系建构研究》，硕士学位论文，东北师范大学，2007 年。

二　外文文献

[1] James A. Banks, *Cultural Diversity and Education*: *Foundations*, *Curriculum and Teaching*, Boston: Allyn and Bacon, 2001.
[2] James A. Banks, *Educating Citizens in a Multicultural Society*. New York, NY: Teachers College Press, 2007.
[3] Ylva Boman, Bernt Gustavsson and Martha Nussbaum, "A Discussion with Martha Nussbaum on 'Education for Citizenship in an Era of Global Connection'", *Studies in Philosophy and Education*, Vol. 21 (4/5), 2002.
[4] Nigel Dower, *An Introduction to Global Citizenship*, Edinburgh: Edinburgh University Press, 2003.
[5] John J. Cogan, Multidimensional Citizenship: A Conceptual Policy Model, 2000 (http://international. metropolis. net/events/washington/John_ Cogan. html).
[6] Christopher J. Frey and Dawn Whitehead, "International Education Policies and the Boundaries of Global Citizenship in the US", *Journal of Curriculum Studies*, Vol. 41, No. 2, 2009.
[7] Muna Golmohamad, "Education for World Citizenship: Beyond National Allegiance", *Educational Philosophy and Theory*, Vol. 41, No. 4, 2009.

[8] Ratna Ghosh and Ali Abdi, *Education and the Politics of Difference: Canadian Perspectives*, Toronto: Canadian Scholars' Press, 2004.

[9] Derek Heater, *Peace Through Education: The Contribution of the Council for Education in World Citizenship*, London: Falmer Press, 1984.

[10] David Higgitt, "Global Education for Global Challenges", *Journal of Geography in Higher Education.* Vol. 36, No. 1, February 2012.

[11] MarianneLarsen and Lisa Faden, "Supporting the Growth of Global Citizenship Educators", *Brock Education*, Vol. 17, No. 1, January 2008.

[12] Anthony J. Marsella, "Diversity in a Global Era: The Context and Consequences of Differences", *Counseling Psychology Quarterly*, Vol. 2, No. 1, March 2009.

[13] Nel Noddings, Global Citizenship: Promises and Problems. In Noddings, N. (Eds.). *Educating Citizens for Global Awareness.* New York, NY: Teachers College Press. 2005.

[14] Martha Nussbaum, Patriotism and Cosmopolitanism. *Boston Review.* Oct. 1st, 1994 (http://bostonreview. net/martha-nussbaum-patriotism-and-cosmopolitanism).

[15] Darren J. O' byrne, *The Dimensions of Global Citizenship: Political Identity Beyond the Nation-state.* London: Frank Cass, 2003.

[16] Allan C. Ornstein and Francis P. Hunkins, *Curriculum: Foundations, Principles, and Issues.* Beijing: Remin University of China Press, 2010.

[17] Andrew Peterson, "Republican Cosmopolitanism: Democratising the Global Dimensions of Citizenship Education", *Oxford Review of Education*, Vol. 37, 2011.

[18] Mary Joy Pigozzi, "A UNESCO View of Global Citizenship Education", *Educational Review*, Vol. 58, No. 1, February 2006.

[19] Hans Schattle, *The Practices of Global Citizenship.* Lanham, Maryland, Rowman & Little field Publishers Inc, 2008.

[20] Hans Schattle, "Education for Global Citizenship: Illustrations of Ide-

ological Pluralism and Adaptation", *Journal of Political Ideologies*, Vol. 13, No. 1, 2008.

[21] Paul Tarc, How Does "Global Citizenship Education" Construct Its Present? The Crisis of International Education. In *Postcolonial Perspectives on Global Citizenship Education*. In Vanessa de Oliveira Andreotti and Lynn Mario T. M. de Souza (Eds.), London: Routledge Taylor & Francis Group, 2011.

[22] Carlos Alberto Torres, *Democracy Education, and Multiculturalism: Dilemmas of Citizenship in a Global World*. Maryland, Lanham: Rowman & Littlefield Publsihers Inc, 1998.

[23] Wing-Wah Law, *Citizenship and Citizenship Education in a Global Age: Politics, Policies, and Practices in China*. New York, NY: Peter Lang Publishing, 2011.

致　谢

本书是我的博士论文修改而成，这本书的成稿算是对我本科以来近13年求学之路的一个交代。一路求学下来，我从弱冠之年步入而立之年，从上海到蒙特利尔再到大连，十几年的时光稍纵即逝。与博士论文定稿时的欢喜雀跃相比，此刻我的内心更多的是忐忑，不知道这本拙著是否交代得过去？重读我博士论文的致谢部分，感觉至今的情感仍然不变，故将“致谢”稍作修改记录于此。

这六年的求学之路，有当年报考时的翘首盼望，有收到录取通知书时的欢喜雀跃，有倾听老师们授课时的求知若渴、老师解惑时的茅塞顿开和心悦诚服，也有与同学们交流时的舒心畅怀，有撰写论文时的困惑无助，也有论文完成时的喜悦和成就感。如今的成长得益于老师们的细心教导、同学朋友们的帮助和家人的支持，没有你们就没有现在的成果。

感谢我的恩师周浩波教授，您扎实的理论功底和渊博的知识是我的榜样，更是我一辈子为之奋斗的目标。感谢傅维利教授对我论文的精心指导和建议，感谢张桂春教授一直以来对我的悉心指导和关怀。感谢朱宁波教授、杨晓教授、陈大超教授、李德显教授、蔡敏教授在我论文开题、预答辩时提出的宝贵意见。感谢辽宁师范大学各位老师对我学习上的帮助和学术上的指导。感谢沈阳师范大学的领导和同事在我读书期间对我工作和学习的支持和鼓励。

感谢我的同学王晓妹在问卷发放上对我的大力帮助，感谢和李海芳一起度过的温馨的宿舍时光，感谢史仁民、杨超、李松涛对我的鼓励和支持，作为最后一个毕业的小妹，你们为我树立了很好的榜样。感谢我的学生李佳贝、李昂扬、王莹、代辰旭、赵昆仑、刘颖、刘欣悦、常乐在问卷访谈和数据整理上给予的帮助。

最后要感谢我的爸爸妈妈，在这六年期间不断地鞭策我、鼓励我、支持我，你们是我完成学业的动力。感谢一直远在异国他乡的先生，一年难得有几个月的相聚，为了让我安心写作承担了很多。感谢我的求学之路上一直有你的陪伴和鼓励，今年我们同时毕业，这是我们今年最大的收获。

博士的学习是我学业的终点，却是我继续研究学习的起点。作为一名大学的青年教师，未来的研究之路还很漫长，我将继续努力。

杨　婕

2016 年 9 月 20 日晚于沈阳